鼓楼史学丛书·海外中国研究系列

抗日战争时期的中国民众：
饥饿、社会改革和民族主义

[日]石岛纪之 著　　李秉奎 等译

中国社会科学出版社

图书在版编目（CIP）数据

抗日战争时期的中国民众：饥饿、社会改革和民族主义/（日）石岛纪之著；李秉奎等译．—北京：中国社会科学出版社，2016.6（2025.9 重印）

ISBN 978-7-5161-8096-9

Ⅰ．①抗… Ⅱ．①石… ②李… Ⅲ．①抗日战争-社会生活-中国-文集 Ⅳ．①K265.07-53 ②D693.9-53

中国版本图书馆 CIP 数据核字（2016）第 084250 号

石島紀之
中国民衆にとっての日中戦争——飢え、社会改革、ナショナリズム
研文出版 2014 年
Translated from Japanese edition
published in 2014 by Kembunshuppan, Tokyo, Japan

出 版 人　季为民
责任编辑　宋燕鹏
责任校对　周　昊
责任印制　李寡寡

出　　版　中国社会科学出版社
社　　址　北京鼓楼西大街甲 158 号
邮　　编　100720
网　　址　http://www.csspw.cn
发 行 部　010-84083685
门 市 部　010-84029450
经　　销　新华书店及其他书店

印　　刷　北京明恒达印务有限公司
装　　订　廊坊市广阳区广增装订厂
版　　次　2016 年 6 月第 1 版
印　　次　2025 年 9 月第 5 次印刷

开　　本　710×1000　1/16
印　　张　17.5
插　　页　2
字　　数　286 千字
定　　价　58.00 元

日本入侵如何推动中国形成现代民族国家？

杨奎松（北京大学、华东师范大学教授）

初读石岛纪之《抗日战争时期的中国民众——饥饿、社会改革和民族主义》书稿，马上就想起去年才译成中文的拉纳·米特那本《被遗忘的盟友：中国的第二次世界大战》。我对米特的那本书印象最深的，不是他为中国抗战贡献所做的史实陈述和辩护，而是书中披露的战时中国社会各阶层中人的经历和感受。这些亲历亲见和感受，都是围绕着逃亡、饥荒、屠杀、轰炸及战争所造成的无尽的恐惧、痛苦和死亡展开的。它们固然能够让读者体会到这场战争的残酷与破坏之大，同时也足以让人意识到，正是日本人发动的这场战争，将一个落后、分裂和绝大部分人口还缺乏民族国家意识的中国，迅速推上了民族主义觉醒的道路。

米特的书主要着眼于国民政府的政治领袖人物、知识分子和城市民众，石岛这本书虽然也谈到了城市民众的粮食需求问题，但较多地还是着眼于农村。当时中国民众中绝大多数还是身处前现代生活方式下且交通闭塞、连字都不识的贫苦农民，剩下不到10%的城镇人口，相当部分也住在县城和中小城市里，即使大城市人口中多半工人、贫民，乃至部分商人、业主，不少过去也是农民或农村中人。这种情况明显地妨碍到中国民族主义观念的普及，即使在日本入侵的情况下，许多人对国家存在的作用和意义也还是缺乏了解和体认。正如作者注意到的，即使在宁波这样工商业已经较为发展的中等城市，部分民众“最关心的（还）是自己的生活，至于民族解放、保卫国家，他们只能知其然，而不知其所以然。”即使在共产党活动较充分，民族主义的动员和组织已经达到相当程度的敌后农村根据地，多数“农民的特点（也）是实际主义者，一切问题多从其本身利益的打算出发”。因此，即使痛恨日本人的烧杀抢掠，希望对日抵抗，然而“群众在生活上的第一个要求是‘安全’”。武装斗争的前提，是要能够确保安全；武装斗争如果会危及群众安全，跟着自然就是对日伪采取“维持”的做法。这种情况也极大地促成了中共20世纪40年代最初几年在华北敌后所谓“革命的两面派策略”的形成。

众所周知，现代民族国家的形成需要以现代民族主义为基础，现代民族主义的本质，在于民众开始具有自我的，特别是群体的权利意识。这种权利意识的普及，通常至少需要满足下述三个条件中的两个：一是民众的识字率达到相当程度；二是信息传播手段相对发达；三是国家（中央政府）与社会基层能保持良性互动。而中国社会当时的情况，上述条件均不具备。这也是日本自明治维新以来始终认定中国没有立国资格，只宜作为殖民地而存在，因而动辄就要“膺惩”中国，甚至企图殖民中国的一个重要根据。

殊不知，即使进入到现代社会，世界上的国家实际上也还存在着菲利克斯·格罗斯所谓“公民国家”和“部族国家”的区别。前者需要社会高度发达，较高的识字率和较通畅的信息传播手段，中央政府由具有权利意识的公民推举产生，并因此成为公民共同体的利益代言人。后者的发展程度显然远远满足不了公民国家的生成条件，但是，大批落后民族恰恰是在遭受现代发达的资本主义列强的殖民或侵略的同时，也受到了发达资本主义宗主国自身内部的自由思想、权利思想，乃至现代民族主义的思想启蒙，从而在本民族内部逐渐形成具有反殖民主义、反帝国主义，甚至是反资本主义意识的大批民族主义精英，进而催生出建立在文化民族主义，而不是公民思想基础上的“部族—民族主义国家”。

可以肯定，自19世纪末以来，半殖民地中国就已经成长起大批民族主义的精英分子。他们中相当多数曾长期在城市和沿海地区进行宣传鼓动，并成功地创立了具有反殖民主义、反帝国主义，甚至是反资本主义倾向的中央政权。但以国民党为代表的众多精英分子的这种努力，由于受到中国仍旧是一个大农业国，绝大多数人口生活在农村的条件所限，其民族国家的观念，乃至中央政府的权威，始终难以落实到社会基层。在这方面，恰恰是日本那些认定中国无立国资格的军国主义者，逼迫中国人解决了这一难题。

石岛纪之的这本书分为两个部分，第二部分的主标题叫“民族主义与社会改革”，着眼点就是研究中共在农村抗日根据地通过民族主义和社会改革，将绝大多数目不识丁、基本上不知民族国家为何物的农民，通过宣传、教育、组织和重建农村政权的办法，逐渐使之“国家化”的过程。在作者看来，正是由于日本的大举入侵和野蛮烧杀、残酷征发，一方面为共产党深入敌后农村广大地区创造了极为有利的重要条件；一方面也将广大农民推到共产党一边来。既便利了共产党用民族主义鼓动和团结农民，也便利了共产党用减租减息和其他种种社会改革措施，改造和重建农村基层政权，从而解决了中央政权与基层社会相互脱节的情况。

显而易见，日本入侵者无论如何也没有想到，正是他们的侵略，推动了中国民族主义的觉醒，加速了中国由一个看起来似乎尚无立国资格的落后民族，迈上现代民族国家的台阶。国民政府组织的全国抗战，成功地将国内长期四分五裂、各自为政的地方势力统合在了抗日的战场上；共产党则利用日军大举推进，后方空虚的机会，深入敌后农村，前所未有地将敌后相当部分的农民组织了起来。正是这一乍看起来不甚重要的举措，为日后在中国创建一个高度统一、集权，具有文化民族主义特色的现代国家，打下了重要基础。

作者在第二部分主要就中共在太行抗日根据地所做的农民动员组织及农村改造工作，进行了较深入的考察。而我更看重的是中共农村工作能够取得突破的原因、条件和对后来中国所发生的影响。关于这一点，作者在小结中提到了一组关于中共太行抗日根据地八年抗战的损失数字，令人印象深刻。他写道，太行区八年间被杀害者达 17 万余人，病饿而死者将近 50 万人，两者合计约占全区人口 12.5%。其他房屋、粮食、牲畜等损失同样十分惊人。日本入侵者为何会把农民逼到中共一边来，中共为什么一定要在农村搞社会改革，农民为何会逐渐成为中共抗战与革命的重要人力、物力来源，中共的中央政权如何实现与基层农民的有效互动，仅此即不难看出其间的某种因果关系了。

杨奎松

6 月 18 日

以“心性”探索理解战时中国民众

江沛（南开大学教授）

石岛纪之先生是日本研究中国抗战史的著名学者，著述丰富，影响深远。对于我而言，石岛纪之先生是老师一辈的学者，他邀请我为其宏著的中文版写一篇序言作为推荐，实在是荣幸之至。

石岛先生古稀之年这部力作，强调“站在中国的立场上”思考，倡导理解侵略战争受害者中国民众的心态与认识，这种换位思考的理念，对于中日两国努力寻求共同历史研究和记忆、改善相互认知是十分重要的视点。我并非是由于石岛先生的认识符合受害者中国人的心态才如此说，而是认为石岛先生是站在真正反思战争、寻求和平、公正与正义的高度去思考的，这是一个超越国家立场的理性追求，也是寻求和平的人类必须要拥有的视界！

在本书中，石岛先生采用了以社会史与政治史研究相结合的方法论，不失为一个值得学界效仿的路数。对于从传统向现代转型的中国社会而言，不理解中国政治特征就难以真正明了中国的历史进程，而不关注民众生活、思维惯性及乡村经济实态，也无法透视近代中国社会运行的内在逻辑。石岛先生以此著推动中国近代政治史研究朝着政治—社会互动关系的深入开拓，可以视为日本史学界把握中国社会特质日益成熟的标志。

石岛先生以粮食、饥饿为切入点，对抗战时期中国国统区、中共根据地区域及日伪占领区民众的生活状态及思想意识进行了比较分析和深入探讨，对于沦陷区民众企求避免战乱、保护自身安全不得不选择忍受日伪统治表示理解，也惊叹于在残酷战争中民众逐步增长中的国家—民族意识及其掀起抗日潮流的巨大力量。作为日本学者，我认为他的思维或许比我们更为自由一些，至少在表达上是如此的。我看过姜文导演的影片《鬼子来了》，影片较为真实地反映了朴实乡民在面对日军侵略时的内心恐惧、无奈、顺从及尽力减少代价下的反抗，我相信将民众的复杂“心性”（石岛先生用语）表现出来是对历史的尊重，比只强调民众反抗勇气的宣传性作品要真实得多，也令人信服得多。分析人性的弱点并不能与投降、顺民简单划等号，追求真相的历史研究也不能与顺应民族主义情感的宣传相一致。在中国近现代史领域，这一区别还是有相当重要的价值的。

目前不少抗战史著作，只有各方政治家的政治博弈，只见几方军队的狼奔豕突，民众只是战火的配角，问题在于数亿民众如何生存于战乱间，如何理解战争及思考生存之道？没有这些，何以谈抗战时期中国社会变动？石岛先生选择了粮食短缺、日军扫荡、民众动员及社会改革三个视角思考战时华北的抗战形态，背后是其对中国近代社会运行的核心规律的理解，也是眼光向下的史观转换的结果。在因经济短缺、战争持续及社会动荡的背景下，乡村长期陷于短缺经济，吃饭成为第一要务，粮食当然至关重要，国军、中共军队需要就地取粮，日伪军队同样要“以战养战”，军队与民争食的结果，必然是弱肉强食。中共根据地及游击区域对日伪军采取的“坚壁清野”方针所以奏效，关键在于其中同样有民众生存的希望所寄；而战争动员本身同样要强调对民众利益的考量，才能真正有效的推行。这一思考比以往不少论著可能更接“地气”，也是对于人性的尊重与理解，过多强调宣传口径里的民族主义精神是不符合历史事实的。

石岛先生的问题意识很明确，即通过此书揭示日本侵略战争的残酷性及带给中国民众的苦难实态，进而让今天的日本读者能够体会到侵略战争的非正义性、残暴性，必须承认铁的事实并从中吸取深刻教训。前事不忘，后世之师，石岛先生的著作所体现出的正义感、客观与理性令人肃然！

江　沛

2015年9月3日

社会史与政治史融合的成果
中国人的“心性”与日本人的“心性”[①]

姬田光义（日本中央大学名誉教授）

一

本书的著者，以自己对“抗日战争”翔实、细致的研究为基础，将“考察中国民众实相和心性”（序）积累的研究成果出版。迄今为止，在日本，并非没有从事日本的侵略加害情况与中国的受害受难情况方面的研究（包括著者自己的著述在内）。搞明白这些战争的“真相”的研究成果，应该是值得给予评价的。可是，从中国民众“心性”角度的深入研究还很少。新式研究的地平线即将被凿开。从这一点上来说，本书在此方面做出的巨大贡献和业绩，应该给予高度评价。

在此让人想起德国（前）总统魏茨泽克有名的“荒野四十年”演讲，其中提到“如果没有清醒意识到，我们须努力要求自己与以前的敌人和睦相处的话，就谈不上纪念5月8日（德国的投降之日）”。此处所谓的“敌人”，是指曾受纳粹德国伤害的国家和人民。如果不想与那些曾经蒙受苦难的人们和睦相处，德国就不能从加害者的角度作出上述发言。正是如此，著者称作为加害者的日本和日本人的内心，缺乏对作为受害者的中国民众“心态”的理解。质言之，这是德国与日本大不相同的地方，也是今天日中关系恶化的一个重要原因，应该也是所谓“历史认识”问题的根本原因吧。如果日本人，包括当今的日本政治领导人，稍微努力去理解中国人“心态”的话，那么日中关系或许会有明显的好转。

---

① 译者注：本书日文著作中，经常提及的日语词汇“心性（しんせい）”，来自于法国的社会史研究中经常使用的“mentalité”。一般情况下，是指人的精神状态、精神面貌。在该书中，除个别强调之处外，我们一般翻译为“心态”“心理”“精神状态”等。

二

然而笔者到目前为止，始终主要是以20世纪30年代至40年代中国革命史、中国共产党历史为研究中心，对中国共产党的政治战略、理论、政策及党员们的实践，抗日战争对引发民众奋起抵抗所起的作用，都有很高的评价。但是，对于所谓的“民众动员”，可以从上述视角通过自省而得到结论吗？换句话说，缺乏自下而上的眼光来研究“被动员方的民众”。本来在所谓的革命史中，民众在奋起的历史过程中的确需要政治领导，这也是政党和政治组织所起的政治指导、政治战略的作用所在。注重革命的过程时，“被动员的”民众（赞同作者使用汉语中的“民众”、而不用“群众”）的基本日常生活受到忽视。抗日战争过程中，民众的踌躇、恐惧常常因他们后来变得坚决和果断而被忽视。著者成功地研究了这一过程，并对不同地方的特殊性进行了基本的实证研究。

三

本书对地方民众复杂性的实证研究，恐怕仍是中国政治社会分析的有效方法。它不仅对于研究中国的相关情况如此，对于研究曾经受侵略战争动员的日本民众的动态和心性也是如此，对于今天的政治社会状况让人联想到的内容也是如此。不同社会的民众日常生活形态和心态，政治领导和教化教育对其变化产生什么样的影响？反过来说，所谓的政治领导随着一般民众的生活状况发生什么变化？不得不说，这些问题的提出非常有意义。因此，本书进行社会史研究的同时，可以说也呈现出敏锐的政治史本质的挖掘能力。对于笔者这样以从事政治史（部分从事革命史）为志向的研究者来说，说本书是提出了教训和警告也不过分。并且，可以理解，本书的著者作为研究者和日本的国民和市民，对于表现于当今日中关系恶化的日本政治社会状况，提出他的研究视角和对策。笔者作为研究者，又是一个市民，这是将本书奉为座右并给予高度评价的原因。

2015年5月3日

记于日本国宪法生效之日

“站在中国民众的立场上”

安井三吉（日本神户大学名誉教授）

畏友石岛纪之先生的新作，《抗日战争时期的中国民众——饥饿、社会改革和民族主义》，将由中国著名的出版社公开翻译出版。我感到由衷的高兴。

石岛先生，1941 年生于东京。1959 年，考入东京大学，最初打算学习西洋史。1961 年，进入东京大学文学部东洋史学科学习。对于当时日本的年轻人来说，在信息匮乏的情况下，中国革命与新中国的进步引人注目。那年的五月节（学园祭），三年级的同学（我也是其中一员）共同租借一间教室组织了“十五年战争”主题展览。“十五年战争”的称法，是哲学家鹤见俊辅先生 1956 年提出的。不过，在历史学界普遍使用这一称法，是从 20 世纪 70 年代后半期才开始的。回首来看，我们或许稍微有些早熟吧。石岛先生准备展览时，阅读了东京审判的记录，在得知南京大屠杀的事实真相后，内心受到了冲击。

石岛先生考入大学，是在 1959 年。在中国，正是所谓“总路线”、“大跃进”、“人民公社”“三面红旗”的时期。在日本，反对修订《日美安保条约》运动达到了顶点。石岛先生也参加了这个运动。1962 年，美国的福特财团和亚洲财团，为日本的研究机构提供了巨额资金。在日本的历史学界，特别是在中国研究者当中，发生了大规模的反对运动。石岛先生积极地参加了这个运动，并且作为一名学生，在 1963 年邀请张友渔先生为团长的中国学术代表团的运动中，起到了重要作用。积极参加这些社会运动、学术运动，成为奠定石岛先生中国研究基础的重要因素。

石岛先生的本科毕业论文，内容是关于明末清初农民斗争的。因为当时的东京大学东洋史学科，没有中国近代史专业的老师。石岛先生进入硕士课程阶段，决定从事近代史研究，专心致志开展关于邹韬奋的研究工作。但是，他没有进一步攻读博士课程，而是到高级中学任教，没有从事研究而是选择了教学。作为研究者来说，看来像是走了远道。其实，对于石岛先生来说，这是积累宝贵经验的机会。石岛先生的著作、论文具有整体的观念，文风具有明快的特点。这些是从事高中教学锻炼的结果吧。

石岛先生第一篇学术研究论文，是1971年至1972年间，在《历史评论》发表的《抗日民族统一阵线和知识分子——以“满洲事变”时期的邹韬奋和〈生活〉周刊为中心》（『抗日民族統一戦線と知識人—「満州事変」期の鄒韜奮と「生活」週刊をめぐって—』）。作为研究者的石岛先生又回来了，这是我们当时真实的感想。1976年，石岛先生到国立茨城大学任职，作为研究人员正式开始活动。

石岛先生主要的研究对象是抗日战争。其研究风格具有以下几个特点：第一，研究总体上认为，日本通过战争给中国人民带来的伤害（侵略），是今日应该正视和解决的课题。参加“南京事件调查研究会”及与重庆大轰炸有关的“战争与空袭问题研究会”，就是这方面的表现。第二，努力动手深入研究，与年轻研究者一道共同将研究推向前进。重庆国民政府的研究、上海市的研究等，是具有代表性的例子。第三，与区域历史相关的研究。在茨城大学工作时，不仅参加水户轰炸灾难记录会，而且还参与策划茨城县史、水户市史等的编纂工作。

本书，可以说是《中国抗日战争史》（青木书店1984年版）的姊妹篇。这本书，内容紧凑，是从中国方面的视角来观察整个抗日战争。涉及如此长的时间段，是同样由青木书店出版的日本现代史专家江口圭一先生的《十五年战争简史》（1986年第一版）。它们在日本一起受到广大读者的普遍欢迎（据说现在已经第8次印刷）。两本书，经历30年的岁月流逝。对于日本来说，是战败40周年到战败70周年。期间，世界形势和中日关系经历了很大的变化。在战争被尖锐追问的今天，在国内外已有研究成果的基础上，本书是根据时代的要求而写的。对于本书的第一读者，日本的普通市民就不必说。对于中国的民众来说，战争带来了什么样的伤害，中国（政府，政党，民众）对日本侵略进行了怎么样的抵抗？本书是以加深日本市民的理解为目标的。对于中国的读者们来说，这些或许是已知的事情，亦未可知。但是，阅读本书就会发现日本研究者独有的视角。在这一点上，本书对进一步推进互相理解而做出重要贡献，将会成为事实。这是我作为一个朋友的衷心希望。

2015 年 5 月 3 日

中文版自序

引　言

本书是研究中国近代史的著作。能够在中国出版，对于作者来说，无疑是很大的喜悦。它的出版不仅有助于双方的学术交流，而且将为两国加深相互理解提供机会。在此，对于出版方深表谢意。

本书是以中国民众的视角来讨论抗日战争的。到目前为止，日本国内的相关研究主要是以政治史、军事史或经济史占主流，而民众史、社会史的研究相对薄弱。古厩忠夫，是日本国内关注抗日战争时期民众实态和心性问题的先驱者。他对国民政府军队撤退后、处于生死存亡关头的上海民众进行了长期研究。他关注的是他们在战争时期的忍耐和奋争，其研究受到了人们的重视。[1] 但是，令人遗憾的是，古厩忠夫于2003年辞世，其研究成果从其著作中只得知梗概。

另外，在中国出版的中日战争史（抗日战争史）当中，中国民众被描述为与日本侵略者勇敢作战的人民或者南京大屠杀事件、“三光作战”、毒气战等战争的受害者。毋庸赘言，在抗日战争时期，这些对于中国民众来说都是极其重要的主题。但是，在战争的异常环境中，人数庞大的民众是如何生活、如何感受、如何思考的？涉及这些重要课题的战争史研究尚不多见。

---

① 古厩忠夫:『日中戦争と上海、そして私——古厩忠夫中国近現代史論集』，研文出版，2004年，第7、11頁。

本书努力如实描述的是，在受到日本长期侵略战争期间，中国民众的日常生活、心性、苦难和受害经历。

一　民众史、社会史

第二次世界大战后，日本国内进步的历史学基本上是以发展阶段论为基础的，而认为阶级斗争为历史发展的原动力。但是，从20世纪50年代后期以来，日本进入“高度经济成长”时期。以前的历史学方法，不得不随着时代的变化而变化，于是要求提出新的历史学方法。另外，1960年反对修订《日美安全保障条约》的斗争（安保斗争），让人们认识到历史中民众的作用已经超越了阶级的理论框架。当时，我也是一位参与其中的大学二年级学生，由于这一运动同亚洲有着密切的联系，所以特别对中国近现代的历史进行了学习和思考。

民众史，是作为新的历史学方法之一出现的。色川大吉、鹿野政直、安丸良夫等人的优秀成果层出不穷。例如，安丸良夫克服发展阶段论及以近代西欧为基准的战后历史学，尝试进行的研究（结论）有，德川时代后期民众自律性生活规范是勤勉、俭约、谦让、孝行等“通俗道德”。还有日本的“农民起义”和中国的农民战争不一样，完全没有推翻德川幕藩体制而建立新政治体制的意图，只是要求封建领主减轻封建负担。①

进入20世纪70年代以后，阿部谨也、二宫宏之等为日本引进了社会史的方法，1982年《社会史研究》杂志发行。其中二宫宏之把法国社会史的理论介绍进来并向前推进，使得社会史对日本历史学界产生很大的影响。在经济史与政治史方面，二宫宏之以自下而上的眼光来研究，并对以前历史学提出应有的批判，主张“历史，需要从那个时代中生存的每一个人中间去捕捉”，并且提出“重新将经济体制和政治统治的因素考虑进去”。②。他同时认为，社会史研究应以“身体性”“心性”“社会的结合”

---

① 安丸良夫：『日本の近代化と民衆思想』，青木書店，1974年。

② 二宫宏之：「参照系としてのからだとこころ」，『社会史研究』第8号、1978年。该文收录于『二宮宏之著作集』（第3卷，岩波書店，2011年）。

三个主要支柱为基础。①

另一方面，日本的中国研究也踏上民众史与社会史的迥异之路。中华人民共和国成立后，很多中国史研究者对中国革命产生共鸣，受到中国革命史观的很大影响。但是，“文化大革命”的爆发使中国研究者受到很大的冲击，并且研究中国问题的学者因为应该支持还是批判“文化大革命”而产生分裂。一部分研究者对“文革”抱有同情，并从这个立场出发，在发表关于嘉庆时期白莲教起义和以后太平天国等农民起义的研究中，给予了肯定的评价。但是，“文化大革命”结束后，它给中国社会带来的巨大损害变得日益清晰。改革开放政策实施后，对农民起义持肯定评价的人们，感觉这些起义中的“农民”要求不明，起义的参加者抱有强烈想升“官”的志向。他们由此开始指出，与日本的农民、欧洲的农民相比，中国的农民拥有自己的特性。中国的农民起义研究发生了很大的变化。②

从20世纪60年代初开始，我也受到中国革命史的很大影响，开始从事中国史方面的研究，对中国民众在中国革命中起到的作用产生浓厚兴趣。我最初公开发表的论文，研究的是“九·一八”事变时期邹韬奋及其编辑出版的《生活》周刊杂志，内容是邹韬奋及其读者的思想变化。③ 但是，“文化大革命”发生后，我是持批判立场的，于是离开革命史研究领域，开始研究国民党、国民政府的再评价等中国近代政治史为主线的课题。为此，远离了中国民众问题的研究。在我的第一部著作《中国抗日战争史》中，关于民众方面的讨论，涉及的仍是中国抗日战争史中的民众。④

进入20世纪90年代以来，中国近现代史研究领域对社会史给予了更多的关注，我也开始了社会史相关内容的学习。2004年出版的『雲南と近代中国』（《云南与近代中国》），讨论的内容基本上是近代云南的政治史。其中的第2章“民国の時代に生きる”（“民国时代的生活”），讨论的是

---

① 二宮宏之：「歴史的思考の現在」，『歴史への問い/歴史からの問い』，岩波書店，1993年。该文收录于『二宮宏之著作集』（第3卷，岩波書店，2011年）。

② 小島晋二：『太平天国と現代中国』，研文出版，1993年。小林一美：「中国農民戦争史の再検討」，『明清時代史の基本問題』，汲古書院，1997年。

③ 石島紀之：「抗日民族統一戦線と知識人——『満州事変』時期の鄒韜奮と『生活』週刊をめぐって」，『歴史評論』第256、259号，1971年11月、1972年2月。

④ 石島紀之：『中国抗日戦争史』，青木書店，1984年（中译本《中国抗日战争史》，吉林教育出版社1990年版）。

农村和城市的民众生活及少数民族社会。① 2006 年，日本的中国基层社会史研究会成立，我也参加了这个组织，继续开展相关研究。本书，是我第一部研究中国近代社会的著作。

二　本书提出的诸问题

本书的分析主要是从两个不同的视角展开的。第一个视角，是从抗日战争时期的粮食短缺、日本军队的攻击、中国领导层对民众的抗战动员及实施的社会改革三个问题入手，考察了它们对中国民众的应对、民族主义在内的民众心性产生什么样的影响。第二个视角，是从粮食问题入手，对战时中国许多地区的社会状况进行研究（第一部分）。另外，还根据史实探讨了太行抗日根据地八年抗战时期的曲折发展历程，并考察了中国共产党指导抗日根据地的诸多问题（第二部分）。

在这篇序言中，我想从第一个视角的分析，对抗日战争时期中国民众的心性提出一些问题。

作为农民的传统思想，既有“人生有命，富贵在天”的命运思想，又有“恶有恶报，善有善报”的因果报应思想，还有“地主的土地‘祖辈传统’，动地主土地是丧‘良心’”的良心论。② 另外，还有寻求安定生活的“太平观念”及等待世道变化的“变天”思想。而太行根据地领导人之一的赖若愚，还提到“在游击环境下，群众在生活上第一个要求是‘安全’”③。为确保赖若愚提到的民众第一个要求（即“安全”），本书将从第一个分析视角入手讨论粮食问题与日本军队攻击之间的直接关系。

在作为战场的地区，民众首先面对的是，在日本军队的残酷攻击下如何保护自己。日本军队的攻击，进一步唤醒了民众的抗日民族主义，使得他们站起来进行抗日斗争。这是历史事实，必须对这些有勇气的人们表示由衷的敬意。但是，这些可以说是先进的民众采取的行动，而关注民众的

---

① 石島紀之：『雲南と近代中国——“周辺”の視点から』，青木書店，2004 年。

② 《一九四四年开展减租减息斗争的典型资料》（1944 年 12 月 20 日），太行革命根据地史总编委会：《太行革命根据地史料丛书之五：土地问题》，山西人民出版社 1987 年版，第 284—285 页。

③ 赖若愚：《群众运动与群众游击战争》（1941 年 12 月），山西省档案馆编：《太行党史资料汇编》第四卷，山西人民出版社 1994 年版，第 982 页。

多面性则具有同样重要的意义。否则，就不能充分理解日本军队攻击对一般民众心性的影响。面对手持现代化武器和以战争为目的而接受训练的日军的攻击，自卫的民众缺乏武器、未经军事训练，他们的抵抗应该不是一件容易的事情。并且，占人口大多数的，一般是民族意识淡薄的农民。在本书讨论的太行地区，面对日本军队的是处于恐惧、混乱、悲观等心理状态下的民众。在受到日本军队攻击的其他地区，也可以看到同样的状况。例如，在江苏省，日军的出现和滥杀无辜，在老百姓的心中引起恐慌，“加之，国民政府官员在大敌当前之时，对民众弃之不顾，以及地方宵小的乘机作恶，进一步加剧了普通民众的恐惧心理”①。这样的情况也是存在的。

在日本军队的威胁下，民众为了保护自身安全，他们别无选择。正如晋冀豫区共产党领导者如下所指出的那样，民众处于恶劣状态下，他们进行的复杂选择应给予充分理解。

> “战争中的群众情绪变化是激烈的、复杂的，斗争思想与妥协思想是在斗争着，同时也相互影响、相互交织着，一定的条件会引起一定的变化。指导者必须注意这种变化，否则就不能指导群众游击战争”。②

实际上，抗日根据地在日军“治安强化”运动时期（1941—1942年），随着日军占领区的大幅度扩张，民众的生活被迫要服从日本傀儡“维持区”。这方面的具体例子，可以从地处晋察冀边区的盂县来观察。盂县西烟镇附近的河东村，日军打进来的时候是在1940年年底。当时农民们全都逃跑了，但是当他们得知日本军队要在这里长驻后，于是为了生存而不得已又回到村子里。当时二十几岁的共产党员杨时通也回来了，并且当上了“维持会”的会计，负责日本军队的物资供给工作（与共产党的组织关系断绝了）。他的妻子和妹妹，遭到日本士兵的强奸。日本军队从西烟

① 潘敏：《江苏日伪基层政权研究（1937—1945）》，上海人民出版社2006年版，第28页。

② 《中共晋冀豫区党委关于五月反“扫荡”的经验教训与当前备战工作指示》（1942年8月14日），山西省档案馆编：《太行党史资料汇编》第五卷，山西人民出版社2000年版，第540—541页。

镇撤退，傀儡军事组织的警备队担任这个村的警备。不久，八路军工作队进入该村。杨时通与八路军建立关系，因此担任了这个村子的抗日村长。①与这个例子相似，农民们为了保护自己和自己的家人，有时不得不与日本军队进行“合作”。如上所述，抗日根据地的共产党领导者在斗争与妥协之间，灵活地把握了动摇的民众心理并最后取得抗日斗争的胜利。

对于民众来说，除受到日本军队攻击的暴力时需要保护生命之外，同时需要保障的重要内容还包括衣食住行，特别是粮食最需要得到保证。在长期受到侵略战争的过程中，中国的粮食供应极其糟糕。特别是在战场及与战场相邻的地区，大米与小麦缺乏，人们为度过困境往往靠吃粗粮甚至是草根树皮充饥。而干旱等自然灾害的发生，导致河南省在 1942 年至 1943 年间出现了大量饿死者。日本与汪精卫政权统治的上海等地，由于日本军队大量收买军粮等原因，导致战争末期出现极其严重的粮食匮乏，并使社会危机进一步激化。国民政府统治下的重庆、成都等城市，在农村进行的谷物征实和征购，一定程度上保证了不同城市居民的粮食供应。可是物价的暴涨，又导致他们的生活水平直线下降。粮食供应方面的恶化，对于民众来说，如何生存下去是最大的问题。这造成他们政治意识的低下。日本统治下的江苏省，国民政府的下级职员，由于不能随国民政府军队向后方转移而失业，结果吃饭成了第一大问题。他们相当一部分没有踏上抗日的道路，却选择了妥协之路，成为傀儡政府的职员。②

张根福（浙江师范大学教授）对抗战时期浙江省社会的研究，对当时民众的“抗战”与“通敌”意识给予如下分析，我认为这是恰当的：

> 绝对“奸”者……就比例而言毕竟只是少数，绝对“忠”者亦然。大多数人都是在模糊的界线上扮演着模糊的角色，他们最终还是回归到对现实生活的诉求，将个人生存放在首要位置。③

---

① 石田米子・内田知行：『黄土の村の性暴力』，創土社，2004 年，第 56—65 頁。杨时通的口述。译者注：该书中译版参见石田米子、内田知行著《发生在黄土村庄里的日军性暴力：大娘们的战争尚未结束》，赵金贵译，社会科学文献出版社 2008 年版。

② 潘敏：《江苏日伪基层政权研究（1937—1945）》，第 220 页。

③ 张根福、岳钦韬：《抗战时期浙江省社会变迁研究》，上海人民出版社 2009 年版，第 228 页。

中国共产党在抗日根据地进行的社会改革，在民众当中引起的反应也是非常复杂的。以前的革命史观认为，农民有着强烈的土地要求，农民的土地革命是中国革命的主要内容，这样的理论被认为是不言自明的。① 但是，这个逻辑与上述“地主的土地‘祖辈传统’，动地主土地是丧良心”的农民传统心态是相矛盾的。

关于这个问题，中国新近受关注的研究提出了与以前革命史观不同的看法。比如“农民的土地秩序观”问题，吴毅（华中科技大学教授）等人提出：“绝大多数人在绝大多数时候相信财富占有的多寡与各自的命运、智慧和努力相关”，“土地因买卖而获取，财富因劳作而积累，是最为基本的道理。”吴毅等人还提出，“只有在遭遇到非常明显的政治压榨，或者被认为是遭到了这种压榨的特殊情况下，才会激发出‘被剥夺’的心理感受，并响应或追求平均主义的号召”②。

本书所涉及的太行根据地的事例，也可以成为支撑的依据。1939 年至 1940 年间，“反逆流斗争”中，老实农民参与斗争的屈指可数。1942 年的群众运动中，有很多贫农将维持生活所必需的粮食卖了去买地，或拿救济粮款去买地。农民一般认为，土地来自于地主，所以支付地租是理所应当的。这也可以成为支持吴毅等人观点的证据。根据地的领导者认为，与通过“挖穷根”“诉痛苦”等思想教育提高农民的阶级觉悟的作法相比，减租减息等斗争更能发动农民们起来斗争。

由以上的内容可以看出，与寄生地主制发达的华中、华南的水田地带不同，至少在华北发动农民参加土地斗争并不是一件容易的事情。华北的土地比较分散，自耕农很多，佃农很少。很多大地主，将农具、肥料、种子借给佃户，并同他们进行利益分成，所以佃户与地主之间形成比较密切

① 比如，1928 年 7 月，中国共产党第六次大会决议关于土地问题的决议中主张，“农民的土地革命，仍旧是中国革命现时阶段的主要内容”，中国农民的各种斗争“都表示农民是在要求得着土地”。（《中国共产党第六次代表大会决议案 三、土地问题决议案》，《六大以来》上，人民出版社 1980 年版，第 28 页）日本方面的研究，例如参照山本秀夫、野间清编：『中国農村革命の展開』（アジア経済研究所，1972 年）。

② 呉毅・呉帆：「伝統の転換と再転換——新解放区の土地改革における農民の構築の心性の構築と歴史論理」，奥村哲編：『変革期の基層社会——総力戦と中国・日本—』，創土社，2013 年，第 125 頁。译者注：该文的中文版参见吴毅、吴帆《传统的翻转与再翻转——新区土改中农民土地心态的建构与历史逻辑》，《开放时代》2010 年第 3 期，第 54 – 55 页。

的关系。因此，发动土地斗争存在着较多的困难。①

尾　声

撰写本书的第一个目的，是研究战时中国民众在残酷日常生活中的实态，让日本读者可以更深刻地理解“日中战争”是日本的侵略战争。关于南京大屠杀等侵略的象征事件，右派议论者还继续重复着否定其本身存在的错误主张。但是，“日中战争”的战场始终是在中国，因此中国民众每天受到很大的痛苦，这是谁也不能否认的事实。当然，本书涉及的内容，只是战时条件下民众生活的一部分而已。今后，从多方面去研究这一问题，很有必要。

从民众史、社会史的视角来探求抗日战争时期中国社会的真相，是相关的第二个目的。本书中的部分内容对此进行了讨论。所谓人与人的联系（社会的结合）是社会史的另一重要内容，本书对此未能进行深入的探讨。比如，所谓近代中国华北农村结合与团体性是脆弱的，而抗日根据地的农村选举、群众运动、农业劳动互助等或许增强了农村人与人之间的关系。另外，在农村神庙祭祀之际，《水浒传》《三国志》《封神演义》等题材的地方戏剧巡回演出，对民众意识的形成可能起到重要的作用。② 抗日战争一开始，八路军剧团和新成立的职业剧团、农村剧团等在抗日根据地上演的戏剧，演变为与抗战现实相结合的现代戏。另外木刻画等美术、文学、音乐等活动的开展也很频繁。这些文艺活动对民众的抗日意识形成产生了什么样的作用，人与人之间的联系也会随之发生变化吧？今后这方面的研究课题有加深的必要。③

对抗日战争时期中国民众实际情况和心态的研究，从史料上感觉是存

① 奥村哲：『中国の現代史——戦争と社会主義』，青木書店，1999 年，第 100 頁。

② 三谷孝：『近代中国秘密結社研究』，汲古書院，2013 年，第 120—122 頁。译者注：参见三谷孝著《秘密结社与中国革命》，李恩民等译，中国社会科学出版社 2002 年版，第 150 页。

③ 最近出版的丸田孝志：『革命の儀礼——中国共産党根拠地の政治動員と民俗』（汲古書院，2013 年），研究中共根据地的近代政治象征、仪礼导入的企图与政治权力及其与民俗、信仰、会门等相关内容。该书对这些和群众动员关系的分析，是十分有趣的著作。译者注：丸田孝志的代表作曾翻译为中文发表，参见《国旗、领袖像：中共根据地的象征（1937—1949）》（载《中国社会历史评论》第十卷，天津古籍出版社，2009 年，第 323—341 页）。

在困难的。当时中国的识字率非常低（尤其是农村），普通民众自己残留的记录几乎没有。我们不得不从有一定知识水平的记录者那里间接地探索民众的实际情况和心态。另外，经历战争的人们已经为数甚少或者年岁已高，从他们那里进行口述采访极其困难。本书的第二部分，幸好有太行抗日根据地相关的翔实资料集、报纸、回忆录、通史和社会史的研究等，在相当程度上已经与实相极其接近。在第一部分中，利用社会史的研究、回忆录、部分档案资料、资料集、报纸等，对粮食短缺和民众的关系可以有概括性的认识。在这些史料方面，查询地方的档案与当时的报刊，对于外国研究者而言，存在很多的困难和很大的制约。因此，期待中国的研究者能有长足的进展。

另外，本书附录了与全书内容紧密相关的三篇论文，它们都是作者20世纪90年代发表的。即研究华北日本军事统治的问题与中国共产党反应的『中国占領地の軍事支配』（《中国占领区的军事统治》）、研究抗日战争对中国民族主义、国民统一的影响及战争时期中国社会结构变化的『日中全面戦争の衝撃』（《日中全面战争的冲击》）、研究昆明某国营工厂工人实态的『日中戦争時期の中国の工業労働者』（《抗日战争时期的中国工业工人》）三篇论文。[①] 这些能整合进来提供给读者阅读，是很幸运的事。

最后，本书有机会在中国出版，主要得到北京大学李秉奎先生的大力协助。没有李先生的尽力相助，本书的出版是不可能的。对此，我衷心表示感谢。并且，对于为本书撰写序言的杨奎松先生、江沛先生、姫田光义先生、安井三吉先生也深致谢忱。另外，对于接受本书出版的中国社会科学出版社深表谢意。

2015年5月

① 译者注：收入本书时，此三篇论文的标题略有调整。分别为《日军在华北占领区的军事统治》《全面抗日战争的冲击：中国的国民统一和社会结构》《抗日战争时期中国的工业工人——以昆明的一家国营工厂为例》。

日文版自序

①

① 夏风：《打靶》，中华全国木刻协会编：《抗战八年木刻选集》，上海开明书店 1946 年版，第 3 页。译者注：据介绍，夏风，“河南人，曾在北平国立艺专肄业。一九三八年入鲁艺美术系学习，后在美术研究室工作”。（参见该书“作者简叙”，第 1—2 页）

5 在极为残酷的战争环境中，特别是在受到侵略的国家和地区，民众是如何生活的？他们有什么样的亲身体验和感受呢？现在世界上仍然还有战争的惨祸发生，仍然还有许多民众深受其害。由今日上溯七八十年前，中国民众经历了日军八年残酷的侵略战争。这本书就是一部研究抗战全面爆发后中国民众的“实相”与“心性”的著作。①

中国大陆是如何看待抗日战争时期的民众呢？中共中央党史研究室编写的抗日战争史表述了中国正式的观点，即参加抗战的中国民众是“一切不愿做亡国奴的炎黄子孙”，是“同疯狂入侵的日本侵略者进行了不屈不挠的英勇斗争”的中国人民。这是对这场战争中的中国民众给予的评价。②

但是，在八年残酷战争状态下，中国民众也未必是“铁板一块”。实际情况极为复杂。古厩忠夫创造性地提出“抗战力的三角形”说法。即“延安和重庆各居三角形两个顶点”，上海及其他被占领地区位于这个“三角形”的底端。在这个三角形的底端，“不但有不少被生活所迫不能从容考虑抗日问题的人，而且还有不少被迫当汉奸的人”③。另外，笹川裕史和奥村哲认为，为救国而贡献生命和财产并受到彰显的人们确实存在，但是“如果将这一特殊群体置于社会主角位置的话，描绘出的景象便与抗战时期中国后方社会的实际状态相去甚远”。他们在自己的著作中，描绘了四川省“在抗战时期各种战时征用的严酷压迫下，苟延残喘的无名无姓的普通百姓”。④。

6 中国民众“团结一致”进行抗日斗争，这是中国从“国家历史”的角

① 中国的文献资料中，较少使用“民众”一词，经常被写为“群众”。在日语中，“群众”是指“一群聚集在一起的人们”（『広辞苑』）。日语中的“群众”不是汉语“群众”的适当对译词。本书使用“民众”一词时，是指“社会上一般的人民”或“平民”而言。“心性”是法国社会史中的词汇，有“感觉，想，想法”的意思。（『二宮宏之著作集』1，岩波書店，2011 年，第 51 頁）

② 王秀鑫、郭德宏：『中華民族抗日戦争史（一九三一—一九四五）』，石島紀之監訳「抗日戦争史」翻訳刊行会訳，八朔社 2012 年，第 XI 頁。译者注：中文版参见王秀鑫、郭德宏主编，中共中央党史研究室第一研究部编著《中华民族抗日战争史》，中共党史出版社、浙江科学技术出版社 2005 年版，“前言”第 1 页。

③ 古厩忠夫：『日中戦争と上海、そして私——古厩中国近現代史論集』，研文出版，2004 年，第18 頁。

④ 笹川裕史、奥村哲『銃後の中国社会——日中戦争下の総動員と農村』，岩波書店，2007 年，第 2—4 頁。译者注：中文版参见笹川裕史、奥村哲著：《抗战时期中国的后方社会——战时总动员与农村》，林敏、刘世龙、徐跃译，社会科学文献出版社 2013 年版，“绪论”第 4 页。

度而言。而当时民众的实际情况是什么样呢？这方面的情况却较少提及。

另外，理所应当地要将中国人民当作“日中战争”中的受害者来看待。石井弓认为，20世纪70年代前，中国民众（是在）把抗日战争作为胜利体验表现的环境中成长的。而到80年代以后，则从受害者角度来讨论这场战争的势头开始加强。80年代后半期以后成长起来的青年民众，主要受到后一观点的影响。石井弓认为，由于政治运动对战争记忆形成的影响，个人的战争体验跨越地域被共有且被重新记忆。①

本书明确以中国民众的战争苦难和遭遇为研究目标之一。但是，重点并不在于讨论南京大屠杀、慰安妇问题、细菌战、重庆大轰炸等象征性的战争灾难，及中华人民共和国成立后受害记忆的集体化趋势。本书的主要内容，在于尽量如实地考察战争时期非正常状况下的中国民众生活与心性。

然而，研究战争时期中国民众的“实相”与“心性”是一件非常困难的事情。因为，当时的中国和学校教育普及的日本有所不同。特别是在当时中国的农村，大部分的民众都不识字或识字甚少，他们未能留下自己撰写的记录。所以，研究者不得不依靠间接的史料。尽管如此，如果认真阅读当时的行政文书、政党资料、报刊及后来的回忆录、外国人留下的记录等史料，还是可以探究当时中国民众的生活实相与心性。近年来，中国和 7
日本的社会史研究兴盛起来，口述历史也在努力开展中，这些研究成果也可供学者利用。②

---

① 石井弓：『記憶としての日中戦争——インタビューによる他者理解の可能性』，研文出版，2013年，第31—58頁。战争记忆受到政治运动的影响。土地改革时期的“诉苦”，是从个人经验而谈。20世纪五六十年代，编写家史、村史、公社史、工厂史“四史”时，则是将个人经验共有化。“文化大革命”时期的“忆苦思甜”，则是对历史记忆的重塑，即历史的重新记忆化。

② 中国对抗日战争时期社会史的研究，参见江沛、迟晓静《国内抗战时期社会史研究的回顾与展望》（《抗日战争研究》2008年第2期）；日本此方面社会史的研究，参见岡本隆司、吉澤誠一郎編『近代中国研究入門』（東京大学出版会，2012年）。同时，抗日根据地社会史的研究，参见丸田孝志：『革命の儀礼——中国共産党根拠地の政治動員と民俗』，“序章”（汲古書院，2013年）。另外，中国方面，抗战时期山西省口述历史，参见张成德、孙丽萍主编《山西抗战口述史》全三册，山西人民出版社2005年版。日本方面，以盂县性暴力受害者为研究对象的著作，参见石田米子、内田知行編：『黄土の村の性暴力』（創土社，2004年）；以毒气战受害者为研究对象的，参见粟屋憲太郎編：『中国山西省における日本軍の毒ガス戦』（大月書店，2002年）；关于农民战争记忆的采访，参见石井弓：『記憶としての日中戦争——インタビューによる他者理解の可能性』（研文出版，2013年）。

考察民众的生活实相和心性，从家族、宗族、秘密结社等社会集团、民族、民俗、宗教、民众文化、礼仪、人口迁移等多方面可以接近。本书的内容是，研讨粮食问题、民众动员及其引起的社会改革问题，另外还讨论与此相关的民族主义等民众心性的问题。

关于本书的书名，即“饥饿、社会改革、民族主义”，读者也许认为这三个主题间的相互关联很少。但是，战争时期民众面对的是非常状态，这些问题都是迫切的，并且经常相互交织在一起。

在战争时期，对于一个国家或地区的民众来说，如何从战火中寻找生存的机会才是最大的问题。其次，在战争的严峻状况下，如何保证食粮的供给同样是一个重要的问题。现在我们经常在电视等影像中看到，国家陷于内战时期的民众如何受到饥饿痛苦的煎熬。对于抗日战争中的中国民众来说，八年的战争让粮食供给问题极度恶化，大多数人饱受其害。粮食供应不足对民众心性造成极大的影响。它同如下问题有着密切的关系，即抗日民族主义是否受到欢迎及其质量怎么样。在日军占领的地区，也有为寻找生存机会而同日军进行“合作”的现象。有学者从粮食供应与民众关系
8 的角度，对日军占领地区进行研究。[①] 从中国全国范围来看，这方面的研究还处于未开发的状态。本书的第一部分，选定的区域是，战场及其邻近地区、日本和汪精卫政权统治的地区、国民政府统治的地区、中国共产党领导的抗日根据地。本书将通过对这些地区的研究，来回答上面提到的问题。

在战场上遭到强大军队进攻时，与之直面相接的民众是什么感受，他们为此采取了什么行动？在战争中，领袖为有效地对民众进行战争动员而努力。这些战争动员有的是采取强制手段，有的是利用意识形态而进行动员，有的是通过社会改革来获得民众的支持。这些都是战争时期民众直接面对的问题。

抗日战争时期，面对日军压倒性的侵略力量，中国民众有时恐惧、惊

---

① 浅田喬二：「日本帝国主義下の中国食糧問題——太平洋戦争期」，湯沢誠編：『農業問題の市場論的研究』，御茶の水書房，1979 年；浅田喬二：「日本帝国主義による中国農業資源の収奪過程」，浅田喬二編：『日本帝国主義下の中国』，楽游書房，1981 年；弁納才一、『なぜ食べるものがないのか——汪精衛政権下中国における食糧事情』，弁納才一・鶴園裕編：『東アジア共生の歴史的基礎』，御茶の水書房，2008 年。

惶失措，有时奋起抵抗。对于民众动员方面，国民政府采取国民精神总动员运动等措施对民众进行战争动员，并试图通过社会改革提高民众的抗战意识。1938 年 4 月，国民党临时全国代表大会上颁布《抗战建国纲领》，其内容包括“注意改善人民生活”“全力发展农村经济，奖励合作”等。① 并在四川省、福建省、甘肃省部分农村，将培养自耕农的意图付诸实践。但这只是局部地区进行的尝试。② 中国共产党试图通过减租减息等措施调动民众的积极性，达到动员民众的目的。日军在华北，试图通过新民会掌握民心。日军傀儡汪精卫政权，也通过新国民运动等方式获得民众的支持，结果却以失败告终。

本书的第二部分，通过集中考察太行抗日根据地的历史来分析上述问 9
题。太行抗日根据地，是遭受日军最猛烈进攻的地区之一。中国共产党为动员民众抗日，有力地推行了社会改革。有一种观点认为，农民的抗日民族主义是受日军残酷侵略战争激发起来的。这种观点是否正确，是值得研究的问题。田中恭子等人的先前研究，对根据地的社会改革进行了深入考察。本书将从太行根据地入手，尽量详细地考察民众动员与社会改革的实际状态，及它对民众的生活和心理产生的影响。

抗日战争中，中国民众是如何感受和思考的？本书将就日军的侵略、粮食问题、动员民众的社会改革及中国民众的应对，来讨论上面提到的问题。这些都是中国历史上出现的问题，而且也是与中日关系相关的特殊问题。同时，这或许对于考察更普遍的问题，即战争和民众问题，都有帮助吧。

---

① 日本国際問題研究所中国部会編：『中国共産党史資料集』，第九卷，勁草書房，1974 年，第 81—84 頁。

② 笹川裕史：『中華民国期農村土地行政史の研究－国家－農村社会間関係の構造と変容』，汲古書院，2002 年，第 161 頁；山本真：「抗日戦争時期国民政府の『扶植自耕農政策』——四川省北碚管理局の例を中心にして」，『史潮』新 40 号，1996 年。

目录 CONTENTS

第一部分　向饥饿宣战

第二部分　民族主义与社会改革：以太行抗日根据地为中心

结束语

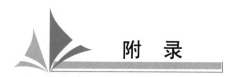

附 录

第一部分

向饥饿宣战

①

① 杨讷维：《灾童》，中华全国木刻协会编：《抗战八年木刻选集》，上海开明书店 1946 年版，内封面页。译者注：据该书的编者介绍，杨讷维为广西的木刻作家，“画布刻画甚精巧，后期倾向于黑线条的民族形式的尝试。他不单是个热心的木刻运动者，同时是个很好的教师，在学校里造就了不少木刻界的幼苗”。（参见该书“作者简叙”，第 8 页）

前　言

“民以食为天”，即“粮食是人民生活的根本”。这句话是用来说明， 13
粮食对于民众来说是绝对无比的重要。自古以来，这一警句就时常告诫人们，并广为引用。即便在中国近现代史上，这句具有现实性的谚语依然有效。特别是全面抗日战争时期，广阔的土地成为战场，许多农民或丧命或被征召参战，农业生产受到破坏，很多难民由此而涌现。另外，大量的粮食被征集为军粮。并且，自然灾害比平时造成的损害更大。通货膨胀的激化，粮食价格的暴涨，这些情况都接踵而来。因此，保障粮食供应、向饥饿宣战，对民众来说，都是极为严峻的问题。普通老百姓为维持自己与家人的生活，为了赚钱买米，每天不得不重复着艰辛的生活。围绕着保障粮食供应的残酷状况，对民众的心态自然有很大的影响。

另外，对于领导民众的一方来说，粮食供应也是很重要的问题。“民以食为天”这句谚语，本来是表现了执政者的治国心得。在抗日战争时期，对中国的政治领导人来说，使民众稳定下来的粮食供给，是保证社会
是否安定、抗战能否持久的决定性因素。同时，对日本军部等日本的统治 14
阶层和日军支配下的汪精卫政权而言，保证民众的粮食供应是掌握民心的重要环节。日军在战场上对中国民众施以残虐的军事行动。但是，日军占领武汉后，战争进入相持阶段，日军不掌握民心就不能确保对占领区的统治。而掌握民心最关键的一步，便是向民众提供充足的、比较廉价的粮食，这是从安定民生角度来考虑的。① 近年来，有观点认为，汪精卫政权

① 浅田喬二：「日本帝国主義下の中国食糧問題——太平洋戦争期」，湯沢誠編『農業問題の市場論的研究』，御茶の水書房，1979 年，第 356 頁。

“在主观上有实现民族利益而谋求获得民心的一面”①。它同样也重视“事关民心”的粮食问题。②

因此，探究与粮食相关的问题，对于理解抗日战争时期中国民众的处境及心态具有重要意义，对于理解该时期的领导层同民众的关系同样具有重要意义。在第一部分中，主要探讨全面抗日战争时期与民众粮食相关的问题，同时也将探讨这些对抗日民族主义在内的民众心态产生了什么样的影响。并且还将探讨，在战时中国，国民政府、中国共产党、日军及汪精卫政权如何应对民众粮食供应的难题。但是，限于篇幅及笔者的能力，本书将以下述地区为研究区域：战场及其相邻的浙江省与河南省，日本及汪精卫政府支配地区的上海，国民政府统治区的重庆与成都这两个城市，共
15 产党领导下的晋察冀边区与晋冀鲁豫边区。另外，民众是个广义的词语，第一部分是以社会下层的人们为主要考察对象。

---

① 堀井弘一郎：『汪兆銘政権と新国民運動——動員される民衆』，創土社，2011 年，第 20 頁。

② 相关内容参见蔡徳金編：『周仏海日記』，村田忠禧ほか訳，みすず書房，1992 年版，第 590 頁。中文版参见蔡德金编注《周佛海日记》下卷，中国社会科学出版社 1986 年版，第 902 页。

第一章　战场及其毗邻地区 16

第一节　浙江省——拉锯战争的受害者

浙江省是位于上海以南、面朝东海的省份。省会杭州，以前曾经是南宋繁荣的都城。马可·波罗向欧洲人介绍时，称它是世界上最大的城市。这使得杭州更加闻名遐迩。另外，杭州以东的宁波，在上海发展前，是中国东南部屈指可数的繁荣海港。全面抗日战争的八年时间，日本对于这个历史悠久的省份展开了多次侵略。①

抗日战争爆发后，最初在 1937 年 11 月 5 日，日军为打开上海战争的局面而从杭州湾登陆。占领南京后，向浙江省北部入侵。12 月 24 日，日军占领杭州。此后，日中两国军队在钱塘江两岸进入对峙状态。1940 年 1 月，日军渡过钱塘江，占领萧山。萧山，是向浙江省东部进攻的桥头堡。

其中特别重要的战役，是 1942 年 5 月至 8 月发生的浙赣会战。4 月 18
日，美军 16 架 B-25（轰炸机）轰炸了东京、名古屋等城市后，向中国大 17
陆、苏联沿海飞去。在这次轰炸中受到打击的日本大本营，为破坏 B-25（轰炸机）预定着陆的浙江省、江西省航空基地，实施了浙赣会战。日军破坏了衢县、玉山、丽水三个飞机场，并打通了中国南部贯通东西的交通

---

① 本节主要依据的文献是张根福、岳钦韬《抗战时期浙江省社会变迁研究》（上海人民出版社 2009 年版）。张根福、岳钦韬的这部著作，利用省、市、县等收藏的档案及日中战争时期的报纸、杂志、调查、年鉴、统计、资料集、回忆录、日记、访谈、研究著作、论文等很多文献，多方面论述了该时期浙江省的军事、政治、经济、教育、文化、社会生活和社会意识、铁路、人口迁移、新闻传播、沦陷区的社会等。

大动脉浙赣线（浙江省萧山至湖南省株洲）。这次作战结束后，日军在金华等9个县份停下来。此外，1943年至1944年间，又举行了三次大规模的战役。①

日军入侵浙江省的范围扩大后，在全省组织从属机构，此后便成立了傀儡政府。战争初期，首先是在杭州的1市14县，成立了“维持会”“自治会”“乡镇联合会”。1938年3月，成立了南京“维新政府”，同时也成立了伪浙江省政府与杭州市政府。1940年3月，汪精卫国民政府成立，浙江省政府归其管辖。浙赣会战后，伪浙江省政府支配的地区扩大为35个县和1个市。②

另一方面，当年杭州陷落前夕，重庆国民政府方面任命军人出身的黄绍竑为浙江省政府主席。黄绍竑支持国共合作，实施了“刷新政治”的开明政策。但是，省政府转移到浙江省中部的永康。浙赣会战时期，其他办事机构又向浙江省南部的云和转移，国统区仅存浙西一角。1941年5月以后，中国共产党开始在浙江省东部活动，在天台山、四明山、会稽山地区创建了浙东抗日根据地。1944年底到1945年初，又在浙江省西部开辟浙西抗日根据地。③

18 在抗日战争时期，浙江省内共发生1次会战、29次重要战役，2300多次小规模的战斗。在中国东部省份中，这些数字是最多的。反复进行的战争，使得省内的耕地荒芜，很多工厂被破坏，多数的民众失去生活依赖。战争的八年时间内，全省耕地的10%（大约280万亩）荒废，耕牛损失10

① 张根福、岳钦韬《抗战时期浙江省社会变迁研究》，第19—30页。王秀鑫、郭德宏：『中華民族抗日戦争史（一九三一——一九四五）』，石島紀之監訳，「抗日戦争史」翻訳刊行会訳，八朔社2012年版，第470—473頁。（中文版参见王秀鑫、郭德宏主编：《中华民族抗日战争史》，中共党史出版社、浙江科学技术出版社2005年版，第375页）译者注：张根福、岳钦韬的《抗战时期浙江省社会变迁研究》第25页称，1942年4月18日，“美国空军少将杜立特（James Harold Doolittle）率领25架重型轰炸机轰炸东京、名古屋、神户等重要城市及军事目标”。其中的“25架飞机”似不准确，恐为“16架B-25轰炸机”之误。

② 张根福、岳钦韬：《抗战时期浙江省社会变迁研究》，第48—50页。

③ 同上书，第29、63、80—83页。译者注：严格说来，浙东抗日根据地的建立，似应以1942年7月8日，中共浙东区委员会的成立为标志。（参见中共浙江省委党史研究室著《中共浙江党史》第1卷，“1929—1949”，中共党史出版社2002年版，第412页）相对来说，浙西抗日根据地的建立则要困难得多。虽然早在1939年1月，浙江省委便讨论建立浙西特委和开辟浙西沦陷区工作的问题，但是浙西抗日根据地的发展壮大则要晚得多。（参见中共浙江省委党史研究室等编《浙西抗日根据地》，浙江人民出版社1992年版）

万头，桑园损失约 100 万亩。工业方面，损失工业厂家 293 家，手工业 745 家。交通方面，被破坏的公道为 2770 公里，县道 20830 公里。渔业方面，损失渔船 16000 艘。浙赣会战期间，省内的 30 多个县受到日本军队的侵犯。飞机场及铁路沿线的县城、城镇、村庄，十之七八被焚毁。受破坏严重的衢县，以至于当地流传着“十无”的歌谣，即“市无人，田无谷，山无木，村无屋，食无粮，着无衣，病无药、死无棺、家无男丁，室无少女”①。

战争进行时的浙江省，自然灾害也十分频繁地发生，水灾、旱灾、虫灾连年不断。因此，众多民众的生活水平急剧下降。从饮食方面的情况来看，浙江省人口多、耕地少，粮食本来就不足。即便丰收的时候，也要依靠从其他省份运进来。战争爆发后，在“军事第一”的原则基础上，米粮大部分要供给军队食用，另外加上人口的锐减，从其他省份运进粮食的数量大幅度减少，灾害流行，运输困难，储备匮乏，黑市交易等因素，如何保证民众的粮食供应成为重大的问题。浙江省政府领导民众，进行开垦荒地、冬耕运动、改良稻麦，提倡禁酒、推行食物配给，提倡食用糙米运 19
动，物价管制等，试图缓和危机。但是，却无法解决粮食不足的问题，各地饥寒交迫现象蔓延开来。省政府所在地的云和，出产的大米、小麦也不算少，但是当地人却主要靠吃杂粮生活，有的甚至以草根树皮维持生命。山区的情况更加严重。浙江省西北的安吉县，有的地区所产的大米只能维持 3 个月，其他的杂粮则很少。浙江省西南的龙泉县，所产大米也只能供 4 个月所需而已，半年的时间都处在粮食不足的窘境中。②

日本及其汪伪政府统治下，民众的粮食问题也很严重。1941 年 7 月，“旅沪宁绍同乡救济会”向汪伪政府递交的呈文称，浙江东部的宁波、绍兴地区，“三数年来，变乱相寻，饥荒迭见，市无粒米，民乏余粮”，境况尚可的家庭也出现衣食困难，特别贫困的家庭则“草根充食，糠纰疗饥”。1941 年 8 月，汪伪政府的赈务委员会参事的报告称，浙东地区尽管灾民遍

---

① 张根福、岳钦韬：《抗战时期浙江省社会变迁研究》，第 44—47 页。

② 张根福、岳钦韬：《抗战时期浙江省社会变迁研究》，第 170—173 页；黄绍竑：《五十回忆》，“民国丛书”第五编 82，上海书店 1996 年版（据上海世界书局、杭州云风出版社 1945 年版影印），第 450 页。

野，“以军警就地筹食，征发频繁”，“以致地方元气亏耗已尽”①。

由于战争造成的社会诸条件的破坏，因此民众的生活水平恶化，健康受到损坏，抗战能力因此低下。从1940年与1941年浙江省法定传染病致死人数来看，1940年传染上霍乱的人数达到11383人，因此而死亡的人数最多达到2053人。其次，传染上赤痢的人数为1844人，因此而死亡者达到39人。1941年，传染上鼠疫者为388人，因此而死亡者为342人；该年传染上赤痢者为2257人，因此而死亡者达到95人。其中，鼠疫等感染者据称是日军实施大规模细菌战所致。②

20 战争造成难民的数量更多。据浙江省政府的调查显示，浙江难民的总数达500万人以上，占总人口数量的23.9%，仅次于河南、湖南、江苏、山东、湖北、河北各省的难民数量。其中，迁往外省的难民人数约200万人。向其他地区迁移的难民，主要分布于福建、江西、安徽及上海租界、西南各省。省内的迁移主要是向国民政府统治区和日军占领区等。③

以上看到的战时严酷的生活状况，对战时民众意识带来什么样的影响呢？抗战意识主要存在于共产党、国民政府、文艺团体、青年学生、记者及其他民族主义者当中。总体来说，下层民众的抗战意识比较弱。浙江省主席黄绍竑回忆中提到，“全省两千多万人民，能确实知道抗战的意义和战局的演变的实在是少数，尤其是抗战时期国民应尽的义务，能瞭解能实践的更为少数”④。民众最关心的是自己的生活。进一步而言，位处偏远、交通不便地区的民众，他们的抗战意识更是薄弱。1938年，在浙江省西部的江山县，该县宣传工作队问民众“现在中国同哪一国打仗，他们也不知道”⑤。在浙赣会战后，军事上的失败和生活上日益痛苦，使得抗战意识很

---

① 马俊亚：《抗战时期江南农村经济的衰变》，《抗日战争研究》2003年第4期，第70—71页。

② 张根福、岳钦韬：《抗战时期浙江省社会变迁研究》，第180—181页。关于日军在浙江省实施的细菌战，参见李力：「浙江・江西細菌作戦——一九四〇—四四年」，松村高夫ほか：『戦争と疫病——七三一部隊のもたらしたもの』，木の友社，1997年。

③ 张根福、岳钦韬：《抗战时期浙江省社会变迁研究》，第276—287页。

④ 黄绍竑：《五十回忆》，云风出版社1945年版，第410页。

⑤ 张根福、岳钦韬：《抗战时期浙江省社会变迁研究》，第201、203页。

强的学生们也出现情绪减退的现象，“一般学校好像有些厌闻军事了”①。

在日本军队占领下，或在日伪傀儡政权下滞留的民众，他们的意识是 21
怎么样的呢？在日本军队的进攻时，有些民众或因为无力筹措经费，或者为了维持生活，而没有离开家园。随着沦陷区大规模战事的中止，“国家”与“民族”意识渐淡渐远，而如何生存下去变成最大的问题。小商人在农村无法生活下去，只能忍痛在城内过活。下层的行政职员，参加对日的从属组织，其目的只是为了混口饭吃。也有很多人感觉被国民政府所遗弃，这也是他们以消极的形式参加对日“合作”的重要因素。②

第二节　河南省——大饥馑

河南省的北部与中部，古时称为“中原”。洛阳是后汉至北魏时期的都城。开封是北宋的都城，并且是中国繁荣的政治中心。但是，抗日战争时期，河南省是受到战祸影响最悲惨的省份之一。特别是在 1942 年，饿死者据说达到 300 万人，发生了空前的大惨案。本节将以河南省的大饥荒为中心，对粮食与民众的关系进行考察。③

1937 年 11 月 5 日，日本军队占领河南省北部的安阳。到 1938 年 2 月底为止，占领了河南省黄河以北的大部分地区。6 月 6 日，河南省会开封陷落，日军向西进攻郑州。蒋介石为阻止日军前进，下达了将郑州东北的
花园口堤防爆破的命令。8 日至 9 日间，堤防受到破坏。黄河水由中牟流 22
向淮河，最后汇入长江。由于黄河堤防爆破后，西进的日本军队受阻，但是河南、安徽、江苏 3 省 40 个县市受淹，90 万人死亡。河南省有 15 个县

---

① 张根福、岳钦韬：《抗战时期浙江省社会变迁研究》，第 184 页；黄绍竑：《五十回忆》，第 481 页。

② 张根福、岳钦韬：《抗战时期浙江省社会变迁研究》，第 223—225 页。

③ 关于河南省的大饥荒，作家刘震云的纪实文学《温故 一九四二》曾有介绍。在日本，该书也有翻译和出版的版本（劉震雲：『温故 一九四二』，劉燕子訳，中国書店，2006 年）。此后，在中国出版的研究著作有，宋致新编著《1942：河南大饥荒》（湖北人民出版社 2012 年版）（未见）、孟磊、关国锋、郭小阳等编著：《1942：饥饿中国》（中华书局 2012 年版）。另外，河南在内的华北五省（山东、河北、河南、山西、陕西），1870 年代后半期旱灾造成前所未有的大饥荒发生。关于这次饥荒与救济活动，详细参见高橋孝助：『飢饉と救済の社会史』，青木書店，2006 年。

受到水淹，东部1200万亩的肥沃良田荒芜，390万人流亡，很多向河南省中部与西部的国民政府统治区逃亡。①

自1937年以后，河南省每年都有各种自然灾害发生。1937年，首先发生的是旱灾，后来发生的是水灾。1938年至1940年期间，每年都发生水灾。1941年，全省发生旱灾与水灾，随后又有冰雹和霜灾发生。② 此后，从1942年开始又遭受严重的灾害。1942年，当时的日本军队占领了河南省最重要的交通线和省内东北、东南的42县。另外，国民政府统治区共有69县，因战争而受到的经济损害相当严重。规模比较大的企业与工厂迁移到其他地区，1936年耕地共计7800万亩，到1942年减少为2800万亩，产量大幅度下降。可是，抗战时期河南省的粮食征用量仅次四川省，居（全国的）第二位。③ 另外，多数壮丁因战争而被征召。1937年至1941年间，河南省的征兵人数达到1343036，居全国第一位。④ 因此，省内劳动力大幅下降。

驻扎在河南省的国民政府军队总数为50万至100万，他们的粮食与物资供应都是由河南的民众负担。1942年，河南省属第一战区，司令长官为
23 蒋鼎文、副司令长官为汤恩伯。汤恩伯因治理黄河等，无限制地征调劳动力与资材搞土木工程，强制（当地）向河南驻军提供巨额的粮食与马秣。汤恩伯军队的纪律极差，他们依仗汤恩伯的势力干了许多坏事。并且，他还征收重税，抓起壮丁来，不顾民众的死活。于是，河南民众非常憎恶地将汤恩伯与水灾、旱灾、蝗灾称为“四害”。⑤

---

① 陈传海、徐有礼编著：《河南现代史》，河南大学出版社1992年版，第208—211页；孟磊、关国锋、郭小阳等编著：《1942：饥饿中国》，第10—17页；王秀鑫、郭德宏：『中華民族抗日戦争史（一九三一—一九四五）』，石島紀之監訳，「抗日戦争史」翻訳刊行会訳，八朔社2012年版，第226頁（中文版参见王秀鑫、郭德宏主编：《中华民族抗日战争史》，中共党史出版社2006年版，第182－183页）。

② 陈传海、徐有礼编著：《河南现代史》，河南大学出版社1992年版，第265－266页。

③ 孟磊、关国锋、郭小阳等编著：《1942：饥饿中国》，第17—20页。

④ 张其昀主编：《抗日战史》，台北“国防研究院”、中华大典编印会1966年版，第340页。四川省居第二位，达1085279人。另外，整个抗战期间，四川省的征兵数量居全国第一位，达2578810人。河南省居第二位，达1898356人。

⑤ 孟磊、关国锋、郭小阳等编著：《1942：饥饿中国》，第17—18页。

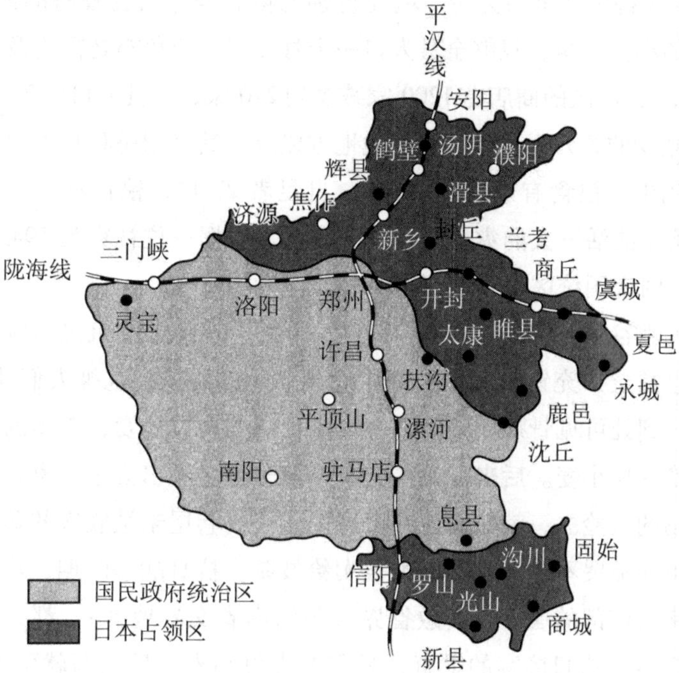

图 1　1942 年河南省形势图

资料来源：孟磊、关国锋、郭小阳等编著：《1942：饥饿中国》，中华书局 2012 年版，第 19 页

从 1941 年的秋天到 1942 年的夏天，河南省出现连续 15 个月的大旱。 24
1942 年，3 月到 4 月，河南省的西部发生冰雹和黑霜灾，中部发生风灾，东部某些地方发生蝗灾。入夏以后，有 3 个月不下雨。麦收时又发生霜灾。根据河南省当局的统计，全省 111 个县，除 15 县以外，其余 96 个县都有灾害。其中旱灾特别严重的是郑州等 18 个县，其次是洛阳等 13 个县。这些地区几乎遍布河南省的中部。与此相比，南部地区的旱灾程度比较轻。河南省北部、东部，日本占领区的旱灾也严重。但是，由于战后资料的遗失和废弃的缘故，所以死亡人数无法统计。①

① 陈传海、徐有礼编著：《河南现代史》，第 266—267 页；孟磊、关国锋、郭小阳等编著：《1942：饥饿中国》，第 42—43 页。

在受灾特别严重的县份，境况特别悲惨。据郑州县政府的调查显示，1942 年的小麦产量，只够全县人口一个月食用（应负担之征购及县公粮数额，未计），市区的商店由 1200 家减少到 270 家，全县人口由 20 万减少到 15 万。减少的 5 万人，除逃往其他地方以外，其余则是死亡人口。剩下的 15 万人当中，粮食有余者仅 15 户，自足者 27 户，粮食不足者 3893 户，而非救济不能活下去的灾民达 49000 余人。根据一位视察员 1942 年 10 月的调查，河南国统区每天饿死 4000 人以上。①

25 农民用谷糠、谷壳、树叶、树皮、野菜、观音土（饥民为应付饥饿而吃的白色黏土）充饥。大雁粪便中尚未消化的谷物，也被人们捡来吃了。在街头，到处可见骨瘦如柴的乞丐。孩子与妇女被贱卖，年幼的孩子一个人只能换一斤小麦。后来，卖得太多，孩子也卖不出去了。家人希望孩子被好心肠的人捡去，就偷偷地弃于城内。街头巷尾未被收容的孩子们，因饥寒交迫而啼哭不止。妇女们则被卖给妓院。抗日战争时期，洛阳东的巩县、河南省南部的唐河、安徽省界（与河南省交界地区），都是因为娼妓聚集而知名。她们接客的嫖资，只需要支付小米一斤六两就可以。甚至，还出现因饥饿而人吃人的悲惨现象。②

让旱灾更加雪上加霜的是蝗虫的危害。1942 年秋天，部分地区蝗虫来袭。当年，河南有 40 个县因此受到损害。蝗灾持续到第二年 8 月，受此灾害的达到 67 个县。蝗虫将谷子、玉米、高粱等啃食殆尽。人们希望用摇旗、敲锣、打鼓来吓走蝗虫，用扫帚、耙子来扑杀蝗虫，但是效果都不明显。有人认为这是老天降下的惩罚，祈求老天收回蝗虫。③

26 1942 年冬，河南数百万灾民，从四面八方集中到了洛阳。许多灾民都远离故乡逃难。他们中有少数北上进入抗日根据地，有的南下逃往湖北省，有的向东逃难。大部分经洛阳沿陇海线（连云港至宝鸡）向西逃难。当时的河南省，南北贯穿的是平汉线（北平至汉口），东西贯穿的是陇海线。而平汉线当时几乎被破坏，陇海线成为唯一的大动脉。不过，郑州、

① 陈传海、徐有礼编著：《河南现代史》，第 267—268 页。

② 陈传海、徐有礼编著：《河南现代史》，第 267—268 页；孟磊、关国锋、郭小阳等编著：《1942：饥饿中国》，第 24—30、70—76 页。

③ 陈传海、徐有礼编著：《河南现代史》，第 268 页；孟磊、关国锋、郭小阳等编著：《1942：饥饿中国》，第 58—66 页。

洛阳之间交通受到破坏，洛阳以西通往陕西省等大后方（国民政府统治下的西南、西北地区）的铁路还能通行。可是，扒乘火车赶路非常危险。不能进入车内的人，爬上车厢顶，紧紧抱住柱子。有的因火车被日本人的炮弹炸毁而丧命，有的扒着车辆却因夜里手指冻僵而摔落，被行走的火车轧死。不能坐火车的只好步行，将所有的财产都放在独轮车上，在严寒中艰难地西进。①

这样经历重重难关好不容易到达西安，那里却并不是难民的安居之所。陕西省政府同意接受难民 10 万人，将他们迁往三个新开垦地区居住。但是，到达陕西省的难民远远超过 10 万人，难民在西安和宝鸡等城市周边搭草棚子、挖地窖生活。西安的粥厂只有一处，很多人连吃口粥的机会也没有。许多人被饿死，有的全家自杀。不久，道路上派驻部队，河南灾民禁止入境。②

对于河南省发生的惨况，河南省政府及重庆当局是如何应对的呢？据 27
称，河南省政府（主席李培基）在向重庆的报告中称，河南的粮食“收获还好”，隐瞒了灾情。③ 即便如此，1942 年 8 月，河南省政府派人赴各县勘查灾情，作为申请救济的根据。9 月，民政厅首先召集重灾区的县长评定地方救济办法。各机关公务员每人每月上缴小麦 5 斤，但灾民未得到半两。并且禁止酿酒，以节省食粮，但是没有什么效果。④

但是，到了 10 月，开始向重庆报告灾情。上旬，河南省赈济会派代表赶赴重庆，请求免除征实配额，蒋介石不仅拒绝接见他们，而且禁止他们在重庆公开活动。10 月 20 日，国民政府派张继等赴河南省视察灾情。张继等人经过实地考察，承认河南的灾情确实严重。但是，他们在洛阳的会议上却提出，河南固然有灾，但是军粮既不能免、亦不能减，并且不应对

① 劉震雲：『温故 一九四二』，劉燕子訳，中国書店 2006 年版，第 66—68 頁；孟磊、关国锋、郭小阳等编著：《1942：饥饿中国》，第 108—114 页。

② 孟磊、关国锋、郭小阳等编著：《1942：饥饿中国》，第 108—114 页。

③ 孟磊、关国锋、郭小阳等编著：《1942：饥饿中国》，第 30—31 页。

④ 张高峰：《豫灾实录》，《大公报》（重庆）1943 年 2 月 1 日第 3 版。国民政府为了加强县以下末端的统治机构，1940 年开始采用新县制，河南省从 9 月开始实施。征收粮食与征集士兵成为县政府最优先考虑的任务，并成为县长勤务评定的内容之一。（坂井田夕起子：「抗日戦争時期における河南省の新県制——抗戦体制構築と国民政府の県政」，『史学研究』二一三号，1996 年；天野祐子：「日中戦争期における国民政府の新県制——四川省の事例から」，平野健一郎編『日中戦争期の中国における社会と文化変容』，財団法人東洋文庫，2007 年）。

灾荒夸大其词，以免影响抗战士气，而乱国际视听。30 日，河南籍的国民政府参政员郭仲隗，在第三届第一期国民参政会上，介绍了河南灾民吃观音土、树皮、草根、大雁粪便等情况，流着眼泪呼吁中央政府对河南省减免征粮。郭仲隗的陈情让很多人动容，蒋介石依然不相信河南有灾。[①] 结果，1942 年征实实物数和征购实物数比配额还多。[②]

28 灾害变得越来越严重，但是在政治上没有变化的征兆。改变这样的状况是中国记者与美国记者的报道。1942 年冬，当时只有 24 岁的张高峰，以《大公报》战地记者的身份被派往河南。内容取材于当地的报道，以《豫灾实录》为标题，在 1943 年 2 月 1 日的《大公报》发表。张高峰在这篇文章中提到，“首先告诉读者，今日的河南已有成千成万的人正以树皮（树叶吃光了）与野草维持着那可怜的生命，‘兵役第一’的光荣再没有人提起”。他详细记载了“变成人间地狱”的河南民众悲惨状况，呼吁“救灾刻不容缓了”[③]。

此外，第二天，《大公报》社长王芸生亲自执笔撰写题为《看重庆，念中原!》的社论。其中充满对政府进行的猛烈批评：“尤其令人不忍的，荒灾如此，粮课依然”，“河南的灾民卖田卖人甚至饿死，还照纳国课，为什么政府就不可以征发豪商巨富的资产并限制一般富有者‘满不在乎’的购买力?”[④] 这篇社论引发蒋介石大怒，并给《大公报》停刊三天的处分。王芸生对于这个处分十分不理解，便向蒋介石的亲信陈布雷询问。据说，陈布雷回答道，“委员长（蒋介石）完全不相信河南有灾……严令河南的征缴不得缓免”[⑤]。

29 《大公报》的报道和社论，并没有产生直接的政治影响，但是河南的灾害开始为世人所知。美国《时代》周刊记者西奥多·怀特（白修德）读完这篇文章，于 2 月底与朋友《伦敦时报》的记者哈里森·福尔曼一起到

---

① 孟磊、关国锋、郭小阳等编著：《1942：饥饿中国》，第 55—56 页。

② 中国史学会、中国社会科学院近代史研究所编：《抗日战争》第五卷，“国民政府与大后方经济”，四川大学出版社 1997 年版，第 696 页。（译者注：土地税的征实与粮食的购买，参见该书第三章）

③ 张高峰：《豫灾实录》，《大公报》（重庆）1943 年 2 月 1 日第 3 版。

④ 王芸生：《看重庆，念中原!》，《大公报》（重庆）1943 年 2 月 2 日第 2 版。

⑤ 劉震雲：『温故 一九四二』，劉燕子訳，中国書店 2006 年版，第 77—78 頁；孟磊、关国锋、郭小阳等编著：《1942：饥饿中国》，第 118—120 页。

河南访问。① 他们乘坐陇海线的火车访问了洛阳、郑州，并从洛阳将有关大灾害实情见闻的电报发送给纽约。3 月22 日的《时代》周刊发表了怀特的报道，在美国引起了意想不到的轰动。当时为寻求援助到美国访问的蒋介石夫人宋美龄看到这则报道后大怒，要求《时代》周刊的老板亨利·鲁斯解雇怀特。另一方面，在宋庆龄的斡旋下，蒋介石接见了怀特与福尔曼，听他们说明了河南的惨状。怀特回忆称，蒋介石看到几条狗吃尸体的照片时，全身发抖。蒋介石对怀特他们提供相关信息表示感谢。河南大灾害发生一年后，蒋介石终于下达了实施救济的命令。②

蒋介石的命令下达以后，各大报纸充斥救济宣传等字眼。政府组织救灾会、平粜会、救济院、收容所等，举行救济募金、在陇海铁路沿线设置粥厂。但是，平汉线的南北和陇海线的东侧被日本军队封锁，并且救济粮只能从陕西省运输进来。另外，从陕西省界潼关到河南省的灵宝，正处于日军大炮的射程内，这一段路程的运输必须使用卡车等。就这样，运进来的粮食，到农民的手中已经是 1943 年 5 月。但是，这个时候新产麦子已经 30
在市场上出现，并且小麦价格下跌得很厉害。而政府却强迫农民以麦收前的高价格购买救济粮食，况且这些麦子已经发霉了。

救济金方面，在政府发放的 2 亿元中，有 8000 万元是下发给河南省的。省政府的官员却将这笔钱存进了银行，目的是让它生利息。对于这笔钱如何使用，也是争吵不休。并且，在分配过程中不断地被克扣。即便如此，救济金还是分配给了一些地区闹饥荒的村子里。地方官员却从救济金中扣除农民应交的税款，结果到农民手中也就所剩无几。中央政府下拨的救济款都是面额为一百元的钞票，而当时的粮食囤积者拒绝人们以百元票购粮，农民不得不去银行兑换五元和十元的纸币，而银行兑换时要收取百

① 译者注：西奥多·H. 怀特（Theodore Harold White），中文名白修德，抗战时期长期担任美国《时代》周刊记者。著作有 In Search of History ：A Personal Adventure，Harper & Row Publishers，1978。（中译本为白修德著《探索历史——白修德笔下的中国抗日战争》，马清槐、方生译，生活·读书·新知三联书店，1987 年）哈里森·福尔曼（Harrison Forman），是否与《中国解放区见闻》（朱进译，重庆学术社，1946 年）的作者福尔曼同为一人。此处存疑。

② ホワイト、セオドア：『歴史の探求』上，堀たおる訳，サイマル出版会 1978 年版，第 189—204 頁。孟磊、关国锋、郭小阳等编著：《1942：饥饿中国》，第 120—125 页。

分之十七的手续费。①

由以上这些内容可以看出，政府的救灾工作是极其不够的，仍有许多农民挨饿死去。干旱结束后，1943 年初河南天降大雪，7 月又有降雨。但是，到了秋天又出现大群蜂拥而至的蝗虫，其规模比 1942 年还要大。1942 年，农作物的受害总面积约为 238 万亩，然而 1943 年增加到 532 万亩。当灾民被政府抛弃时，他们心底滋生了绝望与愤怒。②

1942 年 10 月，美国驻重庆的外交官约翰·谢伟思访问了洛阳。他在 11 月 5 日的报告中，对饥馑引发的社会后果给出如下描述：

> 31 更重要的后果是，这些苦难可能引起的人们态度和心理状态的变化。河南农民本来已经对战争没有什么兴趣。现在存在这种可能性，他们的苦难可能孕育着不满，而这种不满可能演变为对他们处境的公开抗争。迄今还没有迹象说明大动乱就要到来，也没有迹象说明大动乱可能发生。……农民们继续默默地含辛茹苦，盼望有好时候到来。但是，渴望和平的气氛和对本来被认为是应该保护他们的政府和军队的厌恶，是显而易见的。③

谢伟思的“预感”，1944 年以戏剧性的形式发生了。该年 4 月，日本军队发动“一号作战”（打通大陆线作战），以 5 万兵力向河南省发动进攻，打败了 40 万兵力的国民政府军队，占领了 30 多个县。汤恩伯的 10 多万军队从河南省西部撤退时，当地农民拿起猎枪、菜刀、铁耙，站出来解除汤恩伯军队的武装。河南省西部，汤恩伯军队曾在这里为非作歹。农民们对汤军进行复仇。汤恩伯被激怒，他将会战失败的责任归于河南民众，大骂河南人都是汉奸。④

---

① 劉震雲：『温故 一九四二』，劉燕子訳，中国書店 2006 年版，第 100—102 頁；孟磊、关国锋、郭小阳等编著：《1942：饥饿中国》，第 126—134 页。

② 孟磊、关国锋、郭小阳等编著：《1942：饥饿中国》，第 134 页。

③ Esherick，J. W. ed. Lost Chance in China，Random House，1974，p. 19. 译者注：该段文字翻译过程中，曾参阅约瑟夫 . W. 埃谢里克（Joseph W. Esherick）编著，罗清、赵仲强译：《在中国失掉的机会——美国前驻华外交官约翰 . S. 谢伟思第二次世界大战时期的报告》，国际文化出版公司 1989 年版，第 18 页。

④ 孟磊、关国锋、郭小阳等编著：《1942：饥饿中国》，第 146—147 页。

补注1：

1940年，河南省的人口为3067万，以后每年减少100万（1942年减少203万）。1944年的人口为2471万，4年间减少了596万。这是战时的统计，但是我们可以估计，饿死者或因营养极度失调而导致死亡者，共计200万以上。另外，《河南省志》记载饿死者约300万，到其他省避难的人员约300万。①

补注2：

关于河南省的旱灾，江沛《“哀鸣四野痛灾黎”：1942—1943年河南旱灾述论》（《河南大学学报（社会科学版）》2014第3期）一文的发表，是在本书（日文版）出版后才知道的。在这篇论文中，江沛利用台北“国史馆”档案等资料揭示：1942年6月和9月，河南省（政府）主席李培基、第一战区司令蒋鼎文等人请求蒋介石及行政院和军事委员会减免河南省的负担并给予援助。同年9月，蒋介石指令行政院与粮食部减退1942年度的军粮征购。这些说明，国民政府和河南省政府及军队，对救济旱灾还是实施了一定的救济措施。因此，有必要重新讨论国民政府和河南省当局为应对旱灾实施的措施及其效果。

---

① 河南地方史志编纂委员会编纂：《河南省志》，第十一篇，《人口志、民族志、宗教志》，河南人民出版社1994年版，第13、49、50页。

第二章　日军占领区、汪伪政权统治区——上海

32 关于日军占领区、汪伪政权统治地区的粮食问题，弁纳才一使用汪精卫政权的档案进行了全面讨论，并提出如下结论："由于日军对中国的侵略战争，中国的农业生产尤其是粮食生产遭到破坏，粮食产量减少。而经济统制政策使得流通过程出现混乱，并引起粮食价格暴涨。民间用粮受到的影响自然毋庸赘言，就连公务人员的用粮及军队用粮也难以保障。"① 本章将讨论弁纳才一论及的、粮食消费巨大的上海，考察当地战时的粮食供应情况及民心的向背。

第一节　从淞沪会战开始到太平洋战争爆发②

全面抗日战争爆发以前，上海市场供应的米粮，主要分为国产米与进口洋米两种。国产米，除少部分是来自上海近郊收获的之外，大部分是从江苏、浙江两省输入，或是从湖南、江西、安徽等省输入；进口洋米，多是从泰国、越南、缅甸输入的。米粮商人中，有将米粮从产地口岸贩运到上海的，这些人被称为米客或米贩。从事此类行业的，全市共有三四十家店。从事米粮批发业务的行商被称为米行，上海南北两市共有 120 多家。

---

① 弁納才一：「なぜ食べるものがないのか——汪精衛政権下中国における食糧事情」，弁納才一、鶴園裕編：『東アジア共生の歴史的基礎』，御茶の水書房，2008 年，第 83—84 頁。

② 译者注：该节的标题，原著使用的是"上海戦の開始からアジア太平洋戦争勃発まで（从上海战的开始到亚洲太平洋战争爆发）"，现根据中国学界的习惯进行翻译。原著全书中使用的"上海戦"，将统一翻译为"淞沪会战"；"アジア太平洋戦争"将统一翻译为"太平洋战争"。此后将不赘述。

从事米粮零售业的米店，被称为米号，全市约有2000家。各种米业商人，分别设有各类同业公会组织。1911年至1935年间，上海的米价随着产地年成的丰歉而涨落，一般都稳定在每石10元左右。①

1937年8月13日，淞沪会战开始。11月11日，淞沪会战结束。日本军队占领了租界以外的上海市。而且，虹口、杨树浦也处于日本军队的占领之下。租界的面积，不足战前的一半。因为受到日本军队的包围，租界有了“孤岛”之称。日本军队在占领区，先后炮制了被称为“上海大道市政府”“督办上海市政公署”的日伪傀儡政权。1938年10月，督办公署改称为“上海特别市政府”。1940年3月30日，以汪精卫为首的“中华民国国民政府”在南京成立。“上海特别市政府”，改为归其管辖。另一方面，租界成为相对安全的地方，大量的物资和资金开始流入。1937年，人口尚处于170万以下。1938年，便激增为450万。这些因素的存在，使上海租界短时间内成就了“畸形的繁荣”。

上海的粮食供应，也出现了复杂的情况。米粮统制政策的制定和实施，既有来自日本军队占领区内的日伪当局，同时也有来自租界当局、国
民政府及上海的米业工商团体。日本军队占领上海华界的初期，对上海周 34
边的水陆交通实行全面的封锁，内地的大米根本无法运到上海。1938年3月以后，日军当局对内地输入上海的米粮实行全面的统制。凡到战区进行粮食采购者，必须取得通行证。由于日军的统制，内地沿河运往上海的米粮船只逐渐减少。1941年下半年，日本军队在上海外围约60公里的范围内，构筑了永久性的经济封锁线，并建立了26个监视哨所。② 9月20日，汪精卫政府的行政院，发出关于重要物资、禁止品、限制品运送和搬运的训令，规定自家食用的大米和小麦每次只能搬运3升。③

日本军队占领上海的闸北、南市后，对运往租界的米粮也开始实施统制，租界的粮食供应情况变得糟糕起来。小粮店变得无米可售，贫穷的民

---

① 张忠民：《战时上海的米粮统制（1937—1945）》，《近代中国》第四辑，上海社会科学院出版社1994年版，第253—255页。

② 张忠民：《战时上海的米粮统制（1937—1945）》，《近代中国》第四辑，第255—258页。

③ 上海市档案馆编：《日伪上海市政府》，档案出版社1986年版，第547页。另外，容量单位，1石等于10斗、100升、1000合。1升约为1公升。另外，重量单位，1斤相当于500克。

众为购米而沿街徘徊。① 于是，公共租界工部局设立粮食处，法国租界设立粮食调节会，上海市社会局、市商会、米号业同业公会同时采取措施。即，进口洋米、限制价格、限制销量。1937 年底至 1938 年初，上海的民用米粮都依赖进口洋米。1938 年春，国产米的输入得到恢复。6 月，上海市储备大米 50 万包，其中进口洋米为 25000 包，其余的都是国产米。但是，到了 1939 年，由于日本军队的统制，内地运往上海的国产米再次出现困难。4 月以后，米价上涨。6 月 23 日，租界当局对国产米的价格进行了限制。但是，米价不断上升，1939 年年底一直涨到每石 50 元。②

35 1940 年以后，日军当局对上海租界米粮贩运的统制更加严厉，租界米市上的国产米越来越少。外国进口的洋米成为上海粮食供应的主要来源，米价的限制由国产米扩大到进口米。7 月 5 日，在租界当局的建议下，上海各米业团体成立上海米粮评价委员会，每星期两次对进口洋米的最高市价给予评定。然而，米价的上涨仍然势不可挡。1941 年 3 月，每石上涨为 120 元以上，米价的限制变得难以维持。于是，租界当局只得实行以限量配售为中心内容的采销统制政策。3 月 31 日，工部局正式宣布控制米粮的供给。11 月 4 日，每人每次限购 1 斗。但是，配给以外的米，特别是国产米的价格不断上涨。11 月，每石米的价格直逼 200 元的大关。面对米粮供应日益严峻的局面，租界当局规定：调查存米，非持有许可证，不准自由移动；个人购买限于 1 斗（后又减为半斗）；进口洋米每石限价 130 元等统制措施。但是，这个统制措施出台后不久，太平洋战争爆发，上海战时的米粮统制又进入了一个新的阶段。③

36 随着粮食匮乏程度的加剧，上海民众的生活变得极为困难。1939 年 9 月以后，出现民众抢米的事件。12 月，全市发生抢米事件 100 多起。其中 15 日、16 日两天，63 家米店被抢。④ 1937 年 11 月上海沦陷后，25 万难民涌入比较安全的租界及南市难民区。各种难民救济团体，负责救济难民。

① 据《申报》1937 年 11 月 12 日记载，当时的租界内各米号之存米“已行告罄，闭门揭条，声明无货，致贫苦小民、家无隔宿之粮者，欲购米作炊，徘徊街头，大感困惑”。参见刘志英：《抗战时期上海的米粮市场》，《档案与史学》1999 年第 2 期，第 43 页。

② 张忠民：《战时上海的米粮统制（1937—1945）》，《近代中国》第四辑，第 258—260 页；刘志英：《抗战时期上海的米粮市场》，《档案与史学》，1999 年第 2 期，第 43—44 页。

③ 张忠民：《战时上海的米粮统制（1937—1945）》，《近代中国》第四辑，第 258—262 页。

④ 刘惠吾主编：《上海近代史》（下），华东师范大学出版社 1987 年版，第 387 页。

1939 年夏天以后，米价上涨，救济活动变得困难起来，能够从事的救济范围也缩小了。失去住所的难民中，有不少人只能讨饭，居民沦落为难民的人很多，贫民窟增加，路上行走时倒毙的尸体急剧增加。① 另外，特定区域的人口密度增加，居民营养不良，医疗卫生施设在淞沪会战中受到破坏，水井和下水道受到破坏，卫生状况恶化，霍乱等传染病以贫民层为中心流行着。②

在日本及其从属伪政权统治区，粮食的供应情况比租界更加糟糕。随着向中国派遣士兵的增长，日军开始采取“现地自活主义”（译者注：即就地掠夺、就地强征）。1939 年 8 月，长江下游的主要产米地区，如芜湖、无锡、苏州、常熟、昆山、松江、嘉兴等，成为日军的军用粮征集区。日本及其伪政权统治的上海第 13 区，战前的米粮来源几乎都依靠苏州、松江、常熟等地。因此，这些地区的民用粮供应被断绝。并且，日军依赖各地的商人用不到市价一半的价格来“购买”军粮。结果，商人的“购买”活动并不积极，农民也通过隐藏米粮进行抵抗。由于日本（军队）低价收购政策的主要原因，华中米谷市场上出售的米粮下降了五成。这使日本谷物低价收购计划破产，而不仅仅是占领区米粮供应不足和米价暴涨所致。③

1940 年 3 月，汪精卫政权成立的时候，城市的粮食问题已经濒于危机。伪政府所在地的南京，3 月的米价为每石 30 多元法币，至 5 月间上涨为二倍，南京市的存粮只能维持一个星期。汪精卫政权与日方经过谈判， 37
才购买了三井洋行存放在上海的 3000 吨大米，暂时解决民食的困境。汪精卫政权同日军进行协商，要求日本军方缩小军用粮的采购区，以保障民用粮的来源。协商的结果是，汪精卫政权成立粮食管理委员会，日汪双方划分产米区。即日方的军用粮采购区为，松江区 6 个县、苏州区 5 个县、无锡区 4 个县。汪精卫政权的收购地区为，芜湖和南京地区。但是，日本不

---

① 小浜正子：「日中戦争期上海の難民救済問題」，高綱博文編：『戦時上海』，研文出版，2005 年，第 342、353—354 頁。

② 福士由紀：『近代上海と公衆衛生——防疫の都市社会史』，御茶の水書房，2012 年，第 212 頁。

③ 浅田喬二：「日本帝国主義による中国農業資源の収奪過程」，浅田喬二編：『日本帝国主義下の中国』，楽游書房 1981 年版，第 142—144 页；刘志英：《抗战时期上海的米粮市场》，《档案与史学》，1999 年第 2 期，第 45—46 页；林美莉：《日汪政权的米粮统制与粮政机关的变迁》，台北《“中央”研究院近代史研究所集刊》第 37 期，2002 年，第 152—158 页。

同意无条件地将芜湖地区交给汪精卫政权，其交换条件是汪政权要负担部分日军的军粮供应（1941 年秋到 1942 年间，汪政权需要负担日军的军粮五六千吨）。另外，1941 年日军要求原划入民用粮区的苏北区及芜湖区的长江以北部分为军用粮采购区。9 月，日汪缔结协定，芜湖长江以北的 5 个县被编入日军军用粮供应区。① 这样，汪精卫政权为统治区的民众用粮稳定做了一定的努力，但是在日军的军用粮要求下不得不一次又一次地做出让步。

第二节　太平洋战争爆发后

1941 年 12 月 8 日，日本军队进驻上海公共租界，上海开始进入全市由日本及汪精卫政权统治的时代。在公共租界，日本人掌握了工部局执行机构参事会的实权，日本人全部取代了警察局等各部分的负责人。日本军
38 队进攻了事实上德国统治的法国租界，其行政执行机关公董局需要听从日军的命令行事。另外，1942 年，日军在全市进行户口调查，并在此基础上实施保甲制，组织自警团，市民外出必须携带市民证和防疫证。

太平洋战争爆发，汪精卫政权决定与日本同命运。最初，日本对汪精卫政权在租界内的统治和干预权并不认可。但是，1943 年 1 月 9 日，日本要求汪精卫政权参战，并在归还租界与取消领事裁判权的协定上签字。法国的维希政权也向日本施加压力。7 月 30 日，日本归还法租界。租界归还后，公共租界改称为上海特别市第一区，工部局成为区公署，法国租界也成为第八区。② 跟其他的战时物资一样，粮食也从形式上由日本军队的管辖向汪政权的管辖转移。1943 年 3 月，上海商业统治全国大会（商统会）成立。但是，米粮的统制仍由汪政府的粮食部（1 月，由粮食管理委员会改组而成）负责。10 月 1 日，商统会之下成立米粮统制委员会（米统会）。围绕着粮政问题，粮食部和米统会之间存在着对立。1944 年（4 月）初，

---

① 林美莉：《日汪政权的米粮统制与粮政机关的变迁》，台北《“中央”研究院近代史研究所集刊》第 37 期，2002 年，第 158—163 页。

② 高橋孝助・古厩忠夫編：『上海史——巨大都市の形成と人々の営み』，東方書店，1995 年，第 220—222 頁。

汪政权下达取消粮食部的命令，粮政方面的事务全部交给米统会来处理。①

时间向前追溯，看一看在太平洋战争爆发后米粮统制的来龙去脉。日本军队进入租界后，上海周边封锁线以内的市区区域成为粮食统制的重点。封锁线内外的米粮搬出与搬入，及封锁线内的米粮移动，都要受到日军部队的直接管辖。封锁线外的任何国产米禁止私自运入租界，两斗以上
的国产米在租界内搬运也被禁止。米粮的销售方面，日本军队进入租界以 39
后的半年内，还采取了以前的限额公售方式。但是，与此前相比，数量减少、管制严厉。1941 年 12 月，每人一次仅限购两升。1942 年 2 月开始，减为限购一升。同时，强行压缩销售米粮的米号数量。公共租界的米店，从 560 家减少到 250 家。法国租界，也从 280 家限制到 182 家。原来华界的米店，也被强行减少。②

平价米的价格，1942 年 2 月初为每升 1. 5 元（每石 150 元）。春节以后，黑市上的米暴涨为每石 280 元。人们为买平价米，黎明前就开始在米店前排起长队。米店 9 点钟才开门，12 点钟却要关门，营业时间只有三个小时。排在队伍后面的人，买不到米，只能空手而归。米店营业时，有巡捕维持秩序。为防止二次购买，拿粉笔在每个排队人的衣服上写上号码。后来，因为这种做法效果较差，所以又采用墨水染手指。巡捕们挥舞着鞭子和篾片，对付“轧”进队伍中的人，以维持秩序。排队的人，主要是以工人、店员、小学教师、小手工业者、摊贩、失业者等穷人居多。这一年的冬天特别冷，街头巷尾经常发现冻饿而死的路倒尸。③

到 6 月份，大部分米店的米已告断货，租界只能开始实行按户口供应的办法。6 月16 日，两租界当局同时公布配给办法：租界的居民，无论是
成人和孩子，均发放购米证一张。每一个星期，在指定的日期且在指定的 40
米号，购买这一星期的口粮。7 月6 日，开始从租界内实施。租界以外的地区，也在 7 月到 8 月间逐渐实施。1942 年 9 月以后，租界内米的配给重

---

① 林美莉：《日汪政权的米粮统制与粮政机关的变迁》，台北《“中央”研究院近代史研究所集刊》第 37 期，2002 年，第 166—178 页。

② 张忠民：《战时上海的米粮统制（1937—1945）》，《近代中国》第四辑，第 262—263、266 页。

③ 鄭振鐸：『書物を焼くの記』，安藤彦太郎、斎藤秋男訳，岩波新書，1954 年，第 181—185 頁。（译者注：中文版见郑振铎：《蛰居散记》，上海出版公司 1951 年版，第 63—69 页）陶菊隐：《大上海的孤岛岁月》（原著名为《孤岛见闻》），中华书局 2005 年版，第 111—112 页。

新按每10天配给一次。每次的配给量，1943年6月还能勉强维持在米2～2.5升，面粉1.5斤左右的水平。① 但是，这个配给量远远不够成人所需要的粮食量。市民平均每人每月需要两斗（20升），10天至少需要约六七升的谷物。这个配给量，只够4天的消费量而已，此后的6天只好到黑市上买高价米了。②

此外，1943年6月以后，每期只能配给一升（严重的时候，只有0.5升），外加面粉1斤左右。食品的配给量，每人每天平均只有0.3斤。8月至12月，平均每人减少到0.12斤。此后的半年，状况稍有好转。10天一次，大约配售大米两升。但是，1944年6月到8月10日为止，两个多月的时间内，主管户口米配给的伪上海市粮食调整委员竟然拿不出一粒米配给。所谓的户口米配给，仅仅是分4次配给4斤面粉和2斤玉米面。每人每天的配给量，竟然减少为0.085市斤。1944年底开始，几个月能勉强配给食米2升。但是1945年2月后，户口米配给便维持不下去了，开始变更为重点供给。供给的对象仅仅是警察、保安队员、消防队员、公务员、司法人员、教职员工、医生护士、文化事业从业者、慈善团体人员，以及制造配给物资和军需品的工厂工人。不过，到了4月，除警察和公务员以外，其他人员的供应几乎陷于停顿。至于一般的市民，1945年1月至8月，仅
41 仅配给1.5升，面粉6斤、杂粮1斤。③

粮食配给量的减少，是因为通货膨胀加剧导致谷物价格高涨，而谷物的购买量却出现减少。上海物价的上涨，在“孤岛”时期尚为缓慢。1936年，上海物价的指数为100的话，1940年则平均为475、1941年为958。然而，太平洋战争爆发后，上海的物价急剧上涨。特别是1942年8月，横滨正金银行与汪精卫政权的中央储备银行缔结“军用票及中储券之互相存放款契约”，日军军费由横滨正金银行无限制地向中央储备银行支用“中储券存款”。由于“中储券”发行量激增，引起了激烈的通货膨胀。上海的物价指数，1942年平均为2547，1943年为6721，1944年10月为

① 张忠民：《战时上海的米粮统制（1937—1945）》，《近代中国》第四辑，第263—264页。
② 上海市档案馆编：《日伪上海市政府》，档案出版社1986年版，第628页。
③ 张忠民：《战时上海的米粮统制（1937—1945）》，《近代中国》第四辑，第264—265页。

94170，1945 年 8 月则呈直线激增为 118625。① 米粮价格也随之上涨。1942 年 3 月，黑市米价为每石 600 元，1944 年 7 月为 6500 元，10 月为 14000 元。②

谷物购买量的减少。已如前述，日本将稻米产地的华中广大地区用作军用粮供应区，并且低价收买政策遭到农民的抵抗。米统会同样也采用低价强制收购的政策。如果卖给米统会，产地农民连生产成本都收不回来。③

结果，可以看看 1944 年度华中的收购计划与收购实效吧。华中三省计划收购 539000 吨，其中用于日本陆军、海军的“现地自活米”占 40.8%，用于汪政权军警用粮占 7.3%，上海户口粮占 42.7%、南京户口粮占 42
9.3%。即日军与汪政权的军用米粮与上海、南京的民众消费米，几乎算得上是庞大的数字了。而且，1944 年度的谷物收购实数只有计划的 46.8%，即 254700 吨。这些也仅仅能够满足日军军用粮（22 万吨）和汪政权军警用粮（39000 吨）而已。日本方面收购的米谷，一部分向城市居民供给为消费粮。并且，保障日军的军用粮供应是至高的命令。因此，民用粮供应被迫向日军军用粮让位。结果，1945 年初，上海等大城市的粮食配给已经无法进行。④

在户口米供给不足的条件下，米粮单帮和米贩子便乘虚而入。米粮单帮交易，是从 1937 年 8 月淞沪会战时就已经出现。户口米实行配给以后，产地米价与上海黑市米价的巨大差距，使得米粮单帮活动频繁。单帮交易运米的方法，依日本、汪伪政权禁限的紧弛程度不同而有变化。统制严格的时候，封锁线有宪兵来回巡逻，晚上还有放出的狼狗。但是，单帮客除肩负米袋外，往往还身穿缝有口袋的贩米专用衣裤，躲过铁丝网，冒险进入市区。在城市民用粮不足、当局统制缓和时，单帮们则用自行车载运，以及搭乘火车、汽车。单帮贸易的组成人员，主要是来自周边农村的乡民

① 小林英夫、林道生：『日中戦争史論——汪精衛政権と中国占領地』，御茶の水書房，2005 年，第 205—206 頁。余之道、曹振威、石源华、张云：《汪伪政权全史》下卷，上海人民出版社 2006 年版，第 1225 页。

② 上海市档案馆编：《日伪上海市政府》，档案出版社 1986 年版，第 711 页；刘志英：《抗战时期上海的米粮市场》，《档案与史学》1999 年第 2 期，第 47 页。

③ 张忠民：《战时上海的米粮统制（1937—1945）》，《近代中国》第四辑，第 268 页。

④ 浅田喬二：「日本帝国主義による中国農業資源の収奪過程」，浅田喬二編『日本帝国主義下の中国』楽游書房，1981 年，第 158—160 頁。

和上海市区的下层市民。特别是在户口米配给完全停顿的1944年5月至7月间，日伪当局不得不暂准民间贩运，单帮贩运米粮几乎成为上海市民食米的唯一来源。①

43 粮食不足带来的苦恼，不仅仅局限于下层民众。以前，生活宽裕的薪俸人员，因为现在米粮等物价的上涨远超过工资的上升，购米变得困难起来，不得不依靠芋头和稀粥充饥。②

粮食供应日益恶化下去，对上海民众的生活状况及心态产生什么影响呢？从当初的反抗情绪至淞沪战败后的消沉，漫长战争状态下的求存心态以及无奈的妥协，显示出战时上海民众的心理特点。③ 但是，民众中的多数人仍然不与日本及汪精卫政权合作。汪政权在1942年初着手“新国民运动”，特别是在太平洋战争日军初战得胜期间，上海民众也“充耳不闻”“冷眼相看”。日本驻上海大使馆的华中警务部向日本国内汇报时称，中国民众对“大东亚建设大使命配合的可能性极其值得怀疑”④。后来，随着生活变得艰难起来及日本在战局中处于不利的形势，上海人的民心和日本、汪精卫政权更进一步背离开来。这一方面的情况，可以从伪上海市公安的《警察月报》看出。

1942年12月号的《警察月报》称，在米粮配给量不足的情况下，“下层阶级吃配给米做的粥而掺上甘薯、豆类、面粉等代用食品。而代用食品价格上涨，使他们的生活更加艰难。生活困难，使得恶劣犯罪的现象增
44 加，这应该是不可轻视的趋势”⑤。1943年1月号提到，随着户口米的增配，“民心动摇不安的程度可以看到有些缓和，一般民众颇有好感地表示欢迎”⑥。一年以后的1944年1月号，对事态的恶化有如下的记载：

---

① 陶菊隐：《大上海的孤岛岁月》，中华书局2005年版，第154页；张忠民：《战时上海的米粮统制（1937—1945）》，《近代中国》第四辑，第272—276页。

② 岩間一弘：『上海近代のホワイトカラー——揺れる新中間層の形成』，研文出版，2011年，第106—110頁。

③ 李峻：《日伪统治上海实态研究：1937—1945》，中央编译出版社2004年版，第209页。

④ 堀井弘一郎：『汪兆銘政権と新国民運動——動員される民衆』，創土社，2011年，第264頁。

⑤ 《警察月报》1942年12月号（上海市档案馆藏，卷宗“日伪上海特别市警察局”R36—1—73），第4页。

⑥ 《警察月报》1943年1月号（上海市档案馆藏，卷宗“日伪上海特别市警察局”R36—1—74），第15—16页。

> 旧正月以来，诸种物价更加飞涨，一般由薪金生活者及工人阶级、其他一般的善良市民，都在困苦的生活底层苦恼地呻吟，贫富差距越来越大，民众对“现状”咒骂的声音充斥街头巷尾，风纪、思想道德极其恶化。世态日益险恶下去，将会出现一触即发的危机，将呈现一个真正应该忧虑的形势。①

另外，1944 年 6 月号中提到，“单方面从战局判断的中国民众，大半是盲信危险分子的宣传及各种谣言，忽然发生思想动摇”，这是“重庆及中共方面危险分子”和“谋略工作”引起的。② 以工人的生活日益窘迫为背景，军队管理下的上海电车公司员工发生罢工。“大东亚战争”后，初次带有暴动性的事件发生。③ 1945 年，市政府的公务员罢工，市警备警察队抗日“叛乱”连续发生，市政府进入（随时）可能崩溃的紧急状态。④日本投降之前，日本与汪伪政权在上海的统治已经极为弱化。⑤

---

① 《警察月报》1944 年 1 月号（上海市档案馆藏，卷宗“日伪上海特别市警察局”R36—66），第 2 页。

② 《警察月报》1944 年 6 月号（上海市档案馆藏，卷宗“日伪上海特别市警察局”R36—68），第 1—2 页。

③ 《警察月报》1944 年 6 月号（上海市档案馆藏，卷宗“日伪上海特别市警察局”R36—68），第 11 页。

④ 浅田喬二:「日本帝国主義による中国農業資源の収奪過程」，浅田喬二編『日本帝国主義下の中国』，楽游書房，1981 年，第 160 頁。

⑤ “日本统治下的北京，1942 年左右开始，在中国人当中开始吃各种杂粮混合在一起，搀上麸皮、米糠、橡子等，磨成的‘混合面’。战争末期，则是搀进玉米皮、玉米核、橡子、糠秕、尘土等，据说这是世界上最难吃的东西。中国人在饥饿状态下，街头到处都能看到饿死的人。”参见北京市政協文史資料研究委員会编:『北京の日の丸—体験者が綴る占領下の日々』，大沼正博訳，岩波書店，1991 年，第 241—246 頁。中文版参见：迟子安、万永光:《吃“混合面”苦难纪实》，中国人民政治协商会议北京市委员会文史资料研究委员会编《日伪统治下的北平》，北京出版社 1987 年版，第 194—198 页。另参见伊香俊哉:『満州事変から日中全面戦争へ』，吉川弘文館，2007 年，第 182—183 頁。

第三章　国民政府统治区
——重庆与成都

45 在国民政府统治区的核心，四川省农村实际的残酷状况，已经有优秀的研究成果涉及。① 本书想讨论的是，四川省两个中心城市重庆与成都的粮食问题。成都，位于四川省西部的成都平原，是四川省原来的省会。重庆，位于四川省西部长江与嘉陵江中间半岛的中心，是一个繁荣起来的商业城市。但是，抗日战争全面爆发以后，重庆的政治地位发生了很大的变化。在首都南京处于沦陷的危急时刻，1937 年 10 月 29 日，国民政府决定迁都到重庆。12 月 1 日，国民政府开始在重庆办公。第二年的 12 月份，蒋介石也到达重庆，从此重庆成为抗战时期中国名副其实的首都。

四川省未曾受到日本陆军的进攻，但是由于日军飞机的空袭，重庆与成都也受到很大的破坏。日军对重庆的大轰炸，从 1938 年 12 月 26 日开始，到 1943 年 8 月 23 日为止。其中，最激烈的持续空袭，是 1939 年 5 月到 1941 年间的两年半。重庆轰炸造成的损失，包括周边地区在内，死者约
46 为 11000 人，受伤者达 10000 多人，倒塌房屋估计达 15000 间之多。② 成都的持续轰炸，从 1938 年 11 月 8 日开始，到 1941 年 8 月 11 日为止。据不完全统计，因为轰炸而遇难的死难者为 1325 人，炸伤者达 3116 人。③

---

① 参见笹川裕史、奥村哲：『銃後の中国社会——日中戦争下の総動員と農村』，岩波書店，2007 年。译者注：该书中文版参见笹川裕史、奥村哲著，林敏、刘世龙、徐跃译《抗战时期中国的后方社会：战时总动员与农村》，社会科学文献出版社 2013 年版。

② 戦争と空爆問題研究会：『重慶爆撃とは何だったのか——もうひとつの日中戦争』，高文研，2009 年，第 152 頁。

③ 李宗杰：《日军轰炸重庆和四川各地的主要形式》，周勇、陈国平主编：《给世界以和平——重庆大轰炸暨日军侵华暴行国际学术讨论会论文集》，重庆出版社 2008 年版，第 409 页。

接下来要讨论的是，抗日战争时期重庆和成都的人口迁移。如表Ⅰ-1所示，战前成都的人口比重庆多。抗日战争全面爆发后，重庆的人口超过了成都，到1945年时突破100万。这种变化按时期分开来看，从战争爆发到1939年4月，轰炸的次数很少，重庆市内的人口一直在增加。1939年5月，大轰炸以后人口增减虽有起伏，但是整体上仍然在增加。1941年3月，城市面积大幅增加后，人口显著增加的势头进一步扩大。① 另一方面，1939年的轰炸对成都人口疏散影响大幅减弱。1940年以后，人口一年比一年增加。1945年，人口甚至达到70多万人。② 另外，从职业构成上来看，在1945年的重庆社会，80%以上的下级阶层（很多是从事小型制造业、小商贩、交通业等劳动者），与20%的中上阶层不同，过着当天挣、当天吃的日子。③

重庆、成都等城市的居民也受到急速通货膨胀的折磨。全面战争爆发后，国民政府丧失经济富庶、税源充足的沿海沿江地区，使得占年收入八成左右的关税、物资也不能尽数送达。并且，军费在国家财政总支出中上升到60%到80%，而内地经济建设也需要巨大的开支。结果导致政府不得 47
不依靠增发公债与货币（法币）渡过难关。1939年货币的发行总额大约占总支出的75.5%，此后货币的发行速度也与此比例类似。1940年6月以前，物价的上涨率尚低于货币发行的增长。1940年下半年，物价指数便超过了货币发行指数。此后，两者之间的差距一年比一年扩大。随着物价的飞涨，法币的购买力出现了急剧的下降。④

---

① 内田知行：《论抗战时期重庆市的人口变迁》，《中日学者抗战文史研究论文集》，重庆出版社2009年版，第163—164页。

② 李先治：《十年来成都市米价变动之研究》，《四川经济季刊》第四卷第二、三、四期，1947年10月，第32页。译者注：《四川经济季刊》第四卷第二、三、四期合刊的目录显示，《十年来成都市米价变动之研究》一文的作者为“李光治”，正文显示作者为“李先治”。作者真实姓名待考，此处存疑。

③ 内田知行：「戦時首都重慶市居住者の籍貫構成と職業構成」，『現代中国』84号2010年，第85頁。

④ 重庆抗战丛书编纂委员会编：《抗战时期重庆的经济》，重庆出版社1995年版，第224—226页。

表格 I－1　　重庆与成都人口的变化

	1934	1937	1938	1939	1940	1941	1942	1943	1944	1945
重庆	309877	473904	528793	401074	417379	702387	781722	890000	920500	1049470
成都	440856	463154	458476	309104	366376	394371	404046	505192	620302	701143

资料来源：重庆的人口数据，来自重庆市档案馆、重庆师范大学编《中华民国战时首都档案》，第三卷，“战时社会”（重庆出版社 2010 年版，第 21 页）。成都 1934 年的人口数据，来自张肖梅编著《四川经济参考资料》（中国国民经济研究所 1939 年版，第 B23—24 页）；1937 年以后的人口数据，来自李先（光?）治：《十年来成都市米价变动之研究》（《四川经济季刊》第四卷第二、三、四期合刊，1947 年 10 月，第 32 页）。

抗日战争初期，食品价格尚属稳定。这是因为战区的范围还比较小，粮食产量丰富的地区还处在中国的控制下。并且，1937 年与 1938 年，国民政府统治区各省的粮食产量取得了普遍丰收。有些地方的粮食价格相反还出现了下降，比如四川省 1938 年的粮食价格比战前下降了 6%。① 但是，1939 年的夏秋之际，四川省粮食价格首先开始上涨。该年年底，整个大后方的粮价出现普遍猛涨。比如，1939 年 12 月的粮价是 1930 年至 1936 年间平均粮价的 2.2 倍。1940 年 6 月，上涨到约 4.2 倍。一般来说，物价猛涨的幅度平均约为 1.6 倍。更加严重的是，成都和重庆的粮价上涨了 5 倍。② 1940 年 3 月 13 日，成都的米价高达每石 60 元，并导致抢米事件的发生。③

48 1940 年 7 月以后，粮食价格进入暴涨时期。这时因战区扩大，人数众多的难民涌入，大后方的人口从战前的 1.8 亿增加到 2.3 亿。粮食的需求急剧增加，后方的国际交通线（通往缅甸的公路和通往越南的滇越铁路）被封锁，国内的交通也节节被阻断，粮食囤积的风潮横行，市场上的食物

① 金普森、李分建：《论抗日战争时期国民政府的粮食管理政策》，《抗日战争研究》1996 年第 2 期，第 73 页。陈雷：《抗战时期国民政府的粮食统制》，《抗日战争研究》2010 年第 1 期，第 23 页。

② 金普森、李分建：《论抗日战争时期国民政府的粮食管理政策》，《抗日战争研究》1996 年第 2 期，第 74 页。

③ 四川省人民政府参事室、四川省文史研究馆：《抗日战争时期四川大事记》，华夏出版社 1987 年版，第 89 页。国民党认为，该事件是由于共产党煽动而引起的。因此逮捕了十几名共产党员，并在四川各地对共产党进行镇压。

紧缺变得严重起来。特别是1940年四川省粮食歉收，加上位于交通要冲的宜昌在6月份陷落，湖南的大米难以运输进来，因此米价出现进一步的上涨。7月8日，成都的米价为每石100元。10月1日，提高到每石200元。重庆1941年6月的平均米价，是1937年上半年的约31倍，达到全国最高的每石约418.7元。①

为平抑粮食价格，保障军粮民食，稳定后方社会秩序，坚持抗战，国民政府必须加强粮食的统制与管理，限制粮食价格的上涨。1940年8月，国民政府成立了全国粮食管理局，并在各省设立粮食管理局，各县设置粮食管理委员会。全国粮食管理局成立后，取缔囤积居奇，派售地主余粮，实施统购统销等的管制措施，并颁布《非常时期评定物价及取缔投机操纵办法》等一系列的管制法令。国民政府对粮食的管理以四川和重庆为重点区域，四川全省又划分为六大供应区，对重庆市特别供应平价米每天50吨，分配给重庆市和疏散区各机关学校的职员家属及贫穷的市民。但是，这些措施实施以后，粮食价格仍然是止不住的上涨。②

加强对粮食的管制，对于国民政府来说十分必要。于是，1941年6月 49
30日，全国粮食管理局撤销。7月1日，行政院下设粮食部，各省粮食管理局改为粮政局，各县的粮食管理委员会改为粮政科。此后，各省的田赋改为中央政府接管，并由交纳货币改为交纳实物（大米、小麦等谷物），而基本上以大体相当的粮食予以强制征购（后改为征借）。从此，国民政府的战时征收正式开始。通过此项税制改革，国民政府统治区每年征收到的粮食，达到500万至600万千公升。③

① 抗日战争时期国民政府财政经济战略措施研究课题组编：《抗日战争时期国民政府财政经济战略措施研究》，西南财经大学出版社1998年版，第29页。译者注："石"（读音为dàn），为计算容量的单位。另外，"石"还被用作计算重量的单位，一般而言，120斤为一石。如宋代的《云麓漫钞》提到，"十六两为斤，三十斤为钧，四钧为石"。（参见（宋）赵彦卫撰、傅根清点校：《云麓漫钞》，中华书局1996年版，第95页）此外，"石"有时还被用作计算农田亩分的单位。如周立波的《山乡巨变》中提到，"一石田是六亩三分"。（参见周立波《山乡巨变》，上册，人民文学出版社1959年版，第77页）

② 陈雷：《抗战时期国民政府的粮食统制》，《抗日战争研究》2010年第1期，第23—24页。

③ 陈雷：《抗战时期国民政府的粮食统制》，《抗日战争研究》2010年第1期，第24—25页；笹川裕史、奥村哲：『銃後の中国社会——日中戦争下の総動員と農村』，岩波書店2007年版，第22頁。译者注：中文版参见笹川裕史、奥村哲著，刘世龙、徐跃、林敏译：《抗战时期中国的后方社会：战时总动员与农村》，第3页。

那么田赋征实、征购、征借的粮食，是如何分配的呢？分配的顺序为，第一为军粮，第二为公教用粮，第三为民食用粮。军粮，是提供给军队及与军队相关的各种机关的。1941 年度，军粮占全部供给量的 79.9%，1942 年度为 57.1%，1943 年度为 53.0%。公教用粮，是提供给公务员、教师及其眷属的粮食。从 1941 年 7 月开始，以降低销售价格的方式实施粮食配发。1942 年 10 月以后，开始改为无偿提供一定量的粮食。剩余的粮食，作为民食用粮按比市场低的价格提供给城市民众。负责相关事务的机构为，四川省为重庆、成都、内江、绵阳的民食供应处，在其他省的重要的消费市场，设置民食调节处。①

但是，国民政府只控制了大后方的一半左右的剩余粮食，而另一半余粮仍可以在市场上流通。当然，这些粮食的价格会随着供求关系的变化而
50 发生波动。1941 年 7 月到 12 月，政府开始掌握粮食的时候，人心尚属稳定。投机商人觉得涨价无望，纷纷出售囤粮，因而粮食市场相对稳定。但是，12 月 8 日，太平洋战争爆发，美国、加拿大、澳大利亚等国对粮食的出口进行管制，东南亚的粮食生产基地被日本军队占领，中国的国际交通线被日军切断，国民政府无法从国外进口粮食。另外，上海和香港的闲散资金大量流入内地，投机商人和腐败官员趁机囤积居奇。因此，1942 年，粮食价格再次上涨。11 月，国民政府出台限定物价政策。1943 年 1 月 15 日开始，整个大后方开始限制粮食价格。限价政策的基础是，将食品价格指数限制在一般物价指数之下。由于这个政策的实施，在国民政府统治区的大部分食品市场，取得了食品价格指数低于一般物价指数的效果。②

表Ⅰ-2，是重庆粮食价格与一般物价上涨速度的比较。从这个表可以很明显地看出，1940 年到 1942 年间粮食价格的上涨超过了一般的物价。1943 年，一般物价的上涨则超过了粮食价格的上涨。1944 年，两者的关系又发生了逆转。1945 年，一般物价的上涨远远超过粮食价格的上涨。成都

① 抗日战争时期国民政府财政经济战略措施研究课题组编：《抗日战争时期国民政府财政经济战略措施研究》，西南财经大学出版社 1998 年版，第 45—52 页；笹川裕史、奥村哲：『銃後の中国社会——日中戦争下の総動員と農村』，岩波書店，2007 年，第 42—43 页。译者注：中文版参见笹川裕史、奥村哲著，刘世龙、徐跃、林敏译《抗战时期中国的后方社会：战时总动员与农村》，第 18—19 页。

② 金普森、李分建：《论抗日战争时期国民政府的粮食管理政策》，《抗日战争研究》1996 年第 2 期，第 84—88、91 页。

的情况，1943 年以后，一般物价的上涨常常是偏高的。① 由于田赋实物征收与粮食强制购买，因此即便向城市居民按公定价格供给的粮食质量也不高②，但是仍能保证按公定价格实施定量供应，对于民众来说，最重要粮食价格的上涨整体上低于一般物价的上涨，这有助于国民党统治区人心稳 51
定与社会秩序的安定。但是，带给城市居民的利益，是以粮食征收政策的强制性为前提，是以农村地区居民的“怨恨”为代价的。③ 质而言之，这是以牺牲农民为代价的，不可对此视而不见。

表格Ⅰ-2　　　　　重庆重要粮食价格指数与一般零售物价

	1937	1938	1939	1940	1941	1942	1943	1944	1945
粮食价格	130	110	121	703	3591	6854	12856	48501	109555
一般物价	102	122	203	548	1467	4248	13337	45840	177647

资料来源：粮食价格的资料，来自笹川裕史、奥村哲『銃後の中国社会——日中戦争下の総動員と農村』，岩波書店 2007 年版，第 23 頁。一般零售价格的资料，来自中国史学会、中国社会科学院近代史研究所编《抗日战争》第五卷，“国民政府与大后方经济”，四川大学出版社 1997 年版，第 756 页。

注：粮食价格以 1930—1936 年的平均值为 100。1937 年的数据，只含 7—12 月份。1945 年的数据，只含 1—8 月份。一般零售物价以 1937 年 1—6 月（的平均值）为 100。

接下来要讨论的，是重庆和成都民众实际的生活状况。表Ⅰ-3，是重庆工人与零工工资的大体情况。1940 年 3 月前，由于（当地）工业的发

① 成都粮食价格与一般物价的对比，1945 年为 5275/4720，1943 年为 15814/16416，1944 年为 62957/66351，1945 年为 126825/214353。

② 1944 年，重庆市召开临时参议会时，5 位参议员在提案中指出，重庆民食供应所供应之平价米等品质甚劣，或渗水腐烂，臭气熏人，或稻壳比米多，都难以吃进嘴里。由于这些原因，他们提议改善保管和运输条件。（《重庆市临时参议会第二期第三次大会纪录》，第 51 页，1944 年，重庆市图书馆收藏）另外，有关粮食保管的实际情况，参见笹川裕史、奥村哲『銃後の中国社会——日中戦争下の総動員と農村』，岩波書店，2007 年，第 45—47 頁。译者注：中文版参见笹川裕史、奥村哲著，刘世龙、徐跃、林敏译：《抗战时期中国的后方社会：战时总动员与农村》，社会科学文献出版社 2013 年版，第 21—22 页。

③ 笹川裕史、奥村哲：『銃後の中国社会——日中戦争下の総動員と農村』，岩波書店，2007 年，第 24 頁。译者注：中文版参见笹川裕史、奥村哲著，刘世龙、徐跃、林敏译：《抗战时期中国的后方社会：战时总动员与农村》，第 10 页。

展、劳动力不足，所以工人的实际工资维持在较高的水平。但是，1940 年粮食价格暴涨，而该年 4 月以后工人的实际工资却开始下降。1941 年 11 月以后，除个别时期外，还不到战前水平的一半。① 实际工资如此的大幅度下降，工人只能被迫在最低水平线以下生活。1942 年，重庆工人家庭总支出中食物的比例（恩格尔系数）为 66.0%，这些再加上燃料费和住房费用，便上升为 86.5%。② 另外，1943 年 6 月到 7 月，成都市皇城坝五四〇工厂的工人家庭，食物支出为 74.1%，加上燃料费和住房费用为 89.0%。③

52

表格Ⅰ-3　　重庆工人、杂工实际工资指数

（以 1937 年上半年的工资指数为 100）

	1937	1938	1939	1940	1941	1942	1943	1944	1945
产业工人	101.9	155.0	117.7	79.5	55.3	50.4	41.9	43.0	36.9
杂业工人	101.1	145.0	183.0	143.9	92.1	82.1	74.2	63.5	—

资料来源：产业工人的实际工资指数，来源于齐武《抗日战争时期中国工人运动史稿》，人民出版社 1986 年版，第 217 页。杂业工人的实际工资指数来源于，中国史学会、中国社会科学院近代史研究所编：《抗日战争》第五卷，“国民政府与大后方经济”，四川大学出版社 1997 年版，第 769 页。

注：1944 年杂业工人的实际工资指数，为该年 6 月份的数据。

杂业工人包括，人力车夫、拉大车的车夫、挑担夫、驳船水手、码头苦力等从事交通运输业的工人，石匠、木匠、泥瓦匠等建筑工人，理发师、临时挑水工、轿夫等从事服务业的劳动者。由表格Ⅰ-3 可以看出，他们的实际工资下降率比产业工人要低一些，但是他们的实际生活却很恶劣。

《新华日报》对大部分苦力的贫民伙食进行了如下的介绍。“现在凭身份

① 齐武：《抗日战争时期中国工人运动史稿》，人民出版社 1986 年版，第 219—220 页。译者注：可能实际情况更糟。据该书的作者齐武介绍，这些工资指数的原始材料源于“各企业的资本家”。因此，“对于它的可靠性不能没有保留”。（参见该书第 220 页）

② 中国史学会、中国社会科学院近代史研究所编：《抗日战争》第五卷，“国民政府与大后方经济，四川大学出版社 1997 年版，第 774—776 页。

③ 刘明逵、唐玉良主编：《中国近代工人阶级和工人运动》第 10 册，中央党校出版社 2000 年版，第 198 页。

证购买的平价米三百七十元一市斗，一张身份证一个月只能买两斗。……去掉泥沙，去掉糠粕，大约剩得一斗六升。……穷人多半是苦力，食量较大，一个月不够吃。但是市价米价钱高出一倍，他们没有力量去买来补足，于是只有加水的办法，稀饭就成了他们的家常便饭。……身份证不容易领到……于是他们便只能买市价米来吃，这就逼得他们不得不把稀饭再加‘稀’。”他们唯一的菜是“海椒”。① 另外，有读者反映，下力的工人“找钱很不容易，不能维持自己的生活……因为工人很多而事情很少”②。

类似上述情况，不光是工人如此。1940 年夏天以后，通货膨胀的激 53
化、物资供应的不足、投机居奇的盛行，让小商人的经营也受到侵袭。成都的情况是，1941 年至 1942 年间他们的实际消费额比 1937 年下降到 77%。购买粮食支出的比例，从 1933 年的 34% 上升到 68%。③ 与战前的生活水平相比，知识分子是下降最明显的一个阶层。如果以 1937 年大学教员的实际收入为 100 的话，1942 年便直接坠落到 12。④ 1945 年初，由于上一年国民政府军队的败北、物价暴涨、经济不景气，“在重庆，人浮于事的现象，失业的恐怖，是愈来愈成为一个严重的社会问题了”。1944 年夏天至秋天，多数大学毕业生不能就业。并且，从河南、湖南流亡而来的大

---

① 张大琛：《杂谈重庆穷人的生活》，《新华日报》1944 年 10 月 13 日第 4 版。

② 张致力：《改善工人工资和生活》，《新华日报》1944 年 5 月 10 日第 3 版。

③ 汪荫元：《成都战时物价之变迁及其对于社会所发生的影响》，《四川经济季刊》第 2 卷第 4 期，1945 年 10 月，第 123—124 页。

④ Eastman，Lloyd，*China under Nationalist Rule*，Illinois University Press，1981，p. 178. 译者注：抗战初期，大学教员收入的降低，最直接的因素是国民党教育部减成发放薪俸所致。据 1941 年国民政府教育部的工作报告所称，抗战爆发后，大学教员薪俸减少了原薪水的二至三成，以 50 元为基数，余额按七至八成发给。1937 年 11 月，对国立专科以上学校教授实行年功加俸，接年递增，薪给改为全额发放。1941 年 10 月，以制定《非常时期改善教职员生活办法》。此后，还通过住房津贴、公利互助社基金，养老抚恤金、兼课钟点费等，改善大学教员的生活。但是，大学教员的生活自然也受到通货膨胀的冲击。（参见张明武《经济独立与生活变迁——民国时期武汉教师薪俸及生活状况研究》，华中科技大学出版社 2012 年版，第 31—33 页）。另，Eastman，Lloyd，即 Eastman，Lloyd E。中文名为易劳逸，是美国研究中华民国史的著名学者。早年曾就教于美国著名中国问题专家费正清，后任教于美国伊利诺依大学。著作有 *Throne and Mandarins：China's Search for a Policy During the Sino-French Controversy*，1880—1885，Harvard University Press ，1967. ；*The Abortive Revolution：China Under Nationalist Rule*，1927—1937，Harvard University Press，1974.（中译本为《1927—1937 年国民党统治下手中国流产的革命》，陈谦平、陈红民等译，中国青年出版社 1992 年版）；*Seeds of Destruction：Nationalist China in War and Revolution*，1937—1949，Stanford University Press，1984.（中译本为《毁灭的种子：战争与革命中的国民党中国》，王建朗、王贤知、贾维译，江苏人民出版社 2010 年版）

学教授、文化人、小厂主、小商人、技工、中小学教员、公务员等不断增加，能找到的工作变得更少了。另外，裁员让很多公务员失去了职位。①

经济状况如此一味地恶化下去，对重庆、成都等城市民众的心性或政治意识有着怎样的影响呢？

首先讨论的是，日军空袭重庆引起民众的反应。空袭引起强烈的愤怒与抗日情绪的高涨，同时也引起非常的恐惧、不安及强迫性观念、心理后遗症，这两方面不同的情绪和观念互相交错。以往对前者更重视，最近后者也成为受重视的问题。台湾的历史研究者张瑞德便着眼于后者，研究轰
54 炸中的个人经验，及报刊媒体的报道和宣传，对于来自沿海沿江的“下江人”的影响较本地人（特别是教育程度较低者）为大。② 在空袭带来的两种反应陪伴下，重庆人在两年半内就是这样度过的。

民众的政治意识也有两个方面。组织起来的工厂工人民族主义热情要高，他们在工厂办壁报，组织歌咏队、戏剧队进行抗日宣传，努力开展抗日募捐。但是，没有受过教育或者知识缺乏的民众，政治意识就不太高。对成都各大学100（多）名工友进行的调查（时间不详）显示，不知道青天白日旗是国旗的有19人，连国歌也不会唱的有66人，不知道蒋介石是最高领袖的有28人，知道中国抗日的有93人，但不愿意自己或儿子去打仗的超过了半数。③

1939年5月，国民政府在全国各地实施国民精神总动员运动，决定召开国民月会，成年男女都有参加的义务。在国民月会上，齐唱国歌、朗读孙文遗书、跟唱“国民公约宣誓辞”，报告国际国内及当地的形势等时事，提高民众的国家意识。另外，宣传保甲和兵役，实施节约运动宣传。但是，民众参加国民月会并不积极。后来，参加国民月会者可以在所持“购米证”上加盖图章，而收集图章可以优待买米。于是，民众参加国民月会

---

① 《在生活鞭子下打滚的人们》，《新华日报》1945年3月22日第3版。

② 张瑞德：《在轰炸的阴影下——抗战时期重庆民众对空袭的心理反应》，周勇、陈国平主编：《给世界以和平——重庆大轰炸暨日军侵华暴行国际学术讨论会论文集》，重庆出版社2008年版，第57页。

③ 张瑞德：《战争与工人文化——抗战时期大后方工人的认同问题》，黄克武主编：《第三届国际汉学会议论文集：军事组织与战争》，台北“中央”研究院近代史研究所2002年版，第244—249页。

变得积极起来。“相对于国家民族的利益而言，一般民众更重视个人的利益。”①

1943 年 9 月 7 日，《新华日报》在社论中指出，“抗战初期蓬勃的现 55
象”逐渐减少，而“后方抗战气象不浓”②。抗战意识低下，民众方面的主要原因之一在于他们生活的窘迫，这是不容置疑的事实。

---

① 段瑞聡:「抗戦、建国と動員——重慶市動員委員会を事例として」，高橋伸夫編著:『救国、動員、秩序：変革期中国の政治と社会』，慶應義塾大学出版会，2010 年，第 222 頁。姫田光义也认为，国民精神总动员运动“没有物质的保证，没有思想与言论上的自由、民主，只是依靠上层的指导和教化来推进”。参见姫田光義「国民精神総動員体制下における国民月会」，石島紀之、久保亨编:『重慶国民政府史の研究』，東京大学出版会，2004 年，第 356 頁。

② 《社论 替市民解决些困难》，《新华日报》1943 年 4 月 7 日第 2 版。

第四章　共产党领导下的抗日根据地

第一节　民众负担的增加

56　本章研究的内容，主要是华北日军后方的中心根据地晋察冀边区与晋冀鲁豫边区的群众负担与粮食问题。这两个抗日根据地基本上都是位于农村地区，边区政府的收入大部分都是依靠农民来负担的。一般来说，边区政府筹措的90%以上的粮食，都是当地农业生产的。边区经费总额的50%以上，都是依靠农民提供的。①

抗日战争初期，抗日根据地具有分散性和流动性的特征，粮食与财物的筹措也是分散进行的。部队的粮食供应，是以现场筹措的方式进行的。部队多的县筹的多，部队少的县筹的少，部队来了就筹，没有什么计划。②

根据地政府成立后，废止了以往的苛捐杂税，在“有钱出钱，钱多多
57　出”的原则基础上进行征税。从农村筹措财粮的主要方式，包括合理负担、救国公粮、田赋三种。合理负担是一种摊派，是省级、县级政府为举办学校、水利、警察等事业，从农村征收的土地税以外的财物。救国公粮，是农业税的一种形式。1939年秋，救国公粮占晋察冀边区财政收入的一半以上。田赋方面，在战争初期的晋察冀边区，当时处于无政府状态的缘故，因此田赋的征收在短时间内是停止的，直到边区政府成立后才恢复起来。1938年，该边区的冀中区，（田赋占）全区总收入的20%。③

① 陈廷煊：《抗日根据地经济史》，社会科学文献出版社2007年版，第61页。

② 同上书，第66页。

③ 魏宏运主编：《晋察冀抗日根据地财政经济史稿》，档案出版社1990年版，第36—49页。

这个时期筹措财物与粮食的不足之处在于，没有根据地区之间平均分配，负担的摊派范围很窄，地主及富农的负担过重。农民需要支出的财物与粮食很少，贫困农民基本上不用负担。负担的分摊范围不到30%，一般只是占总户数的20%而已。在这种情况下，贫困的农民可以得到喘息的机会，从而提高他们抗日的积极性。然而，地主连维持正常生活也变得困难起来了。一部分地主、富农、商人，为躲避负担而逃往日军占领区或城市。中农以下的阶层，因为担心多出负担而不愿意改善经济状况。① 这种局面在根据地只是暂时的。中共北方局（华北党组织的领导机关。1939年1月以后，负责陇海线以北地区）于1940年4月，在关于统一累进税的规定中指示，“除百分之二十极贫苦的人民得以免除外，其余百分之八十的人民都有纳税的义务。但最高不得超过所得的百分之三十”②。晋察冀边区，于1941年开始实施统一累进税。其内容包括：第一，将以往的田赋、 58
营业税、所得税、印花税、烟酒税和烟酒牌照税、救国公粮等税合并，只征收一种统一累进税。第二，边区各级政府征税的权力，都统一于边区政府手中。过去区、县、村都有征税的权力，隐瞒、截留、浪费的现象比较严重。统一累进税实行后，除村政府的支出仍由村合理负担自筹外，县、区以上的收支统归边区政府统筹统支。根据这个税制改革的规定，税负的征收范围扩大了。冀中区（河北省中部）负担人口达到总人口的92%，北岳区（河北省西北部、察哈尔省南部、山西省东北部）平均达到74.4%。冀中两个村子的统计显示，纳税额占总收入的比例变为，地主22%、富农18%、中农10%、贫农3.5%。③

在晋冀鲁豫边区，按照党中央指示，冀南、太行、太岳行政联合办事处（1940年8月1日成立）公布了《修正合理负担征收款项实施条令》，对税负进行合理化调整。④ 但是，1940年以后战争频繁，并且国民政府停止发放八路军的军费供给，民众的税负因此增加。⑤ 1942年，太行地区开始实施统一累进税试验。1943年4月，边区政府公布《统一累进税暂行税

① 陈廷煊：《抗日根据地经济史》，第66、72—73页。

② 《中国共产党中央委员会北方局对晋冀豫边区目前建设的主张》（1940年4月5日），山西大学晋冀鲁豫边区史研究组：《晋冀鲁豫边区史料选编》第一辑1980年版，第70页。

③ 魏宏运主编：《晋察冀抗日根据地财政经济史稿》，第217—218、229页。

④ 太行革命根据地史总编委会：《太行革命根据地史稿（1937—1949）》，第94页。

⑤ 陈廷煊：《抗日根据地经济史》，第251—252页。

则草案》。此后，太行地区开始全面实施这一税制。①

这样的税制改革，目的在于实现负担合理化。但是1941年至1942年，由于抵抗日军斗争的激化，边区经济进入最困难的时期，民众的负担也随
59 之加重。1940年夏到该年的秋天，日军为报复百团大战，对抗日根据地开展彻底的“扫荡”。并且，从1941年3月至1942年12月，日军实施五次“治安强化”运动，对抗日根据地造成很大的打击。华北根据地的面积缩小了六分之一，人口减少了三分之一。在晋察冀边区，根据地的巩固区面积大幅度缩小，游击区达到80%以上。在晋冀鲁豫边区的太行根据地，平汉铁路沿线的地区几乎被游击区取代，正太铁路（正定至太原）沿线地区被日军分割开来。②

并且，日军为了破坏抗日根据地、使之陷入饥饿状态，对根据地的粮食实施了焚烧和掠夺。例如1940年春天开始，日军在北岳区“扫荡”时，组织“放火队”，烧毁民房、焚烧粮食。1941年8月，日军7万多人，对北岳区开展规模空前的“大扫荡”。很多村庄被抢掠烧杀一空，房屋被烧毁15万多间，粮食被抢走5850多万斤，受到破坏的秋苗达5万余亩，损失牲畜达1万多头。根据地经济和粮食损失相当严重。③

根据地的缩小与日军的“扫荡”，加上自然灾害的影响，使得边区政府的收入大幅减少。另外，由于物价上涨、军事费用和政务费用支出增加，边区的财政有增无减、入不敷出。边区政府只有依靠向银行贷款、大量发行边币来解决收入不足的问题。以1938年边区发行的边币数额为100的话，1941的发行数额则达到845，1942年发行的数额剧增为1230。另外
60 正逢物资出现不足，结果引起严重的通货膨胀。以晋察冀边区的阜平为例，同样以1938年物价为100的话，1941年物价达到899，1942年更暴涨为1469。④

民众的负担也随之大幅度增加。1938年，晋察冀边区民众负担平均每人为17.8斤，1939年为12斤，1940年暴涨到约36斤，甚至到1941年涨

① 齐武：《晋冀鲁豫边区史》，当代中国出版社1995年版，第255页。

② 樊吉厚、李茂盛、马生怀：《华北抗日战争史》下，山西人民出版社2005年版，第57—58页。

③ 魏宏运主编：《晋察冀抗日根据地财政经济史稿》，第244—245页。

④ 魏宏运主编：《晋察冀抗日根据地财政经济史稿》，第73、161页。

到 43.2 斤。算上村负担的话，达到了 49.9 斤。太行区的情况，1941 年约为 78.3 斤，1942 年约为 56.7 斤，比同时期晋察冀边区的负担还要重。① 按每人承受的负担额与总收入之间的比例来看，1941 年北岳区为 8.1%，其中以中心区的负担最重，达到 15.7%。② 太行区 1942 年为 17.0%，其中还不包括村负担在内。③ 实施统一累进税以后，太行区规定“人民对负担的承受能力定在大约为其总收入额的 10% 左右”的标准。④ 同这个被认为过重的标准相比，北岳区的中心地区比太行区的负担还要更重。

自然，人民的生活是极其痛苦的。在晋察冀边区，山区的民众吃糠咽菜，糊口度日，甚至以树皮草根充饥。冀中原富庶的一个村庄，全村 200 余户，1942 年间有 140 多户缺粮难以度日。北岳区的中心区，有不少农户食不果腹、衣不蔽体。⑤

边区政府为解决财政危机与民众负担过大的问题，决定实施精兵简 61
政。例如，北岳区中心区的脱产人员占总人口数的 4.2%，军队与地方政府人员的支出远远超出（当地）民众的负担能力。1941 年 12 月，中共中央向各抗日根据地发出精兵简政的指示。同时，在《关于太平洋战争爆发后敌后抗日根据地工作的指示》中，要求脱产人员不得超过根据地人口的 3%。⑥ 根据这个指示，晋察冀边区反复实施了精兵简政，1943 年秋，北岳区的脱产人数减为占该区总人口的 3.2%。同一时期，晋冀鲁豫边区实施了三次精兵简政，太行区的人员减少 6 万人。1943 年，当地与政府有关的工作人员只有 1940 年的一半，政府的财政支出减少，民众的负担也减轻了。⑦

---

① 陈廷煊：《抗日根据地经济史》，第 69、250、252 页。

② 魏宏运主编：《晋察冀抗日根据地财政经济史稿》，第 384 页。

③ 齐武：《晋冀鲁豫边区史》，当代中国出版社 1995 年版，第 256 页。

④ 齐武：《晋冀鲁豫边区史》，第 255 页。

⑤ 魏宏运主编：《晋察冀抗日根据地财政经济史稿》，第 160 页。

⑥ 魏宏运主编：《晋察冀抗日根据地财政经济史稿》，第 161—169 页。

⑦ 齐武：《晋冀鲁豫边区史》，当代中国出版社 1995 年版，第 400—403 页。关于抗日根据地的财政问题，参见一谷和郎：「革命の財政学——財政的側面からみた日中戦争期の共産党支配」（高橋伸夫編著：『救国、動員、秩序』，慶應義塾大学出版会，2010 年）。

第二节 抗击自然灾害

让抗日根据地陷入雪上加霜困境的是虫灾、蝗灾等自然灾害。1942 年大旱，给晋察冀边区与晋冀鲁豫边区带来很大的灾难。下面看看太行区灾害的严重程度与边区政府的应对（关于太行区，参照第二部分的“前言”）。太行区大部分为山地，据说是“十年九旱”、自然灾害不断的地区。到抗日战争前期的 1940 年为止，太行区的自然条件比较正常，没有发生严
62 重的灾害。但是，1941 年秋冬季，太行区雨雪稀少，1942 年春发生旱灾，全年粮食大幅度减产。根据地军民的粮食供应变得困难起来，全区的灾民达 36 万人。秋天以后，旱灾蔓延开来，从河北省西部与河南省北部向山西省东南部发展。由于长时间的旱灾，不少河流断源、水井干涸、土地龟裂、禾苗枯死，人畜用水也变得困难起来。伴随旱灾而来的是疾病蔓延，很多村庄出现流行传染病。9 月以后，大雨连绵引发洪水，清漳河、浊漳河泛滥，两岸 15000 亩良田被毁坏。另外，河南省北部与河北省西部发生飞蝗，大片大片的禾苗被啃食一光。在这样的情况下，太行区 1943 年秋天的收成平均只有三成左右，太行区的受灾人口占全区人员总数的一半以上。让情况变得更糟糕的是，日军与伪军还频繁（到根据地）抢夺粮食。①

自然灾害引起严重的社会问题，民心随之动摇。太行区中西部的情况，可以从该地区的地委书记王孝慈的报告中了解到。据某位老年人所说，“今年的灾荒是百年来未曾有过的大灾荒”。长治以东的平顺县，“现在没一粒米吃的人约在两万左右”，占全县人口的五分之一。随之而来的是，偷东西、卖孩子、卖农具、杀耕牛、离婚、自杀、饿死、病死等事情日渐增多。歉收给民众带来了无限的苦痛、恐惧、苦闷与不安。②

河北省西南部遭受的灾害也很严重。（民众）由于祈雨没有效果，把愤怒转向于“神”，民兵枪决“神”的奇闻亦有发生。受灾者悲观失望，
63 在家已经活不下去，便能逃就逃。很多灾民，从河南省的安阳、辉县，逃

---

① 太行革命根据地史总编委会：《太行革命根据地史稿（1937—1949）》，山西人民出版社 1987 年版，第 170—171 页。

② 王孝慈：《关于饥荒问题的两个报告》（1943 年 8 月），山西省档案馆编：《太行党史资料汇编》第六卷，山西人民出版社 2000 年版，第 695 页。

往山西省的岳阳镇、洪洞县一带。涉县的民众已经由悲观失望转向绝望，只顾眼前地出卖家具、农具。偏城县的很多村子饮水出现问题，民众得不到救济，死人不断发生。能维持生活的也情绪低落、悲观，甚至大吃大喝。①

晋冀豫区党委在给北方局和党中央的报告中，谈到 1943 年春夏季节的社会问题：有的人认为，旱灾和蝗灾是“天定劫数”，绝望地“祈雨求神”。小偷盗窃案件，普遍发生。偷盗抢劫公粮。人际关系也发生了很大变化，各顾各的生命，离婚事件大大增加。乞丐讨吃流亡者随处可见。灾民体力已到疲惫不堪的程度，加上吃野菜过多，因此瘟疫到处流行。加上敌伪和特务破坏分子会道门等趁机挑拨煽动，猖狂活动，干部则表示厌倦，失望情绪浓厚。②

歉收使民众的生产条件恶化。群众运动中成分上升的农民，情绪也动摇了。特别是卖粮借钱买耕地和牲口的民众，更是陷入懊悔与失望。他们想“反正穷人不能翻身”，宿命思想和怨命情绪滋长起来。“命运”的邪说乘机而入，加上靠天吃饭的传统思想笼罩着广大民众，所以越困难越不愿动。③

并且，1943 年至 1944 年春，太行区发生了严重的蝗灾。1944 年，蝗虫的幼虫大量繁殖，从 5 月开始向太行区侵袭。蝗虫的幼虫在河南省北部、
河北省西部的大部分蔓延，最后向晋东南的三专区飞来，23 个县、87 个 64
村遭受损失。一年多的蝗灾，给根据地造成巨大的损害，太行区大约有 27 万亩的农作物被吃光。④ 蝗虫袭来，给民众造成巨大的打击。在河南省东北部的安阳，村民悲观失望，干部领导打蝗虫，群众也没有干劲。蝗虫不断地孵化，给民众一个错觉，觉得蝗虫越打越多。⑤

太行抗日根据地的灾害救助活动，是从 1942 年秋天正式开始的。9 月

---

① 《一九四三年灾情最严重时期中共晋冀豫五、六地委给区党委的信》（1943 年），山西省档案馆编：《太行党史资料汇编》第六卷，第 656、660、662—663 页。

② 李雪峰：《李雪峰回忆录（上）——太行十年》，中共党史出版社 1998 年版，第 245 页。

③ 李雪峰：《开展生产度荒运动》（1943 年），山西省档案馆编：《太行党史资料汇编》第六卷，第646—647页。

④ 太行革命根据地史总编委会：《太行革命根据地史稿》，山西人民出版社 1987 年版，第 214—215 页。

⑤ 《中共太行区党委关于春耕运动几项工作的报告》（1944 年 5 月 27 日），山西省档案馆编：《太行党史资料汇编》第七卷，山西人民出版社 2000 年版，第 81 页。

到10月间，边区政府主席杨秀峰、副主席戎子和，到受灾最严重的河北省西南部视察，在“不饿死一个人”的口号下开始了救灾活动。10月10日，边区政府成立了以杨秀峰为主任委员的太行区旱灾救济委员会，各专区成立同样的委员会负责领导救灾工作。边区政府实施的救灾工作包括，减轻灾区的税负，组织灾民移民开垦、以工代赈（组织灾民参加公共事业和生产活动，增加其收入代替救济金和救灾物资），组织社会互济活动等。以工代赈的主要项目包括运输、水利建设、纺织等。互济活动的资金，来自于各级干部的部分口粮及津贴。并且，组织节约运动或借粮等活动。①

1943年，灾害继续扩大，太行区的经济、社会形势比1942年更加严峻。为了克服危机，需要制定更加彻底的对策。6月，中共北方局太行分局召开了关于太行区经济建设的会议，决定将生产当作一切工作的中心环
65 节。7月2日，会议主持者邓小平在《解放日报》发表了关于太行区经济建设的文章，提出“我们救灾的办法，除了部分的社会互济之外，基本上是靠生产”②。为克服敌后根据地财政经济困难，中共中央认为有必要开展生产自救和大规模生产运动。1941年，陕甘宁边区就已经开始大生产运动。太行区，从1943年下半年开始大规模的生产度荒运动。另外，1944年1月，太行区党委召开县以上干部会议，决定太行区开展大规模的生产运动。这一年，日军没有对根据地开展大规模的“扫荡”，为大生产运动提供了一个比较安定的环境。③

在这个运动中，首先被重视的是干部与群众的思想教育。在群众的思想中，把“天助自助”“人定胜天”的思想与“富贵在天”“听天由命”和“求神信天”的思想对立起来。④太行区领导机关组织干部深入灾区，提出“打破迷信，人定胜天”的口号，鼓励民众相信自己的力量，相信一定能够战胜自然灾害。1943年9月，晋冀鲁豫边区临时参议会太行会议上，决定发放1900万元的贷款扶持生产建设，其中900万元直接用于农业

---

① 太行革命根据地史总编委会：《太行革命根据地史稿》，山西人民出版社1987年版，第171—175页；李雪峰：《李雪峰回忆录（上）——太行十年》，中共党史出版社1998年版，第240—243页。

② 邓小平：《太行区的经济建设》，《邓小平文选》第1卷，人民出版社1989年版，第81页。

③ 太行革命根据地史总编委会：《太行革命根据地史稿》，第175、209页。

④ 李雪峰：《开展生产度荒运动》（1943年），山西省档案馆编：《太行党史资料汇编》第六卷，第647页。

生产，300 万元用于水利，300 万元支持纺织，400 万元扶持手工业合作事业。①

生产度荒运动的中心是发展农业生产，其中特别关键的是同旱灾作斗 66
争。政府发动灾区的民众采用“人海战术”，组织挑水抢种抢浇运动。1943 年 7 月到 8 月底，趁降雨的机会开展全区总动员，播种晚熟庄稼和蔬菜。秋天结束时，太行区降雨逐渐增多，为了缩短灾期，发动了大种小麦的运动。秋季杂粮和蔬菜的丰收，缓解了太行区的灾情。1944 年，小麦获得好的收成，加上秋粮生产的大丰收，根据地内军需民食基本得到保证。水利事业方面，边区政府共开挖水渠 14 条，加上地方政府与民众自己举办的水利事业，全区的灌溉面积有了明显增加。军队支援兴修水利，很多部队独力开挖了蓄水池和水渠。②

工业建设方面，采取公营、私营、合作经营、公私合营等多种方式进行。特别是发展起来的纺织业最为突出，生产的棉布、麻布、毛织品的质量也有很大提高。1944 年夏季，全区有 20 万妇女参加到纺织运动中来，纺棉花达到 400 余吨。其他工业部门也得到发展。1945 年，已有制造子弹、火药、手榴弹、地雷等军事工业。民用工业方面已有造纸、卷烟及制造染料、盐、文具、肥皂等。③

1944 年至 1945 年间，为了提高农业生产，太行区高度重视互助事业。太行区的农村，以前就有“扎工”“换工”等劳动互助习惯。④ 1940 年春耕以后，太行根据地每年都会出现农业劳动上的互助组织。但是，这些多是干部强制组成的，实际上并不起作用，常常遭到民众的厌烦。1943 年 11 67
月，毛泽东发表“组织起来”的讲话后，太行全区广泛开展了以农业劳动互助合作为核心的生产运动，劳动互助成为继土地革命（减租减息）以后的“第二个革命”。其中的情形大致如下：其一，经过劳动英雄团结民众组织起来；其二，村干部响应党的号召，把民众组织起来；其三，解决民众生产上的困难，在解决困难的过程中组织起来；其四，利用民众的旧有

① 太行革命根据地史总编委会：《太行革命根据地史稿》，第 176 页。

② 太行革命根据地史总编委会：《太行革命根据地史稿》，第 177—178 页；李雪峰：《李雪峰回忆录（上）——太行十年》，中共党史出版社 1998 年版，第 247 页。

③ 太行革命根据地史总编委会：《太行革命根据地史稿》，第 210—211 页。

④ 李秉奎：《太行抗日根据地中共农村党组织研究》，中共党史出版社 2011 年版，第 214 页。

习惯组织起来。另外，以劳动性质和成员的成分划分：第一种是互助组、拨工队、变工队等，这是农业劳动互助的组织。成员包括各阶层，一般中农、尤其是新中农居多。第二种是扎工队、包工队、互助社等，专门从事开荒及出卖劳动力，完全是贫农和失业的雇农。第三种是农业生产与其他生产结合的组织。① 到1944年11月，各种合作社已有937个。同上一年6月相比，合作社增加了521个，社员达到203571人。②

另外，1943年8月，区政府发动民众订立度荒计划，呼吁依靠自身力量战胜荒灾。结果，需要救济的户数缩小了。并且，边区政府动员采野菜运动，提高了节约粮食的成绩。③

1944年，蝗灾的危害变得严重起来。特别是在春天，政府用小米换蝗
68 卵奖励挖卵，抑制了蝗卵孵化与蝗虫的再生。但是，5月以后，蝗灾再次出现。政府组织剿蝗指挥部，打破村、区、县的界限，开展了大规模的剿蝗运动。每次蝗虫飞来，组织几千人到上万人的剿蝗队伍投入战斗。连续几个月之间，太行区动员民众出工756万多人、军队出工7万多人，取得了剿蝗战斗的胜利。④

以上，是太行区的自然灾害及抗击自然灾害的对策。其他根据地，也采取了增加生产、改善粮食供应的措施。晋察冀边区，1944年的收成比较好，1945年收成也相当好，农民的收入得到增加。从民众动员成功的7个村子的调查来看，1943年的人均收入为639斤，1944年的人均收入为658斤，1945年增加到759斤。民众的负担得到减轻。1945年的统一累进税中，平均每人需要承担的村负担为36.2斤，比1941年的49.9斤减少27%。在晋绥边区，1944年各阶层负担，据8个县的不完全统计，总收入与负担的比例，地主为39.8%、富农为32.7%、中农为20.3%、贫农为7.5%，其他阶层为6.7%，平均为19.4%。地主的负担率下降，中贫农也有了巨大变化。各阶层的负担取得了平衡。⑤ 整体而言，抗日根据地在战争末期，克服了危机，也改善了民众的生活。

---

① 赖若愚：《生产运动的初步总结》（1944年8月），山西省档案馆编：《太行党史资料汇编》第七卷，第120—125页。内田知行：『抗日戦争と民衆運動』，創土社，2002年，第33頁。

② 太行革命根据地史总编委会：《太行革命根据地史稿》，第179页。

③ 太行革命根据地史总编委会：《太行革命根据地史稿》，第180页。

④ 李雪峰：《李雪峰回忆录（上）——太行十年》，中共党史出版社1998年版，第247—248页。

⑤ 陈廷煊：《抗日根据地经济史》，第466—467、474页。

小　结

1939 年，浙江人宋子亢在出版的《浙东前哨》这本书中提到，“饿着 69
肚子不能救国”①。此外，在抗日战争时期，中共北方局书记杨尚昆指出：如果能很好将粮食问题解决了，就等于解决了全部问题的三分之二。掌握住粮食是边区重要战略问题之一。② 的确，粮食问题是战时最重要的关键环节，民众对待战争的态度受到这个决定性因素的左右。

由各地区民众的向背可知粮食问题的重要性。浙江省“全省两千多万人民，能确实知道抗战的意义与战局的演变实在是少数”，民众最关心的是自己的生活。遭受严重灾害的河南省，感觉被政府弃而不顾的民众，心底蕴藏着绝望和愤怒，终于愤而发动针对国民政府军队的叛乱。日军与汪精卫政权统治下的上海，在战争末期出现粮食供应严重不足与物价暴涨，事态变为民众对于现状“诅咒之声，充斥巷间”。国民政府统治下的重庆，生活状况的恶化一日千里，“与国家民族利益相比，一般民众更重视个人利益”，抗战意识大大降低。

各个地区的统治者与领导层，对于民众最重要的粮食问题是如何处理 70
的呢？

日军及其傀儡政权。日军采用的“现地自活主义”，另外采取低价收买的政策，米的收购远低于预定的分量。结果引起米类供应不足，米价飞涨，城市居民的口粮出现严重的缺乏。因此，上海的“社会情况日益恶化，危机一触即发”。终于，市政府陷于崩溃的紧急局势。日军及其傀儡

① 张根福、岳钦韬：《抗战时期浙江省社会变迁研究》，上海人民出版社 2009 年版，第 171 页。

② 魏宏运主编：《晋察冀抗日根据地财政经济史稿》，第 240 页。

政权的城市居民粮食供应以失败告终。国民政府将粮食价格压得比一般物价要低，通过公定价格确保城市居民粮食供应未出现和上海一样的事态，一定程度上稳定了城市的人心。国民政府确保粮食供应成功的原因，在于实施了新县制。以此为基础，通过实施强制，加强了粮食的实物征收与购买。但是，强制性的粮食征收与购买却加深了与农民之间的矛盾。

另一方面，在共产党领导的抗日根据地，完善负担的公平化、进行精兵简政，采取进步政策、依靠生产抗击自然灾害。通过这些措施，战胜了
71 日军的“扫荡”与“治安强化”运动，克服了与邻近河南省规模相当的灾害。1944 年以后，根据地出现不断扩大的趋势。这是共产党政策优越性的体现。但同时应该注意的是，根据地具有国民党统治区缺乏的有利条件。第一，抗日根据地是以农村为基础的，没有必要考虑城市居民的吃饭问题。并且，虽然根据地的粮食数量少且品质差，但是某种程度上可以自给，不会受到通货膨胀那样的破坏性影响。第二，抗日根据地的战争是以游击战为主，一定程度上可以减少正规军、依赖民兵。抗日战争时期，对国民党与共产党的粮食政策进行比较，很有必要考虑这些条件。

第二部分

民族主义与社会改革：以太行抗日根据地为中心

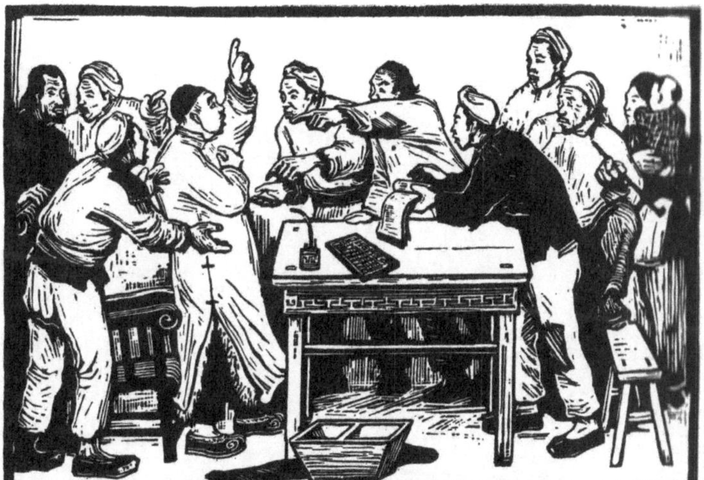

①

古元：《减租会》

① 古元：《减租会》，邹雅、李平凡编：《解放区木刻》，人民美术出版社 1962 年版，第 23 页。译者注：古元，广东香山（今中山）人，中国画家、美术教育家。1938 年赴延安，在陕北公学、鲁迅艺术学院学习。长期深入农村，并担任农村基层领导工作，创作了一大批陕北人民新面貌的版画作品，是延安木刻最具代表性的画家之一（参见夏征农、陈至立主编，大辞海编辑委员会编纂：《大辞海·美术卷》，上海辞书出版社 2012 年版，第 100 页）。

前　　言

第二部分的课题，探讨的是抗日根据地民众对日军残暴侵略是如何感 75
受及行动的，对中国共产党实施的民众动员和社会改革是如何应对的，同时还探讨了广大民众如何看待上述二者间的相互关系。

中国大陆有关抗日根据地民众的正式见解是，中国人民在共产党的领导下，为了民族解放挺身而出，他们在严峻形势下参加抗战，为抗日战争做出了贡献。欧美学者对中国共产党为何能得到农民的支持这个问题出现了若干不同的观点。20 世纪 60 年代到 70 年代，查默斯·约翰逊（Chalmers Johnson）的观点认为，共产党成功地扩大抗日根据地的主要原因在于农民的抗日民族主义。马克·塞尔登（Mark Selden）的观点则认为，中国共产党的成功在于实施了农民渴望减租减息等社会经济改革。他们对此展开了争论。但是，进入 20 世纪 80 年代，凯瑟琳·哈特福德（贺康玲，Kathleen Hartford）和台湾的陈永发提出，共产党得到农民的支持是相当有
限的。日本学者高桥伸夫，也持有相同的观点（参照“参考文献”）。 76

关于农民的抗日民族主义，奥村哲认为，共产党得到农民支持的理由是日本军队对广大农民实施刻骨铭心、令人胆寒的杀戮、暴行、掠夺、破坏等强盗行为，这使得共产党能够对农民“朴素的民族主义感情”做工作，组织动员农民参与抗日战争。① 笠原十九司认为，抗日战争时期中国农民接受共产党的领导，其诱因之一是来自“日本军队报复的威胁”。“通常，在未直接与日本军队发生交战的地域，共产党往往难以建成游击队和抗日根据地。”并以他自己在中国的体验为论据，支持约翰逊（Chalmers

① 奥村哲：『中国の現代史——戦争と社会主義』，青木書店 1999 年版，第 99 頁。

Johnson）的观点。①

另外，就减租减息等社会经济改革，田中恭子的观点认为，在佃农不足三成的华北地区，“光靠减租是很难发动大多数农民的”。因此，抗日根据地实施了“清算账目”（算旧账），进而扩大为“反贪污”“反黑地”（黑地，指未登记造册的隐瞒土地）“反恶霸”“反汉奸”的行动后，共产党“成功唤醒了广大农民大众的热情”。② 此观点对后来的学者带来很大影响。奥村哲赞成田中恭子的观点，并指出“通过清算旧账目的迂回办法……实际上进行了土地改革”，“共产党将农民朴素的民族主义转化为阶级斗争”③。

77 本书将目光聚焦于一个抗日根据地，对上述观点是否妥当和局限展开具体的论证。因为本稿不是根据地的通史，所以不能收纳抗日根据地所有的问题。只是努力从多角度探讨民族主义和社会改革相关的民众的心态和行为。由此，我们可以多方面地把握根据地的民众问题。

第二部分中的民众主要涉及农民，富农、中农、贫农、雇农当然全部都属于民众范畴。值得说明的是，在被划为地主身份的人们当中，有不少人是因为将少量土地租给佃农而被划分为地主身份。这些人也可以纳入民众的范畴内。在共产党员中，村支部的党员也可以被纳入民众的范畴之内。如第二章所述，许多当初入党的党员，对党员的意识、阶级意识、政治意识都相当含糊不清，他们依然持有浓厚的农民心理。可以说，他们只是尚未完全成为真正共产党员的农民而已。

抗日战争时期，在华北日本军队的后方，存在着晋察冀、晋冀鲁豫、晋绥、山东等抗日根据地。本书考察的对象属于晋冀鲁豫根据地，位于太行山脉两侧的太行抗日根据地。太行根据地，位于平汉线以西、正太线以南，包括山西省的太行山区（由北部的晋中和南部的晋东组成）、河北省的西部（冀西）及河南省北部（豫北）。1939 年 7 月，日本军队实施了第二次九路围攻，山西省的东南地区被分割为太行和太岳两块地区。本书主要探讨晋东南的太行地区、冀西和豫北地区。

---

① 笠原十九司：『日本軍の治安戦——日中戦争の実相』，岩波書店，2010 年，第 108 頁。

② 田中恭子：『土地と権力——中国の農村革命』，名古屋大学出版会，1996 年，第 91—96 頁。

③ 奥村哲：『中国の現代史——戦争と社会主義』，青木書店，1999 年，第 100—102 頁。

在日本军队大后方的抗日根据地中，太行根据地是八路军总司令部、中共中央北方局所在的核心根据地，是共产党的抗日政策得到强有力贯彻 78
的根据地之一。当然，日本军队为此进行了更加残酷的“扫荡”和“治安作战”。从这个角度而言，探讨中国民众对日军、共产党和八路军的反应和心态，探讨共产党的民众动员和社会改革，太行抗日根据地都是具备了极好条件的研究区域。而且，至今仍然保存着比较系统的史料。这对该地域的研究工作来说，都是非常有利的条件。

关于研究太行抗日根据地的书籍：有齐武撰写的、叙述晋冀鲁豫根据地历史的两部著作和太行根据地史总编委会编写的著作。最近出版的有，澳大利亚学者古德曼（David Goodman）编著的研究太行根据地要地辽县（现在的左权县）、武乡县、黎城县的政治秩序和社会改革的著作，魏宏运主编的研究20世纪三四十年代太行地区社会情况的著作，李秉奎研究该根据地共产党农村党组织的著作。①

关于史料，抗日战争时期的大多数农民，不会读写（汉字），所以看不到这些农民自己记载的史料。本稿利用的史料是，共产党县级以上的干部记录的文献及共产党发行的报纸史料。即基本史料集利用的是《太行革命根据地史料丛书》和《太行党史资料汇编》及《抗日战争时期晋冀鲁豫边区财政经济史资料选编》太行根据地相关的部分。报纸史料，利用的是《新华日报》（华北版）和《新华日报》（太行版）。②

这些史料所记载的民众形象，当然是得到共产党所认可的，有必要注意其中具有的片面性。即它们往往是从共产党的阶级观点、抗日观点、革命理论来绘制的民众形象。

---

① 参照“参考文献”。古德曼的著作，使用未公开发行的史料，对太行根据地的中心，辽县、武乡县、黎城县的政治秩序和社会改革进行了分析，其中提及中农问题等很有意义的内容。但是如李秉奎所指出的那样，这本书里公开发行史料的英文翻译有比较多的错误（李秉奎：《读〈中国革党命中的太行革命中的太行根据地社会变迁〉——基于该书中译本的评说》，载李秉奎的著作附录，原载《抗日战争研究》，2006年第2期），所以拙著不再使用。李秉奎的著作使用很多山西省档案馆未公开有价值的史料。

② 《新华日报》（华北版），1939年元旦在沁县后沟村发行，是中共中央北方局的机关报。这份报纸以铅版印刷（有时油印）隔日发行。遭遇日本军的扫荡时，被迫迁移发行地。1943年10月1日，改称为《新华日报》（太行版），成为中共太行区党委的机关报（齐峰、李雪枫：《山西革命根据地出版史》，山西教育出版社2010年版；李壮：『抗日戦争と私——元人民日報編集長の回想録』，日本僑報社，2013年）。

但是，同对外进行意识形态宣传的报纸不一样，纳入上述三种史料集
79 内的文献，一部分虽有《战斗》类的刊物、《新华日报》类的报纸文章和
报道，但是大部分是内部史料，并未加入宣传性的意味。它们直接记录了
共产党所见的民众形象，其中有给予肯定的一面，也有给予否定的一面。
其史料价值极高。只要稍对其中具有的片面性加以留意，就能得到研究抗
日根据地民众的一手史料。并且，虽然说《新华日报》华北版和太行版也
有一定的宣传教育的意义，但是，仍然存在大量记载太行地区民众实情的
珍贵报道。

关于第二部分的结构，围绕根据地和民众的情况，主要根据战争的进展变化，所以，主要内容是以时间序列进行编著和叙述的。

第一章　太行根据地的社会与民众

第一节　村落与农民

太行山，位于山西高原与河北平原之间，南北绵延400余公里。位于 80
黄土高原的太行地区，平均海拔1000米以上，许多地区是土地贫瘠的山地。山西省和顺县、辽县、武乡县、黎城县、陵川县，河北省涉县、武安县、林县，位于盆地之中。20世纪三四十年代的太行地区是落后的小经济地域，耕地很少，交通不方便，农业生产技术落后，粮食供应不足，经济贫困。浊漳河沿岸的武乡县、襄垣县、潞城县、黎城县、长治县等，生产相对发达。其他地区多是地瘠民贫，粮食多依赖附近的平原地区接济。

境内的农产品，平原以谷子、玉米、小麦、豆类、棉花、麻、烟叶为主，山区以核桃、花椒、红枣、栗子、柿子、药材、羊毛、鸡蛋等为主。
人们的衣食住行都很简朴。多数人的穿着都是衣衫褴褛。就连富足人家， 81
穿着也是手织的粗布而已。吃的方面，以小米为主、以杂面菜汤为副。贫穷人家吃糠咽菜，有的取坏枣和糠轧面而包以水磨面，蒸饼充饥。住的方面，富者多造瓦房，墙壁用砖，屋顶用瓦。中产之家建房砌墙多用岩石。贫者多土房、结草为茅屋。山岭之中，穴居者很多。山地交通极为不便，多羊肠小道，艰险崎岖，车辆难通。①

抗战前阎锡山支配的山西省，从1932年开始实施“山西省政十年建

① 魏宏运主编：《二十世纪三四十年代太行山地区社会调查与研究》，人民出版社2003年版，第5—7、15页。

设计划”。这使得该省的经济得到迅速发展。太行地区虽然主要是自然经济，但是商品经济也占了相当的比重。1936 年，辽县桐峪镇四个典型户的调查显示，投入市场的生产品在自己生产总量中的比例为：经营地主 46.7%，富农 38.4%，中农 32.8%，贫农 18.3%。商业经营方面，在县城和城镇的商人团体当中，主要是出身于经营地主、大地主。在乡村，则主要是中小商人。①

太行地区许多村落的历史达千年以上。这里和中国其他地域一样，多数是聚族而居，一个村中常是一个姓氏，即同一祖先。有的村庄是由两三个家族组成，有的除了两三个家族外，还有其他少数姓氏。一般来讲，太行山脚下的村落人口众多，有几百户的人家。山沟里的村庄户口较少，有
82 的仅四五户或七八户。因为饥馑等原因，有很多是从山东省等地迁来的移民。大体来讲，家族的观念很浓厚，血缘关系、宗族关系、辈分关系像网络一样盘根于这个社会。②

民众的文化程度很低，在抗战爆发前的太行根据地，识字不多或根本不识字的占 95%—97%。③ 居民的信仰多种多样，以佛教为主。清朝末年，天主教、基督教也深入山区、盖起教堂。④ 在冀西、豫北，有不少红枪会等民间宗教结社（会门）。但是，在晋东南，由于阎锡山统治比较严酷，这种情况比较少。⑤

在农民的传统心态中，有“人生有命，富贵在天”的命运思想，浓厚的因果报应思想。对于地主和农民的关系来说，他们认为地主的土地是从祖先手中接过来的，对地主的土地下手是丧“良心”。⑥ 另外，还有寻求安

---

① 景占魁：《阎锡山传》，中国社会出版社 2008 年版，第 203 页。《太行区社会经济调查（第一集）》，晋冀鲁豫边区财政经济史编辑组，山西省、河北省、山东省、河南省档案馆：《抗日战争时期晋冀鲁豫边区财政经济史资料选编》第二辑，中国财政经济出版社 1990 年版，第 1348 页。魏宏运主编：《二十世纪三四十年代太行山地区社会调查与研究》，第 125 页。

② 魏宏运主编：《二十世纪三四十年代太行山地区社会调查与研究》，第 520—521 页。

③ 李秉奎：《太行抗日根据地中共农村党组织研究》，中共党史出版社 2011 年版，第 40 页。

④ 魏宏运主编：《二十世纪三四十年代太行山地区社会调查与研究》，第 7 页。

⑤ 朱瑞：《论晋东南的群众工作》（1939 年 4 月），山西省档案馆编：《太行党史资料汇编》第二卷，第 247 页。李雪峰：《李雪峰回忆录（上）——太行十年》，中共党史出版社 1998 年版，第 30 页。

⑥ 《一九四四年开展减租减息斗争的典型资料》（1944 年 12 月 20 日），太行革命根据地史总编委会：《太行革命根据地史料丛书之五：土地问题》，山西人民出版社 1987 年版，第 284—285 页。

定生活的“太平观念”、等待世道变化的“变天”思想，都在农民心里根深蒂固地存在着。农民的这些传统心态，成为共产党领导抗日战争和社会改革的一大障碍。

抗日战争全面爆发前的中国农村，女性的地位很低。这在社会经济落后的太行地区表现更为明显。在家庭里，女性被打骂虐待，没有婚姻自主权。经济方面，没有财产继承权，不能掌握家庭经济。政治方面，不受法律的保护，不能参加政治活动。另外，女性不能参与社会问题，不能接受教育。①

婚姻通常是由父母做主，买卖婚姻普遍存在。至于买卖婚姻的价格， 83
通常“越是贫农娶妻，价格越大（因其家贫，不出高价，就没人肯许给他），而地主、富农娶妻价格则很低”。买卖婚姻，“一般多是经过媒人说合，讲定财礼，媒人从中取利”。买卖妇女的现象中，有“父母或丈夫卖妻女”的、有“娘家婆家合伙卖”的。买卖婚姻中的夫妻和家庭关系，丈夫将妻子视为自己的雇佣劳动者，是买来生孩子、做吃做穿的工具，妻子把丈夫看成生活上的依靠者。一般来讲，妇女只有熬到成为家庭的最高长者，才受到家庭成员的尊重。即“多年的媳妇熬成婆”，才可能成为家中最有权威的人。这是要经过一生的辛苦才挣到的，而当这些人熬成了婆后，又重复着自己所经受过的旧礼教、旧习俗，依然以老一套对付自己的儿媳妇。应该说这是旧中国家庭、婚姻中的悲剧。在太行区，早婚、童养媳、寡妇不再婚、一夫多妻等旧习俗仍然广泛存在。很多童养媳都受到虐待，被视为如同奴婢一样的劳动力，地位非常低。因为女性的地位低，堕胎事件时有发生。一般生了男孩，全家庆祝。生了女孩，则有可能溺死。②

抗战爆发前，太行区缠脚现象很普遍，许多村庄的妇女都是小脚。1939 年年初，晋东南召开反汪拥蒋大会时，参加会议的 2248 名妇女中，半数是小脚。但是，地域不同，情况也不同。平顺、榆社、赞皇、辽县、

---

① 浦安修：《五年来华北抗日民主根据地妇女运动的初步总结》（1943 年 7 月 16 日），中华全国妇女联合会妇女运动历史研究室编：《中国妇女运动历史资料（1937—1945）》，中国妇女出版社 1991 年版，第 693—694、697 页。

② 魏宏运主编：《二十世纪三四十年代太行山地区社会调查与研究》，609—614 页；晋冀豫区妇救总会：《一年来妇女工作总结报告》（1942 年 7 月 15 日），山西省档案馆编：《太行党史资料汇编》第五卷，第 402 页。

武乡青年妇女多大脚。①

受到各种各样的束缚、压迫，这对妇女的心理产生很大的影响。

84 浦安修（北方局妇女委员会委员，彭德怀的夫人）因此指出，“妇女将社会上一切轻视妇女的思想，当作自己的思想行动标准，不易相信自己有反抗的力量，怯懦，因此一般妇女的斗争性弱”。“由于妇女的生活圈子狭小，养成其小气、嫉妒、琐碎、脑筋迟钝，较农民还自私”。“妇女受着严格的管束，顾虑多，社会活动范围又小，因此造成其感情丰富，不容易看到自己的出路，人生观是消极的，善哭、易自杀。”②

第二节　太行地区的土地问题

表Ⅱ-1，是战前太行区22县159村的土地所有关系统计表。表Ⅱ-2，是天野元之助对全国干旱地带、水田地带土地所有状况的推算表，相对来说可靠性要高一些。

对这两个表格进行比较可以看出，太行区的土地比较分散，中农的比例较高。太行区的地主户数和耕地的比率，大体上与全国的情况一样。华南、华中土地集中的地区，地主的土地占了30%—50%，最高的占了90%以上。③与此相比，太行区的土地集中程度要低得多。但是，太行地区土地集中程度也会有地域差别。一般来说，太行山北面，即山西省和顺县、河北省临城县以北的地区，土地较为分散，地主比较少，中农较多。
85 与此相反，太行山南面，即榆社县以南地区，“土地是很集中的，地主不但多，而且每个地主都占相当大数量的土地”④。太行地区土地集中很高的武乡县，有称为“四大家、八小家”的大地主存在。其中，“四大家”占

① 魏宏运主编：《二十世纪三四十年代太行山地区社会调查与研究》，第629页。晋冀豫区妇救总会：《一年妇女工作总结报告》（1942年7月15日），山西省档案馆：《太行党史资料汇编》第五卷，第424—425页。

② 浦安修：《五年来华北抗日民主根据地妇女运动的初步总结》（1943年7月16日），中华全国妇女联合会妇女运动历史研究室编：《中国妇女运动历史资料（1937—1945）》，第697—698页。

③ 古島和雄：「旧中国における土地所有とその性格」，山本秀夫・野間清編：『中国農村革命の展開』，アジア経済研究所，1972年，第35頁。

④ 杨维：《太行山北区的土地问题》（1940年5月），山西省档案馆编：《太行党史资料汇编》第三卷，山西人民出版社1994年版，第307—311页。

有土地达20余万亩。最大的地主家，占有70余顷土地（一亩约为6.67公亩，一顷约为100亩）。“八小家”，各拥有土地上千亩。①

表Ⅱ-1　　太行地区各阶层土地占有情况推算表　　（单位：亩）

	户数	%	土地	%	每户拥有土地
地　　主	529	2.1	119753.9	24.3	226.4
经营地主	172	0.7	9999.7	2.00	58.1
富　　农	1831	7.4	115198.7	23.4	62.9
中　　农	8662	34.8	154 813.6	31.4	17.9
贫　　农	12503	50.3	86662.4	17.6	6.9
雇　　农	432	1.7	3931.8	0.8	9.1
其　　他	739	3.0	2263.1	0.5	3.1
合　　计	24868	100.0	492623.2	100.0	—

资料来源：《太行区社会经济调查》第一集（据《抗日战争时期晋冀鲁豫边区财政经济史资料选编》第二辑第1349页订正）。

表Ⅱ-2　　太行地区各阶层土地占有情况　　（单位：亩）

	全　国		旱地地带		水田地带	
	户数	耕地	户数	耕地	户数	耕地
地主	3	26	2	18	3	27
富农	7	27	6	21	6	26
中农	22	25	18	30	21	23
贫雇农及其他	68	22	74	31	70	24

资料来源：古島和雄：「旧中国における土地所有とその性格」，山本秀夫・野間清編：『中国農村革命の展開』，アジア経済研究所，1972年，第34頁。

① 魏宏运主编：《二十世纪三四十年代太行山地区社会调查与研究》，第51页。

86 1944 年 8 月，中共太行区党委调查室在发行的《太行区社会经济调查(第一集)》中，将当地的经济结构特征分为五类：

第一种，老封建地主出租土地地区，太行北部的昔东县即为典型。这些地区的地主大部分是祖传财主，他们把大部分土地租给农民，租额和利息比较轻，地主和农民之间存在比较浓厚的宗法关系。第二种，商业高利贷地主集中土地地区，前述的武乡即为典型。比如，武（乡）东的 421 户地主，拥有全县土地的 16% （769 顷）。其中五分之一是民国以来特别是 1926 年以来集中的。这些新兴地主，占现在地主总数的四分之一。雇佣劳动经营土地随着商品经济的发展有一些发展，但是土地的相当大的一部分还是租给农民。第三种，土地分散，中农较多、富农经济发展地区，河北省的赞皇县是典型。在山西省的襄垣县、潞城县、榆次县、太谷县，也有许多这样地区和农村。这些地区的地主大多数是经营地主，租佃土地的比重很少。第四种，土地集中，富农经济发展的地区。河南省北部一带靠近平汉线的地区，大体属于这一类。这种地区的租佃地占有相当大的比重，但是雇佣劳动经营土地还是很发达的。第五种，人多地少劳动力外流地区，河南省的林县是最典型的。河北武安的一部分也是如此。这些地区，一般是土地分散，租佃关系很少。①

87 表Ⅱ -3，是关于五种地区佃农与雇佣劳动经营土地（雇农耕种土地）的比较。

从表Ⅱ -3 可以看出，除第一种地区（老封建地主出租土地地区）和第四种地区（土地集中，富农经济发展的地区）外，其他地区全部佃户耕种土地的比例相当低。太行山区直接依赖佃地生活的农民，一般约占三分之一。辽县的麻田镇，全村共 223 户，佃户只有五分之一。② 无论从何角度来看，太行地区的佃农比例都相当低。这是影响共产党开展主要的土地政策，即减租减息的大问题。

---

① 《太行区社会经济调查（第一集）》(1944 年 8 月)，晋冀鲁豫边区财政经济史编辑组，山西省、河北省、山东省、河南省档案馆：《抗日战争时期晋冀鲁豫边区财政经济史资料选编》第二辑，中国财政经济出版社 1990 年版，第 1349—1352 页。

② 《从减租减息到“耕者有其田”》，太行革命根据地史总编委会：《太行革命根据地史料丛书之五：土地问题》，山西人民出版社 1987 年版，第 5 页。《1942 年开展减租减息斗争的典型材料》，《抗日战争时期晋冀鲁豫边区财政经济史资料选编》第二辑，中国财政经济出版社 1990 年版，第 251 页。

太行山地区的农民，贫困的主要原因是土地问题。一般来说，在华北保持最低限度的生活需要 5 亩地。所以，五口人的小家庭要想粮食自给自足，最少也需要 20—25 亩土地。① 但是，从表Ⅱ－1 来看，显然太行地区的贫农难以自给，中农的土地也达不到这个标准。中农和贫农合计约有 85%，粮食也难以自给。

表Ⅱ－3　　佃户耕种地与雇佣劳动经营土地的对比

	佃户耕种地	雇佣劳动经营土地	地　区	
第一种地区	29.3	14.5	和东县 25 村	
第二种地区	8	21.3	武东县全县	87
第三种地区	3.1	37.8	襄垣 3 村	
第四种地区	39	38	辉县 4 村	
第五种地区	1.9	10.5	林北县 1 村	

来源：《太行区社会经济调查（第一集）》，《抗日战争时期晋冀鲁豫边区财政经济史资料选编》第二辑，中国财政经济出版社 1990 年版，第 1353 页。注：抗日战争时期，为了进行抗战，部分县分为东西或南北两部分。比如，和顺县分为和东县、和西县，武乡分为武东县、武西县。

而且，不合理的摊派和苛捐杂税，使农民肩膀上的负担更加沉重。因此，很多农民不得不依赖高利贷，很多村子半数以上的农家都举债。② 土地问题和负债问题，和摊派、苛捐杂税一样，成为农村中的大事。谁怎么样提出这两个大事，农民是不是赞同而行动，这是解决这些问题的关键。

最后，再看看农村与土地相关的政治制度。阎锡山根据日本的町村制式样及中国古代的闾邻制度，创造出山西省的村制模式。即合自然村为“编村”的行政村，其下设称为附村的小村。附村以下，25 户组成闾，5

① 魏宏运主编：《二十世纪三四十年代太行山地区社会调查与研究》，第 83 页。今井駿：「抗日根拠地の形成過程についての一考察——冀南根拠地を中心に」，『史潮』108 号，1971 年，第 29 頁。

② 《从减租减息到“耕者有其田”》，太行革命根据地史总编委会：《太行革命根据地史料丛书之五：土地问题》，山西人民出版社 1987 年版，第 5 页。

户组成邻。编村实施后，山西省共有105个县，101038个主村（编村），33364个附村。并且县和村之间，还设有区。①

在实施村制的山西省，主村设村长，附村设副村长。主村设村公所、村长、副村长、闾长等作为它的成员。村长和副村长，都是根据年龄、财产、文化程度等任命。1927年，消除了财产限制，年龄也从30岁下调为25岁。②《太行革命根据地的史料丛书·土地问题》的编者认为，实施村
89 制度后，村长几乎都是富人地主充任，村公所即“富人地主”的政权。黄东兰对黎城县农村进行的研究发现，“阎锡山并未改变乡村社会的传统权力结构和社会经济关系，依靠‘社首’、‘香老’等传统精英实施村制”③。农村政权的改造，是抗日根据地成立后的重要问题。

---

① 黄東蘭：『近代中国の地方自治と明治日本』，汲古書院，2005年，第323、326—329頁。

② 同上书，第326—327頁。

③《封建买办政权对农民的掠夺和压迫》，太行革命根据地史总编委会：《太行革命根据地史料丛书之五：土地问题》，山西人民出版社1987年版，第105—106页；黄東蘭：「革命、戦争と村——日中戦争期山西省黎城県の事例から」，平野健一郎編：『日中戦争期の中国における社会と文化変容』，財団法人東洋文庫，2007年，第213頁。

第二章　抗日根据地的建设与民众

90

第一节　抗日根据地的建设

（一）日军的侵略进攻与山西省的抗战体制

正如前一章所示，太行抗日根据地包括山西省的东南部、河北省的西南部、河南省的东北部。其中，该根据地的中心位于山西省的东南部。因此，下面首先介绍山西省抗战体制的成立过程。

1937 年 7 月 7 日，卢沟桥事变标志着抗日战争的全面爆发。日军在占领北平、天津地区后，开始沿着平汉、津浦线进攻。另外，日军第五师团在关东军的配合下，沿着平绥线进攻，企图占领察哈尔、晋北及绥远地区。9 月 13 日，占领山西北部的门户大同。10 月 10 日，沿平汉线南下的日军占领石家庄，并且部分军队向西进攻山西省。于是，山西省成为重要的一个战场。

在此之前，8 月 22 日，共产党领导的工农红军被改编为国民革命军第 91
八路军（9 月 11 日，国民政府将八路军改为国民革命军第十八集团军，但是共产党继续沿用了八路军的名称）。从 8 月末到 10 月初，八路军三个师渡过黄河，进入山西省。9 月初，阎锡山与周恩来协商，同意八路军在太行山脉和太行山北端创造根据地、开展独立自主的游击战争。9 月 25 日，八路军 115 师在国民党军队的配合下，在山西省东北的要冲伏击了日军第五师团的补给部队，取得了平型关大捷。从 10 月 13 日开始，中国军队在山西省省会北方的忻口镇与日军展开激战。10 月末，日军占领了娘子关（沿正太线进攻山西的战略入口）。忻口的中国军队在腹背受敌的情况下，被迫退却。11 月 9 日，日军占领了太原，阎锡山南撤临汾。日军主力沿同蒲线（大同至风陵渡）南下追击二战区的中国军队。1938 年 2 月 28 日，临汾沦陷。阎锡山从临汾向西撤退到吉县。3 月中旬，日军进攻到吉县。19 日，阎锡山渡过黄河撤退到陕西省的宜川县。就这样，山西省的主要交通线和主要城市纷纷沦入日军铁蹄之下。山西省内一面进行抗战体制建设，一面开展民众动员。其中，起核心作用的就是牺牲救国同盟会（简称“牺盟会”）。

牺牲救国同盟会，成立于 1936 年 9 月 18 日，由阎锡山担任会长，由在太原活动的共产党员和左翼人士发起成立。共产党员薄一波从北平监狱出狱后，收到阎锡山的邀请回到山西省，经过阎锡山的同意对牺盟会进行
92 了改组。10 月中旬，开始募集村政协助员，训练了 960 名青年，并将他们派往 105 个县的 1300 个农村。山西省的抗日救国运动和牺盟会招收会员的工作由此开始。1937 年 4 月，牺盟会特派员训练班在太原成立。经过一个月的训练，180 名牺盟会特派员被派往山西各县。由于村政协助员的活动，牺盟会会员据说发展到 60 万人。但村公所提供的牺盟会会员名册，是根据户口本编造的。所以登记的是户主名字，实际上参加组织的青年很少。这样的民众动员虽然存在不足，但是山西省在抗战全面爆发前组织民众进行抗战的活动有了推进。

抗日战争全面爆发后，9 月 20 日，战地总动员委员会在太原成立。战地总动员委员会的任务是，动员新兵入伍、组织人民自卫队、组织群众团体、肃清汉奸等。该委员会的常务委员会在共产党的掌握下，在县区一级由县长、区长、主张公道团（阎锡山 1935 年夏成立的反共组织）、军代表、各种民众团体、牺盟会等组成。牺盟会在其中发挥着领导作用。

另外，山西省开始组建被称为“新军”的新式武装。抗战开始后，山西省的旧式军队失去了阎锡山的信赖，薄一波提出建立新军的建议。中共北方局批准该建议后，薄一波开始着手建立新军。8 月 1 日，青年抗敌决死队第一总队成立，政治委员由薄一波担任，军事方面的指挥官由阎锡山指定的旧军官担任。由此开始，9 月至 10 月间，第二总队、第三总队、第四总队相继成立。此外，还成立了工人武装自卫队。截至 12 月，山西新军

50个团，总兵力达5万多人。新军内部成立了共产党组织，并且通过政治委员制度实际成为共产党领导下的抗日武装。 93

战争爆发两个月后的9月，五台山北面及雁门关的防守濒临危机，原来的县政权机构开始崩溃。阎锡山从牺盟会中选拔游击县长，并将他们派往游击地区。10月，阎锡山在省与县中间另设七个行政区（专区），其中牺盟会控制了第一、三、五、六区的行政主任职位。在这些区，太行区隶属的第三行政区主任为薄一波。1938年6月，戎子和（又名戎伍胜，共产党员）又被任命为第五行政区主任。1938年2月，阎锡山将行政主任改称为行政督察专员，并增设第八、九两个区。行政督察专员除指导辖区的县政之外，还负责指挥各县的地方武装、任命县长为首的地方干部。因此，在牺盟会担任行政主任的四个行政区，县政府的机构开始得到改造。① 94

行政区（专区）分区地图

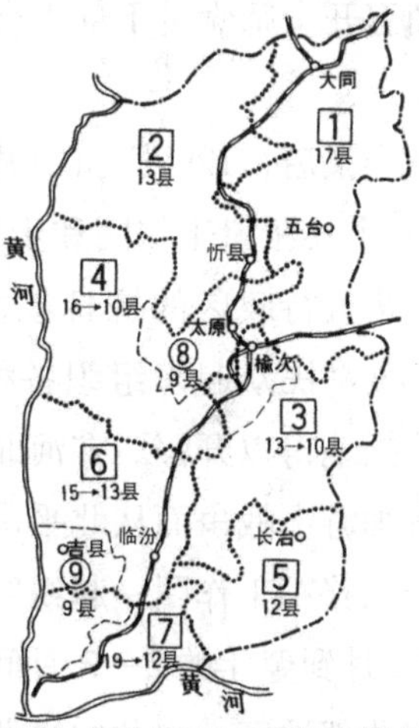

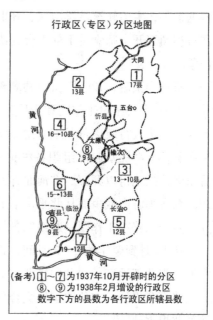

(备考) 1～7 为1937年10月开辟时的分区
⑧、⑨为1938年2月增设的行政区
数字下方的县数为各行政区所辖县数

资料来源：内田知行：「犠牲救国同盟会と山西新軍」，宍戸寛ほか：『中国八路軍、新四軍史』，河出書房新社，1989年，第222頁

行政区（专区）分区地图

（二）太行抗日根据地的成立

太行地区所属的晋冀鲁豫抗日根据地，是从1937年11月9日太原陷落前后开始建立的。10月中旬，中共中央决定在正太线以北成立冀察晋委员会、在正太线以南成立冀豫晋省委员会。② 11月11日，八路军总司令朱德与副总司令彭德怀在和顺县石拐镇召开军事会议，对八路军三个师的主

① 内田知行：「犠牲救国同盟会と山西新軍」，宍戸寛ほか：『中国八路軍、新四軍史』，河出書房新社，1989年，第203—204、208—209、221—223頁；王秀鑫、郭德宏：『中華民族抗日戦争史（一九三一—一九四五）』，石島紀之監訳、「抗日戦争史」翻訳刊行会訳，八朔社，2012年，第178—180頁。

② 李雪峰：《李雪峰回忆录（上）——太行十年》，中共党史出版社1998年版，第24页。

力在山西省的活动做了战略部署。其中，120 师开创晋西北根据地；129 师以太行山为中心开创晋冀豫根据地；115 师除以五台山为中心开创晋察冀根据地外，主力转至吕梁山区，开辟晋西南根据地。13 日、14 日，129 师在石拐镇召开全师党员干部大会，决定部署全师分兵发动民众，开展游击战争。①

石拐会议后，129 师和中共冀豫晋省委开始向晋东南的沁县、长治、武乡等 10 个县派遣工作团和步兵分队。抗战开始后，这些地区隶属的山西省第三、第五行政区的抗日救亡运动开展起来。八路军工作团、牺盟会、决死队，发动民众起来组织各种抗日群众组织、动员民众参加抗日斗争，晋东南根据地得以开辟。在河北省西部，10 月初，以杨秀峰（为发动和组织民众参加游击战争而从北平南下的历史学者）为特派员的冀西民训处成立，并与八路军工作团一起组织各种群众组织和战地动员委员会。

95 从 12 月到翌年的 2—3 月间，赞皇等 8 个县的抗日民主政府先后成立。在河南省北部地区，中共中央北方局和八路军总司令部派遣朱瑞到新乡建立八路军联络处，在争取国民党合作的同时，与当地的共产党组织一起开辟豫北根据地。②

抗战初期，共产党内的干部对于冀西、晋东南、豫北农民的优缺点进行评价时指出，“冀西农民民性强悍，他们有高度的政治觉悟与组织能力”，“晋东边区则反是，一般说来，他们的组织力与政治觉悟程度都是非常落后的”③。此外，1938 年 5 月前任中共北方局军委书记、组织部长的朱瑞（1938 年春后，任北方局驻冀豫晋省委代表。1939 年 5 月后，任中共山东分局书记）也认为，“山西人民富于保守性”，冀西的“红枪会及土匪都很发展”，“民性强悍”，豫北“红枪会土匪特别发展”，“有着大量的工

---

① 太行革命根据地史总编委会：《太行革命根据地史稿》，山西人民出版社 1987 年版，第 8—10 页；《太行区党史大事年表》，山西省档案馆编：《太行党史资料汇编》第一卷，山西人民出版社 1989 年版，第 567—568 页。

② 太行革命根据地史总编委会：《太行革命根据地史稿》，山西人民出版社 1987 年版，第 10—11、18—24 页；关于杨秀峰，参见ベルデン、ジャック：『中国は世界をゆるがす』上，安藤彦太郎ほか訳，青木書店，1965 年，第 123—135 頁。译者注：后者的中文译本参见杰克·贝尔登著，邱应觉等译《中国震撼世界》，北京出版社 1980 年版，第 88—95 页。

③ 秋潭：《农民的组织问题》（1937 年 11 月），山西省档案馆编：《太行党史资料汇编》第一卷，第 29—30 页；《中共冀豫晋省委建立太行根据地会议报告》（1938 年 3 月 20 日）（山西省档案馆编：《太行党史资料汇编》第一卷，第 135 页），对此也有同样的记载。

人”，“有共产党斗争的传统”①。

从这些情况来看，共产党对河北省、河南省的民众动员期待较高，对山西省的民众动员期待较低。当初成立的冀豫晋省委作为这个地区共产党领导机构的名称，或许与此有关。但是在开展民众动员时，与冀西、豫北复杂的政治社会状况相比，由于共产党与阎锡山的统一战线的关系进行了政治改革而有牺盟会活跃活动，晋东南的民众动员因此变得容易很多，这个地区成为根据地的核心。1938 年 8 月 19 日，共产党领导机构的名称改为晋冀豫区委员会。②

1937 年 12 月，太行地区受到日军的围攻。22 日，日军分六路对正太铁路南侧的寿阳、昔阳、和顺地区展开进攻，企图一举将八路军 129 师的 96
主力消灭殆尽。

经过 129 师的反击，日军于 27 日退回正太线。1938 年 4 月，日军 108 师团主力集结三万兵力，分九路对晋东南地区展开包围，试图在辽县、榆社、武乡将八路军主力消灭（即第一次九路围攻）。10 日，日军占领沁县。11 日，占领榆社。12 日，占领武乡。武乡县城 700 余民众被杀害，日军残暴地将大街烧得只剩下残垣断壁。八路军与山西新军、部分国民党军队一起，同日军展开了运动战、游击战，有时做机动的阵地战。结果，日军在 4 月底被迫撤退，八路军收复武乡、沁县、榆社、辽县、长治等 18 座县城。③

1939 年 1—2 月间，日军开始对和顺、辽县展开扫荡。并且，从 7 月初到 8 月下旬之间，向晋冀豫根据地集结了五万多兵力，实施了大规模的扫荡（即第二次九路围攻）。日军的意图是，在辽县、榆社、武乡地区对八路军主力进行合击，打通白晋公路（白圭至晋城）及从临汾经屯留、黎

① 朱瑞：《论晋东南的群众工作》（1939 年 4 月），山西省档案馆编：《太行党史资料汇编》第二卷，第 246—247 页；晋东南武乡县的党组织建立“抗债团”，领导农民进行了相关的反抗运动（太行革命根据地史总编委会：《太行革命根据地史稿》，山西人民出版社 1987 年版，第 4 页）。

② 《太行区党史大事年表》，山西省档案馆编：《太行党史资料汇编》第一卷，第 579 页。另，华北各省委一律改称为区委。

③ 太行革命根据地史总编委会：《太行革命根据地史稿》，山西人民出版社 1987 年版，第 13、24—28 页；《太行区党史大事年表》，山西省档案馆编：《太行党史资料汇编》第一卷，第 570、574—575 页。中共武乡县委党史研究室：《中共武乡简史》1990 年版，第 32—33 页。李秉奎：《太行抗日根据地中共农村党组织研究》，第 85 页。

城到邯郸的公路，占领主要城市，利用平汉、正太、同蒲、道清（河南省北部，从浚县的道口镇到柏山的铁路）四条铁路线形成的“口”字形，对晋冀豫区进行包围。并且利用中间两条公路，对根据地进行“田”字分割，逐步压缩八路军主力的活动范围，摧毁根据地。晋冀豫根据地的军民，在敌人围攻前，破坏了可能被敌人利用的城墙、道路，疏散交通要道附近的民众，发动民众实施空室清野（把家里的财产和田里的农作物收藏起来），组织儿童团放哨站岗，动员民众组成运输队、担架队、情报网，做好同日军进行长期斗争的准备。

97 7月5日，日军占领沁县，打通了白晋公路。6日，占领了武乡。在战役初期，晋东南20多个县城沦陷。八路军与地方游击队一起开展了反扫荡斗争。8月末，日军从许多占领的县城撤退。但是，第二次九路围攻后，邯长公路（邯郸至长治）与白晋公路落入日军控制之下。因此，晋冀豫抗日根据地被分割为太行、太岳两个区域。从此开始，晋冀豫根据地就被分成太行、太岳两个根据地发展。并且，太北和太南也被分割开来。12月，八路军实施了邯长战役。24日，收复黎城。25日，夺回涉县。太北与太南重新合并在一起。①

1938年至1939年间，晋东南抗日根据地在内的太行地区，第一次遭受日军真正的“扫荡”。民众对此是如何认识的呢？不少农民在日军到来前并没有多少恐惧心理，甚至认为日伪政府也只是纳税的对象而已。② 高平（太岳地区）的民众说，“从前说共产党红军杀人放火，其实八路军很好；现在又都说日本怎样厉害，也许日本人来了比八路军更好”③。

但是，“敌人对付民众的残酷，实在是谁也意想不到的”④。并且，日军的残酷引起民众两种反应：一个是愤怒与憎恨。在前面提到的高平县，
98 “血的洗礼后群众觉醒了。目前高平群众参加抗日部队与游击队特别踊跃，我党与八路军在群众中的影响深入了，增强了，一般群众对八路军颇有依

① 太行革命根据地史总编委会：《太行革命根据地史稿》，第60—65页；《太行区党史大事年表》，山西省档案馆编：《太行党史资料汇编》第二卷，第775—776、783页。

② 李秉奎：《太行抗日根据地中共农村党组织研究》，第83—84页。

③ 《晋豫边区党过去三个月工作的总检讨与目前的具体工作》（1938年4月19日），山西省档案馆编：《太行党史资料汇编》第一卷，第187页。

④ 八路军政治部：《粉碎敌人九路围攻晋东南的经过》（1938年5月》，山西省档案馆编：《太行党史资料汇编》第一卷，第203页。

靠的心理”①。1939年11月，根据和顺和辽县的战斗经验来看，晋冀地委书记陶希晋认为，“敌人的行动更凶恶，战斗更残酷，民众对敌人仇恨亦更增加”②。

日军的残酷引起民众另外的一种心理是恐惧和混乱。“由于敌人之残杀奸淫，群众多惊惶失措，尤其豫北恐日病之深造成了混乱的局面。”③“民众普遍存在着信赖八路军的心理，就是说有侥幸太平观念，遇到困难便现出张皇失措。”④“大家总以为敌人的进攻是‘稳扎稳打，逐步前进’，所以一遇到敌人的‘飞跃式的进军’，大家都慌张了……军队仓惶退出平原地，群众四散”⑤。正如后述的那样，1940年秋以后，日军“扫荡作战”更加激烈、更加残虐，这使得民众的“恐日病”和“太平观念”表现更加明显。

面对日军的侵略，民众的反应是很复杂的。日军的残虐行为一方面激起农民“朴素的民族主义感情”，同时压倒性强大的日军也引起农民非常恐惧的心理，农民内心强烈盼望安安稳稳过日子的心理值得给予关注。应该说，这两种相互矛盾的心理，在许多农民内心复杂地混合在一起。要克服农民的恐惧心理和追求安稳的倾向、让他们奋起抵抗日军，需要这样一种政治力量：既注意到农民复杂的心理状况，又能有效地对他们进行说服工作，使他们参与到对日军的战斗中去。共产党是如何面对并处理这一难 99
题的呢？

（三）共产党的扩大

抗日战争爆发时，太行地区的共产党组织基础薄弱，冀豫晋省委直接

---

① 《晋豫边区党过去三个月工作的总检讨与目前的具体工作》（1938年4月19日），山西省档案馆编：《太行党史资料汇编》第一卷，第187页。

② 陶希晋：《和辽战斗的经验教训》，山西省档案馆编：《太行党史资料汇编》第二卷，第63页。译者注：陶希晋应为晋冀地委书记，而非原著所称“晋冀豫地区委员会书记”。参见山西省档案馆编《太行党史资料汇编》第二卷，第789页。

③ 《中共太南特委关于太南工作历史的总检讨》（1938年10月），山西省档案馆编：《太行党史资料汇编》第一卷，第442页。

④ 《中共晋冀豫区委民运干部会议的结论》（1939年4月15日），山西省档案馆编：《太行党史资料汇编》第二卷，第294页。

⑤ 张畔：《我们在战争中锻炼着》（1939年9月），山西省档案馆编：《太行党史资料汇编》第二卷，第547页。

可依靠的党员只有30余人。1938年1月底，在辽县召开活动分子会议时，不过增加到了1000多名党员。① 最初各县委组织成员和新党员主要是，八路军派出做民运工作的红军干部、在国民党统治地区（白区）从事地下工作的党员、在抗日救亡运动的浪潮中新入党的党员（多数来自北平、天津等大城市及东北流亡到关内的学生、教员、职员），过去接受过共产党的宣传与影响的贫雇农、各县的部分进步学生、小学教师等。② 另外，共产党组织扩大的重点放在牺盟会上，牺盟会会员入党的现象很常见。③

1938年3月15日，中共中央做出《关于大量发展党员的决议》。决议认为，“为了担负起扩大与巩固抗日民族统一战线以彻底战胜日本帝国主义的神圣的任务，强大的党的组织是必要的”，但是目前党的组织力量，还远落在党的政治影响之后。“因此大量的十百倍的发展党员，成为党目前迫切与严重的任务”。并且，要求全体党员打破党内在发展党员中关门主义的倾向，“大胆向着积极的工人，雇农，城市中与乡村中革命的青年学生，知识分子，坚决勇敢的下级官兵开门”④。

100 3月中旬，为传达党中央的这个决定，冀豫晋省委召开太行山10个县的区委以上干部会议，决定“大量发展组织成为我党目前严重的任务”⑤。4月，晋豫特委召开活动分子会议，要求基层“猛烈地发展党的组织，平均每县100—150人，五月底完成”⑥。6月，冀豫晋省委提出要求，“到‘八一’的一个半月间再扩大党一倍”⑦。

---

① 《徐子荣在中共晋冀豫区第一次代表大会上的开幕词》（1939年9月），山西省档案馆编：《太行党史资料汇编》第二卷，第469页。

② 王定坤：《太行革命根据地党的建设总述》，太行革命根据地史总编委会：《太行革命根据地史料丛书之二：党的建设》，山西人民出版社1989年版，第5页。

③ 李秉奎：《太行抗日根据地中共农村党组织研究》，第52—57页。随着牺盟会的发展，阎锡山的军政要员对它敌意日益增强。1938年7月，毛泽东和张闻天指示，党组织“在牺盟系统暂停发展”。此后，牺盟会内发展党组织的现象逐渐减少。

④ 《中央关于大量发展党员的决议》（1938年3月15日），中央档案馆编：《中共中央文件选集》第11册，第466—467页。

⑤ 《中共冀豫晋省委建立太行根据地会议报告》（1938年3月20日），山西省档案馆编：《太行党史资料汇编》第一卷，第159页。

⑥ 《晋豫边区党过去三个月工作的总检讨与目前的具体工作》（1938年4月19日），山西省档案馆编：《太行党史资料汇编》第一卷，第192页。

⑦ 冀豫晋省委：《新形势下省委工作的新任务》（1938年6月），山西省档案馆编：《太行党史资料汇编》第一卷，第215页。

这样，整个太行根据地，出现“红色五月”“国难七月”“冲锋九月”等突击式的大发展，并且还出现“集体加入”“全家加入”等形式。武乡县有个村甚至还提出“赤化”全村的口号。① 党组织迅速发展的结果：1938 年 6 月底，晋冀豫区的党员人数发展到一万以上；1939 年 9 月，便飞跃般地增加到 30150 人。② 党组织扩大后，阶级状况、阶层构成都不明确。据有的统计称，贫雇农在其中占据多数。③

那么，农民是出于什么动机参加共产党的呢？李秉奎利用山西省的档案对此给予如下分析：

> 农民入党最直接的影响，是日军的侵略和八路军领导的抗日运
> 动。抗战爆发前，不少农民是缺乏民族意识与国家观念的。有了遭受
> 日军烧杀抢掠的直接体验后，多数农民才产生“抗战则存，不抗战则
> 亡”的感受。此时共产党的抗日呼声才会得到更多的响应。河北省涉
> 县某村，遭到日军九路围攻后，党组织从无到有，党员人数增加到 13
> 人。并且，其中有 6 个人明确承认自己的入党动机是“为了抗日”。
> 但是，在未受到日军侵略直接影响的地区情况有所不同。如以“红五 101
> 月”运动出名的河北省赞皇县，17 名党员中只有一个明确以“抗日”
> 为入党动机。
>
> 除“抗日”的因素外，农民的入党动机还与他们的经济生产、政治生活有关系。在贫困中喘息的农民，从共产党、八路军宣传的减租减息、合理负担等政策感受到政治风向的改变。上述赞皇县的 17 名党员，便有 11 人的入党动机是“为了改善生活”。仅仅以“改善生活”为动机的党员，多是文化程度较低、家庭生活困窘的农民。他们是合理负担政策受益者，出于维护斗争果实的目的，多数在根据地的政治

① 李秉奎：《太行抗日根据地中共农村党组织研究》，第 75—76 页。

② 王定坤：《太行革命根据地党的建设总述》，太行革命根据地史总编委会：《太行革命根据地史料丛书之二：党的建设》，山西人民出版社 1989 年版，第 13 页。

③ 1939 年 9 月，太行区第一次党代会在武乡召开时，有统计显示，贫雇农和工人占据党员总数的 81%。李秉奎认为，由于基层党组织掌握划定无产阶级成分的标准张弛不一，所以有的统计并不准确。李秉奎：《太行抗日根据地中共农村党组织研究》，第 104—105 页。

> 活动中表现积极。另外，在抗战前的农村社会中，旧乡绅和传统精英逐渐没落。不少农村政权已经落入地痞恶棍之手，腐败横行导致基层政权与农民之间的矛盾不断扩大。牺盟会和八路军进入太行地区，对腐败的基层政权进行改造，受到农民的欢迎。一部分农民便出于“感恩”而做出入党的决定。此外，部分人是为了出人头地、“想升官，当领袖”而入党。某农村兄弟数人分别在国、共、日三方各寻一派为依靠，并以此互相援助、“保护自家利益”。①

由此可以看出，农民入党与他们的心理密切相关，在很多情况下，农民入党后也拥有这样的心理。如前言所述，他们只是尚未成为真正共产党员的农民。

1938 年 3 月，党组织迅速扩大的结果是，共产党成为华北一大政治力
102 量。党组织突击式的发展方式也带来很大的混乱，其中最大的问题便是过分偏重党员数量的增加、忽略了党组织质量的要求。

前面提到的党中央《关于大量发展党员的决议》明确提出，不是采用不经审查的拉伕式的办法，新党员的入党必须经过党组织的审查，除工人与雇农以外都需要候补期，严防汉奸、托派分子、阴谋家、投机家混入党内。但是，实际组织发展的过程中却使用了拉伕式的手段，“不注意成分，也没履行入党手续，有的还没有执行候补期”②。“吸收了许多仅仅同情抗日的分子，甚至一些动摇分子、投机分子和奸细分子也混进党内，因此党内成份是很复杂的。”③ 发展党员入党时曾使用，“参加共产党不当兵”，“参加共产党不出负担不支差”，“参加共产党发口粮”等口号。④

党员的水平较低。“有的同志把党看成会门，没有政治觉悟，只以为

---

① 李秉奎：《太行抗日根据地中共农村党组织研究》，第 81—102 页。

② 何英才：《全区党的建设问题》（1938 年 12 月 24 日），山西省档案馆编：《太行党史资料汇编》第一卷，第 506 页。

③ 何英才：《晋冀豫边区巩固党的几个问题》（1940 年 12 月 6 日），山西省档案馆编：《太行党史资料汇编》第三卷，第 801 页。

④ 赖若愚：《目前时期的支部建设问题》（1943 年 9 月），山西省档案馆编：《太行党史资料汇编》第六卷，第 756 页。

党是有势力的。”① “党内的文化水平却很低”，“支干则大都是文盲，能读懂文件的很少”②。“一般党员的教育不够，支部书记不知道六中全会是什么人开的，不知党是什么，问起来乱答”③。

1939年8月25日，中央政治局发出《关于巩固党的决定》。这份文献认为，由于1938年3月15日的决定，“吸收了大批的优秀分子入党，建立了全国的群众性的布尔什维克的党的基础”，同时也承认“在征收新党员的工作中是有严重的错误与缺点存在的”。因此，决定“党的发展一般的 103
应当停止，而以整理紧缩严密和巩固党的组织工作为今后一定时期的中心任务”④。中共晋冀豫区委也发出《关于巩固组织的指示信》，根据党中央的决定，要求“为了巩固党，必须详细慎重地审查党员成分，建立党的无产阶级骨干”⑤。此后，党组织的整理工作正式开始。

最后，从1939年9月10日到28日在武乡东堡村的中共晋冀豫区第一次党代会来看看党内的构成。这次党代会的正式代表135名，其中妇女代表16名。从党龄的情况来看，1年以下的代表6名，1年至1年半的41名，1年半到2年的37名，2年到3年的14名，3年到4年的7名，4年以上的17名（不包括区党委的8名负责人）。从文化程度来看，中小学校程度21名，中学以上程度56名，大学3名，其余49名为文盲或初小以下文化程度。从年龄上看，20岁以下的19名，21至25岁的68名，26至30岁的16名，31至40岁的16名，40岁以上的仅有3名。绝大多数是根据地成立后入党的青年。这是极年轻的党组织。⑥ 另外，大会选出的区党委

① 《李雪峰在中共晋冀特委扩大会议上的总结》（1938年7月），山西省档案馆编：《太行党史资料汇编》第一卷，第286页。

② 党夫：《论一个县党的教育训练和学习工作》（1939年6月），太行革命根据地史总编委会：《太行革命根据地史料丛书之二：党的建设》，山西人民出版社1989年版，第169页。

③ 《杨尚昆在中共晋冀豫区第一次代表大会上的政治报告》（1939年9月11日—13日），山西省档案馆编：《太行党史资料汇编》第二卷，第481页。

④ 《中央政治局关于巩固党的决定》（1939年8月25日），中央档案馆编：《中共中央文件选集》第12册，中共中央党校出版社1991年版，第155—156页。

⑤ 《中共晋冀豫区委关于巩固组织的指示信》（1939年11月2日），山西省档案馆编：《太行党史资料汇编》第二卷，第685—688页。

⑥ 李雪峰：《李雪峰回忆录（上）——太行十年》，中共党史出版社1998年版，第75页。

委员 21 名，其中有区党委书记李雪峰①。并且，还有一名妇女委员。

104

（四）民众运动与民众组织

1939 年 3 月，晋冀豫区委民运部对以前的群众工作进行总结时指出，“山西第三行政区的进步，对群众运动大大地开放”，“第五、七行政区对群众运动也不像以前那样的抑压；同时，很多的县旧的腐败县长被淘汰，换上了牺盟新的先进的县长”。在这个时期，群众参加八路军和游击队的建设工作有进步，但是一般的群众是没有组织起来。九路围攻被击退后，是本区的群众广泛普遍地建立自己的组织并要求统一的阶段。1938 年 9 月，晋冀豫区委决定，以行政区为单位统一群众团体的领导。并且，同年 11 月八路军总部、129 师、晋冀豫区委联合召开主要干部会议后，决定将全区的群众运动统一起来，每个行政区的农民救国会、工人联合会、青年救国联合会等团体相继建立起来。②

1939 年元旦前后，晋东南沁县召开的拥蒋大会，使得晋冀豫区统一群

① 中共山西省委组织部、中共山西省委党史研究室、山西省档案局：《中国共产党山西省组织史资料（1924 年夏—1949 年 9 月）》，山西人民出版社 1994 年版，第 503 页。这次大会选出的区党委书记李雪峰和以后在太行区党内担任重要职务的赖若愚的经历介绍如下。李雪峰（1907—2003 年），生于山西省永济县比较富裕的家庭。1931 年，考入山西大学教育学院。1933 年 10 月，加入共产党。1935 年，受阎锡山镇压而避难于北平。1937 年，返回山西省。1938 年 3 月，担任中共冀豫晋省委书记。8 月，任晋冀豫区委书记。1943 年 10 月，任太行区党委书记。长期在太行根据地担任共产党的领导人。国共内战时期，任中原区副书记、河南省委书记。中华人民共和国成立后，任第八届中央委员、中央书记处书记。1966 年 5 月，彭真被撤去北京市长职务后，任北京市党委第一书记、河北省革命委员会主任。党的第九届中央政治局候补委员。但是，1971 年林彪事件后下台。1983 年复出，任中央顾问委员会委员。赖若愚（1910—1958 年），出生于山西省五台县经营店铺的富裕人家。1928 年考入北京大学。1929 年入党。抗日战争爆发后，任太行二地委党委书记（1940 年 1 月至 1943 年 3 月）、太行区党委组织部长（1943 年 10 月—1945 年 8 月）。1947 年 7 月，任太行区党委书记。1950 年 9 月，任山西省委书记。1951 年 2 月，任山西省人民政府主席。1953 年 5 月，任中华全国总工会主席（李雪峰：《李雪峰回忆录（上）——太行十年》，中共党史出版社 1998 年版；中共党史人物研究会编：《中共党史人物传》第 33 卷“赖若愚”，1987 年；中共山西省委组织部、中共山西省委党史研究室、山西省档案局：《中国共产党山西省组织史资料（1924 年夏—1949 年 9 月）》，山西人民出版社 1994 年版，第 501、502、564、565 页）。根据这两位典型人物的经历可以看出，太行根据地党委的领导人都是由太行地区外面受高等教育且党龄较长的知识分子组成的。

② 区委民运部：《晋冀豫区群运工作总结报告》（1939 年 3 月 16 日），山西省档案馆编：《太行党史资料汇编》第二卷，第 184—188 页。

众组织的工作得到进一步发展。① 2 月 7 日，晋东南各业工人救国联合总会首先成立，会员 17 万余人。3 月 8 日，晋东南妇女救国联合总会成立，会员 10 万余人。17 日，晋东南农民救国联合总会成立，会员 82.3 万余人。18 日，晋东南青年救国联合总会成立，会员 11.2 万余人。31 日，晋东南各界救国联合总会成立。这些群众团体领导的组织包括整个晋冀豫区，但是因为以晋东南为中心区，所以都以“晋东南”来命名。②

晋东南各界救国联合总会的工作纲领中，明确写有拥护国民政府、蒋介石委员长、阎锡山司令，实行三民主义等内容。这是巩固统一战线、加 105
强稳健意识的表现。同时在改善人民生活的方面，有执行合理负担、减租减息等内容，这些都是根据阎锡山 1937 年 11 月公布的民族革命十大纲领而制定的。③

4 月，朱瑞在报告中指出，群众组织迅速扩大，“总计晋东南已有 250 万有组织的群众，就是说晋东南 800 万群众中已有三分之一组织起来”，他自豪地称这是群众组织化的成果。④ 如果这些都是事实的话，群众的组织化无疑是极高的。

根据前述区委民运部的总结报告可以看出，农民救国会截至 1939 年 3 月的实际情况是，“全区的农救大部分是自上而下组织起来的”，“晋东南各县农救会是由政府下命令组织起来”，“在冀西，农救会是在广大群众热烈的拥护与选举下产生的”，“豫北由于政权压制群众运动，自下而上地成立起来，但数量太少”。“一般的农救会都没有小组生活”，“一般农民干部都有很浓厚的农民意识，并且日益腐化，认为他们现在是做官了”，“一般

① 拥蒋大会，是 1938 年底汪精卫投降日军附逆、脱离抗日阵营后，为加强抗日民族统一战线而召开的。参加大会的有晋东南 40 余县的 370 多名代表，薄一波担任大会主席，大会历时一个星期的时间。元旦时，组织了三万余人参加拥蒋群众大会。《太行党史大事年表》，山西省档案馆编：《太行党史资料汇编》第二卷，第 765—766 页。

② 太行革命根据地史总编委会：《太行革命根据地史稿》，山西人民出版社 1987 年版，第 51 页；区委民运部：《晋冀豫区群运工作总结报告》（1939 年 3 月 16 日），山西省档案馆编：《太行党史资料汇编》第二卷，第 190 页。

③ 《晋东南各界救国联合会工作纲领》，《新华日报》（华北版），1939 年 4 月 9 日第 4 版。

④ 朱瑞：《论晋东南的群众工作》（1939 年 4 月），山西省档案馆编：《太行党史资料汇编》第二卷，第 243 页。

的农救会只知道争取民主、改善生活，而对于参战问题漠不关心”①。

两年后的1941年6月，农救总会对当时的农民组织问题进行总结时指出，农会是按行政命令组织起来的，“当时会员虽有几十万，但只是空架
106 子，真的会员是很少的，只做一般的抗战动员工作，没有注意农会本身的组织工作”②。青年、妇女的群体组织情况，与农民的组织情况基本相同。比如青年救国会就有如下的问题，“一般的都是不健全的，没有组织生活，没有组织制度”，第七行政区“会员多数不是自愿地参加，而是（按）户口登记的”。“组织是很庞大，但是‘空虚’……会员不知青救是干什么的”，（有）“上动下不动的严重现象”，过去工作“由于单纯的自上而下的发展，因而形成了一种上下不接气、上动下不动的非常严重的现象，即是工作还不深入不巩固，形式表面不实际，下层就无所活动，即等于‘空架子’。”③

类似这样的群众组织有什么缺陷呢？朱瑞举出群众组织化程度较高的数字后认为，群众工作是自上到下做起来的，因此，工作中有些官办性、群众团体党化与军事化的倾向有相当成分。这些缺点出现的根源主要有以下四点：第一，群众运动是在军事的掩护与保证之下开展起来的，所以群众对军队尊重和模仿。第二，晋东南工作的开辟是开始于很多部队的“干队”，所以把军队的一切好处坏处都拿来用在群众团体里。第三，中国社会的不民主（政府与群众、军队与人民、妻子与丈夫、父母与儿子）反映到群众工作中来。第四，中国传统的等级与官僚政治反映到群众团体中来，而形成官架子、官僚腐化等现象。④

---

① 区委民运部：《晋冀豫区群运工作总结报告》（1939年3月16日），山西省档案馆编：《太行党史资料汇编》第二卷，第208—211页。

② 《晋冀豫区农救总会二年来工作材料》（1941年6月），山西省档案馆编：《太行党史资料汇编》第四卷，第445页。

③ 区委民运部：《晋冀豫区群运工作总结报告》（1939年3月16日），山西省档案馆编：《太行党史资料汇编》第二卷，第212页；《半年来晋冀豫边的青年工作》（1939年），山西省档案馆编：《太行党史资料汇编》第二卷，第399页；申芝兰：《青年工作与党的领导》（1939年9月），山西省档案馆编：《太行党史资料汇编》第二卷，第528页。

④ 朱瑞：《论晋东南的群众工作》（1939年4月），山西省档案馆编：《太行党史资料汇编》第二卷，第248—250页。朱瑞认为，这些主要与外来干部较多、苏维埃时代经验的机械照搬有关。同时还因为，群众工作的领导者大多数是青年知识分子，存在“有时过激兴奋至发狂，有时消极动摇”的不足。

在传统农村社会的环境中，在激烈的抗日斗争过程中，组织农民、发动农民是极为困难的工作。这是共产党在抗日根据地必须面对的沉重课题之一。

从抗日战争爆发到1939年上半年间，既是抗日民族统一战线出现矛盾 107
的时期，也是群众运动主要处于基本维持的时期。这个时期的群众运动有什么样的内容呢？1938年5月以后，各地纷纷发生的群众运动，主要内容是反贪污、反摊派（实行合理负担）、改造政权的群众斗争。① 减租减息法令虽然颁布，但是并没有在根据地内真正实行，只是停留在宣传上。②

首先，介绍晋东南改造旧政权的情况。当地改换县长主要有以下三种情况：第一种，是旧县长在日军进攻前就逃亡的了。三专署报请阎锡山任命牺盟会的干部充任县长；第二种，是旧县长虽在，但抗日不积极，牺盟会根据阎锡山“制裁坏官、坏绅、坏人”的口号，发动群众向阎锡山告状，撤换旧县长，任命新县长。第三种，是牺盟会根据群众的要求，呈报三专署，撤掉反动县长，选任牺盟会的干部代替。③

武乡县各级政权的改造，在晋东南是比较典型的。当地村政权的改造，是从1938年春开始的。全县48个编村村长，都是旧政府委派的，所以他们对待抗日救国的态度不一样。村长中，有共产党员先进知识分子，但大部分是地主阶级上层人物，还有少数的反共顽固分子。对于有劣迹、民愤大的村长，发动群众向县政府控告和请愿。④

例如，土河编村的村长、两个副村长，多次阻挠群众大会召开，不执 108
行合理负担和减租减息的新法令，平时不干正事。1939年8月，群众把他们扣押在村公所，民选村长。20日，群众大会上对他们进行公开审判，决定将他们送县政府依法处理。⑤

---

① 《太行区社会经济调查（第一集）》（1944年8月），晋冀鲁豫边区财政经济史编辑组，山西、河北、山东、河南省档案馆：《抗日战争时期晋冀鲁豫边区财政经济史资料选编》第二辑，中国财政经济出版社1990年版，第1347页；太行革命根据地史总编委会：《太行革命根据地史稿》，山西人民出版社1987年版，第53页。

② 李雪峰：《李雪峰回忆录（上）——太行十年》，中共党史出版社1998年版，第69页。

③ 太行革命根据地史总编委会：《太行革命根据地史稿》，山西人民出版社1987年版，第45页。

④ 山西省武乡县县志编纂委员会编：《武乡县志》，山西人民出版社1986年版，第285页；太行革命根据地史总编委会：《太行革命根据地史稿》，山西人民出版社1987年版，第45—46页。

⑤ 《武乡土河编村全体村民开会公审坏村长副》，《新华日报》（华北版），1939年8月23日第1版。

1939年4月，山西省第三、五区的民选村长已达二分之一。晋冀豫区委对这样结果并不满意。晋冀豫区委民运部长彭涛认为，“这是中国政治上的大改革……民选村长大部与反贪污斗争相联系”，但是“从民选村长运动，表现出地主豪绅对政权阵地的坚持，农民群众对政权的忽视。新选出的村长多因得不到群众的支持，负不起责任来，或只选同志当村长，非同志故意借故改选”①。同时，区委民运干部会议上也提出，村政权没有进行真正的改革，因此没有基本的变化，“群众团体与村政会只成为村长的帮差听候驱遣，就是进步分子做了村长时情况也是差不多”②。

那么，什么阶层的人才能成为村长、村干部呢？武乡县“不少世代受剥削、受压迫的长工、羊工、矿工（其中多数是共产党员）被选为村长”③。但是，1940年1月至1943年10月担任区党委组织部长的徐子荣认为，“中农、游民、富农、个别地主出身的成分，在支部内占着很大数量，而且当村干部也是这些成分占多数，有些村完全是这些人当了干部，贫
109 农、雇工也吸收了一批，但很多是不积极不起作用”④。李秉奎也认为，发动普通农民反对旧政权是非常困难的，敢于同县长、区长理论的往往是富裕中农或富农。合理负担和政权改造，往往使他们成为掌权者。武乡县的事例如果是事实的话，也是例外。这个时期的农村政权应该主要还是掌握在中农、富农的手中。李秉奎认为，“所谓的‘贫农政权’，尚需群众运动的再次发动才能最终实现”⑤。

其次，来看看群众运动的内容。减租减息政策，是抗日战争时期共产党主要的社会政策。但是，在这一阶段，“群众中并无热烈的响应，群众对减租减息尚没有深刻的了解”。另外，“合理负担的执行，减轻了广大农

---

① 彭涛：《十七个月群众工作的基本总结》（1939年4月），山西省档案馆编：《太行党史资料汇编》第二卷，第257—258页。

② 《中共晋冀豫区委民运干部会议的结论》（1939年4月15日），山西省档案馆编：《太行党史资料汇编》第二卷，第277页。

③ 山西省武乡县县志编纂委员会编：《武乡县志》，山西人民出版社1986年版，第286页；太行革命根据地史总编委会：《太行革命根据地史稿》，第46页。

④ 徐子荣：《关于八个县的支部工作》（1942年8月30日），太行革命根据地史总编委会：《太行革命根据地史料丛书之二：党的建设》，山西人民出版社1989年版，第238页。

⑤ 李秉奎：《太行抗日根据地中共农村党组织研究》，第173—174页。

民的痛苦，成为开展农会工作的主要因素”①。“抗战前，农村负担的粮款，是按地亩摊派的。地主占有一等好地和农民占有三等坏地平衡摊派粮款，实际上是将负担转嫁到了广大贫苦农民身上。”因此，“有钱出钱、有粮出粮、有力出力”的合理负担政策，减轻了群众的负担，大大提高了他们的抗日积极性。②

1939年8月17日，武乡县的韩壁编村召开村干部会议，决定在合理负担的基础上重新提出新的负担办法，建立有村长、农会代表、牺盟会协助员参加的合理负担审查委员会。审查委员会用了8天提出审查的标准和 110
办法，根据农救会提供的各户名单进行讨论，然后再经入村调查等步骤进行再次审查。24日下午，召开500余人参加的群众大会，大会一致热烈讨论之后，正式通过合理负担名单，并且设置1个月的再审查期限。③韩壁编村决定合理负担的办法，被认为是一个模范典型。一般来说，在成立农会的地方，共产党组织通过群众团体对村中的负担进行“举拳头”式的表决。在没有成立群众组织的地方，则主要由党组织支持的村政权决定，其方式或许更加粗放。④

最后，再看看抗战初期到1939年间的兵役动员与群众武装组织。与日军的扫荡进行斗争、扩大发展根据地，要求共产党必须动员群众、强化军事力量，这是跟发展党组织一样紧急的重要任务。

共产党在太行根据地保有的军事武装主要有两种，一种是以作战为主要任务的八路军，另一种是配合八路军作战的游击队、自卫队和基干队。其中，太行根据地的八路军的征兵方式主要有以下三种。第一种，是由八路军派出的政治工作人员及活动分子组成的“扩兵队”及地方工作队征兵。第二种，是由牺盟会和八路军组成的第二战区民族革命战争战地总动员委员会（动委会）出面动员。第三种，是由共产党的农村支部动员青壮年参军。1938年至1939年间，太行根据地党的组织基本建立起来，党员 111

① 彭涛：《十七个月群众工作的基本总结》（1939年4月），山西省档案馆编：《太行党史资料汇编》第二卷，第259页。

② 魏宏运主编：《二十世纪三四十年代太行山地区社会调查与研究》，第51—52页。

③ 《武乡韩壁编村全体村民开会公审坏村长副》，《新华日报》（华北版），1939年8月29日第1版。

④ 李秉奎：《太行抗日根据地中共农村党组织研究》，第137—138页。

人数大量增加，兵役动员的任务开始由地方党组织来承担。①

八路军纪律严明、军民关系融洽，赢得农民的普遍信任。因此，很多农村青年抱着“崇拜八路军”的思想参军。同时，对于贫困的农民来说，参军可以解决生活问题。但是，动员群众参加八路军并不是一件容易的事情。群众中存在着“好男不当兵”的传统观念，害怕同日军作战。② 一般农村青年，都有乡土观念，不愿意远离故乡。还有的地方，青年人担心参军后家庭缺乏劳力、担心婚变或妻子与人私通。在这种情况下，动员参军的任务对于基层党组织来说是一件很大的负担。并且，大量发展党员与动员参军工作同时进行，这在农民中引起“入党就是参军”的误解。由于强制拉壮丁征兵方式还存在，给动员新兵工作造成极大困难。③ 甚至有些地区出现“入党便不用参军”的现象。④ 李秉奎认为，党员参军的积极性并不比农民高，根本原因在于入党时间不长的农民未实现从“农民”到“党员”的转换。可以说，这准确地反映出当时“农民”与“党员”的关系。

112 为克服这些困难，根据地实施抗日宣传、慰劳战士、优待抗属（士兵的家人）等政策。比如没收汉奸的土地财产分配给抗属，组织代耕队帮助抗属耕种收获，减免抗属应承担的赋税，在各种庆祝会、纪念会上对抗属进行表彰，组织妇女制作慰劳品赠送士兵等。对部分青壮年担心参军后妻子离婚或与人私通，根据地采取保证军人婚姻及严惩与抗属私通的办法免除参军者的顾虑。这一政策执行后，促进了参军运动的顺利发展。

在地方性群众武装组织中，每个县都有基干游击队，县以下每个区都设有游击支队。这些都是属于脱离生产的组织。乡或编村以下不脱离生产的游击小组和45岁以下的壮丁组织为自卫队。⑤ 但是，这个时期，地方性

---

① 李秉奎：《太行抗日根据地中共农村党组织研究》，第127—129页。以下关于这一时期兵员动员的内容，除特别标记的部分外，都是引自该书的第127—135页。

② 杨尚昆指出，“每一个象样的战斗，都会牺牲一二百人”，“某些县份有几千人逃亡回来”。参见《杨尚昆在中共晋冀豫区第一次代表大会上的政治报告》（1939年9月11日—13日），山西省档案馆编：《太行党史资料汇编》第二卷，第478页。

③ 邓小平：《动员新兵及新兵政治工作》（1938年1月12日），《邓小平文选》第一卷，第2页。

④ 《中共晋冀豫区委第一次组联会议总结》（1939年3月），山西省档案馆编：《太行党史资料汇编》第二卷，第127页。

⑤ 《中共晋冀豫区委军事部关于武装工作的决定与指示》（1938年9月4日），山西省档案馆编：《太行党史资料汇编》第一卷，第370—371页。

的武装组织还不健全。八路军在牺盟会、山西新军等强固统一战线组织存在的山西省，直接训练、加强游击队会被认为并不妥当。①

第二节　民众运动的激进化及其被纠正

（一）同阎锡山的对立

1939年3月25日至4月22日，阎锡山在陕西省宜川县秋林镇召开军政民高级干部会议，这是他正式采取反共攻势的开始。

1939年1月，国民党五届五中全会召开，秘密通过《限制异党活动办 113
法》《异党问题处理办法》等文件，制定了反共的方针。秋林会议便是以国民党上述方针为背景的。秋林会议上提出，在专员公署上增设省政府行署，旨在削弱共产党、牺盟会对专员公署的影响。同时，取消新军的政治委员制度，改称旅团后直接受阎锡山指挥，缩小专员的权限、不再拥有任命县长的直接权力，决定民族革命同志会为指挥军政民的最高领导机构。②

这些决定逐步实施后，阎锡山方面同牺盟会、新军乃至共产党的对立加深了。表面上被取消的政治委员制度实际上仍在沿用，纵队仍同以前一样管理。但是，旧军的军官被派遣到新军来确是一种障碍。同时，阎锡山还将山西省分成四个行政行署，其主任都由阎锡山嫡系的高级军官担任。在牺盟会组织发达的晋东南第三、五专区，设立孙楚担任主任职务的第三行署，更换牺盟会系的县长。结果造成许多县出现阎锡山系、牺盟会系的县长同时并存。针对阎锡山方面的进攻，牺盟会方面大力开展“反顽固分子斗争”。

共产党为应对阎锡山的右转，提出一方面坚持山西抗战、加强山西省内的团结和统一，另一方面对阎锡山的进攻给予反击。进入10月后，形势更加紧张，中共北方局发出《关于在山西开展反逆流斗争的指示》，指出
“山西形势继续逆转，必须有适当的斗争才能克服这一危机”，山西上层分 114

① 内田知行：「犠牲救国同盟会と山西新軍」，宍戸寛ほか：『中国八路軍　新四軍史』，河出書房新社，1989年，第262頁。

② 本小节除特别标记的部分外，主要引自内田知行：「犠牲救国同盟会と山西新軍」，宍戸寛ほか：『中国八路軍新四軍史』，河出書房新社，1989年。

子反民主、反进步、反共、反八路军的情况是“投降妥协的准备”。指示要求“为克服山西投降危机，动员与团结进步力量”①。

11 月，山西省紧张的局势到了一触即发的状态。中旬，新军内部的旧派军人发生叛乱。12 月 3 日，位于晋西南的阎锡山军队开始对新军决死第二纵队展开包围进攻。三个县的县政府、牺盟会、群众团体受到攻击。十二月事变（新军事变）发生。中下旬，沁水、阳城、晋城、高平、长治、陵川、壶关的县政府被捣毁，共产党员和进步分子近 400 人被屠杀，1000 余人被绑架。② 在阎锡山军队的攻击下，第三专区活动的第一纵队，把损失降低到最小限度。但一直在第五专区活动的第三纵队，遭受很大损失。

1940 年 1 月，十二月事变基本结束。4 月 4 日，阎锡山和共产党之间正式缔结停止武装冲突的协定，规定了彼此在晋西南的活动范围。3 月中旬，八路军总司令部与国民政府第一区司令长官卫立煌议定，以临屯公路（临汾到屯留）、长治、平顺、磁县（河北省）一线为界，该线以北为八路军部队驻防区，该线以南为国民党军驻防区。八路军从太南、晋豫地区的陵川、林县、长治、壶关、高平、晋城、阳城及豫北退出。③

十二月事变，极大地改变了牺盟会与新军的命运。6 月 1 日，牺盟总
115 会在晋东南的黎城重新开始活动，但只是一个普通的群众组织。一年左右，它的活动就结束了。事变后，新军重新改组，成为接受八路军指挥的军队。象征着山西省统一战线的牺牲救国同盟会与山西新军，从此退出历史舞台。此后，以太行根据地为首的山西抗日根据地，开始完全接受共产党与八路军的领导。

（二）反逆流斗争

与阎锡山对立的加深，特别是十二月事变发生后，山西抗日根据地出现了激烈的反逆流斗争。1939 年 9 月以后，太行根据地的农民运动活跃起来，展开对顽固分子的斗争。十二月事变发生后，反顽固分子的群众运动

---

① 《中共北方局关于在山西开展反逆流斗争的指示》，山西省档案馆编：《太行党史资料汇编》第二卷，第 617—618 页。根据《太行党史资料汇编》第二卷的注释来看，这个指示的时间大约为 1939 年 9 月底到 10 月初。

② 太行革命根据地史总编委会：《太行革命根据地史稿》，山西人民出版社 1987 年版，第 77 页。

③ 太行革命根据地史总编委会：《太行革命根据地史稿》，第 82 页。

出现了过激化倾向。

农救总会对其中的缺点进行总结时指出，这一时期群众运动“反顽固分子无对象，一般化”，“利用行政力量取得斗争胜利”，斗争的方式是打锣开会——临时动议——打骂捆罚——戴高帽子游街等老一套。① 阎锡山组织的精建会（精神建设委员会）、敌工团（敌区工作团）有枪毙了的，有赶跑了的。村里的顽固分子，也有打死的和打垮的。② 结果，“引起根据地人民的恐慌不安，特别是上层分子感觉到人权的没有保障，逃亡敌占区，形成根据地混乱现象”③。在武乡，“开大会就打人、捆人”，“群众怕 116
开大会，使许多中间层吓跑，富人都觉得不安，只在怨天尤人”④。

山西激烈的反顽固斗争，对农村的社会关系、土地所有关系带来相当大的变动。地主、高利贷、富农受到很大打击。当时，农业实物税额（公粮）相当高，合理负担斗争的结果使得负担者一般只占全部户数的30%。黎城县100余户的村子，负担者只有4户。榆社某村3户地主，却要负担全村负担的67%，其中一户地主的负担占其收入的130%。辽县某大地主年收入100石，负担却达400石。没有地主的村子，富农就会吃很大的亏。有些地方，富裕中农也有吃亏的。十二月事变发生后，时局动荡，停租停息现象是更普遍了。地主、富农纷纷分家典地，或是捐出土地让农民耕种，也有一些烧土地文书以示开明的。1938年至1940年4月，关于土地变动状况的调查（辽县、沙河、武乡三县13个村）显示，富农土地的削弱大于地主，特别是卖地的比地主还多。另外，典地占土地变动的一半以上。并且，分配公地（汉奸的土地、无主土地、社地）大大地兴奋了贫穷农民，有不少人成分因此上升的。黎城某村，汉奸的土地占公地的比例达

---

① 《晋冀豫区农救总会二年来工作材料》（1941年6月），山西省档案馆编：《太行党史资料汇编》第四卷，第381—382页。

② 《池必卿同志谈太行群众运动》（1986年7月22日），太行革命根据地史总编委会：《太行革命根据地史料丛书之七：群众运动》，山西人民出版社1989年版，第266页。

③ 《晋冀豫区农救总会二年来工作材料》（1941年6月），山西省档案馆编：《太行党史资料汇编》第四卷，第383页。

④ 温建平：《武乡实验县首次活动分子动员大会总结》（1940年4月25日），山西省档案馆编：《太行党史资料汇编》第三卷，第264页。

95%。[1] 被称为汉奸者，可能有很多是顽固分子却列为汉奸。[2]

那么，这个时期积极参加群众运动的都是由什么阶级、阶层的人组成
117 的呢？徐子荣对党组织大发展时期（1937 年至 1940 年）的群众运动有如下的总结：

> 开始参加斗争的多是中农、小知识分子、游民和封建派别斗争中的活动分子（不当权的地主、富农），贫农及雇农和比较老实的中农很少参加，或跟着走不积极……参加斗争的成分曾是这样复杂的，当时的斗争就很难掌握，领导上也掌握的不够，因此斗争的方式很多是不好的，干部包办斗争，蛮干、举拳头、简单的打击；很多带着宗派性，有的斗争带着个人或派别的报复成分在内，斗争获得的胜利果实，分配不公，党员多群众少，干部多普通党员少，这些地方群众很不满意。[3]

徐子荣的总结，是从抗日战争到 1940 年上半年的全面情况。不过，通过前面提到的农救总会与武乡县的史料来看，徐子荣批评群众运动中出现的问题应该是在反逆流斗争中表现最为明显的。

值得注意的是，该时期群众运动存在的游民[4]。徐子荣提到农村支部中无业游民的比例不容忽视。辽县有“流氓分子把持支部”的现象。平顺某支部 6 个党员中，4 个人是赌钱的。另一支部，初入党的是卖料面的。

---

① 《太行区社会经济调查（第一集）》（1944 年 8 月），晋冀鲁豫边区财政经济史编辑组，山西、河北、山东、河南省档案馆：《抗日战争时期晋冀鲁豫边区财政经济史资料选编》第二辑，中国财政经济出版社 1990 年版，第 1364—1366 页。

② 冀南某些地方，顽固分子被视为汉奸，还有把“富农、地主、顽固分子、汉奸”看作“四位一体”的。参见杨尚昆《根据地建设中的几个问题》（1940 年 10 月 3 日），晋冀鲁豫边区财政经济史编辑组，山西、河北、山东、河南省档案馆：《抗日战争时期晋冀鲁豫边区财政经济史资料选编》第一辑，中国财政经济出版社 1990 年版，第 139 页。

③ 徐子荣：《关于八个县的支部工作》（1942 年 8 月 30 日），太行革命根据地史总编委会：《太行革命根据地史料丛书之二：党的建设》，第 237—238 页。

④ 原文使用的日语“遊民”，来自汉语中的“游民”和“流氓”。“流氓”，“原来是指没有职业的游民。后来指没有正经工作、专干坏事的人”。（『中国語大辞典』，角川書店，1993 年，上 1953 頁）一般翻译成日语，“ごろつき（流氓）”“与太者（懒汉）”“無頼漢（无赖）”等。该时期的资料中，未必是指“ごろつき（流氓）”这样否定性的人物，本书中主要是指“没有职业的游民”。

赞皇的一个村支部，村长和支书均为流氓分子。①

田原史起研究革命根据地苏维埃政权时发现，其中起核心作用的“不是纯粹的农民，而是不务正业的流氓”。全国政权建立后的“农民协会” 118
仍有类似倾向。比如，农村领导人不可缺少的条件之一是在集会那样的场合发言，一般忠诚老实的农民难以做到。能言善辩且拥有“流氓气质”的人充当领导的现象却有很多。②

同样，这个时期农村的群众运动中，“勇敢分子”作为活跃的无业游民，是和中农、小知识分子一起冲在运动前面的。正派农民不敢参加，要观望。③ 游民的破坏性，是导致运动过激化的重要原因之一。

（三）政策的转换

1940年4月11日至26日，中共北方局在黎城县召开冀南、太行、太岳根据地高级干部会议。所谓的“黎城会议”，成为太行根据地政策转换的出发点。主持会议的北方局书记杨尚昆，对毛泽东“发展进步势力、争取中间势力、反对顽固势力”的抗日统一战线方针④在华北抗日根据地的运用做了具体说明，并且提出“建军、建党、建政”是今后华北党组织的

---

① 徐子荣：《关于八个县的支部工作》（1942年8月30日），太行革命根据地史总编委会：《太行革命根据地史料丛书之二：党的建设》，第238页。

② 田原史起：『二十世紀中国の革命と農村』，山川出版社，2008年，第38—42頁。

③ 1937年10月，刘少奇反对山西农会章程中加入“防止流氓混入农会”一条。并且补充道：“流氓，是一种勇敢分子。农民运动在开始时候，正派农民不敢参加，要观望。就是勇敢分子参加”，“他们的流氓习气是可以在运动中改造好的。实在改造不好的，等农民运动起来时再淘汰他们也不迟。”李秉奎：《太行抗日根据地中共农村党组织研究》，第116页。

④ 《目前抗日统一战线中的策略问题》（1940年3月11日），《毛泽东选集》第二卷。1940年3月，中共中央指示各地，山西、河北的反摩擦斗争告一段落，将顽固派当作汉奸批判会失去中间派的同情，反而有利于顽固派对统一战线的干扰。所以指示改正过去那样的“左”倾错误。（丸田孝志：「抗日戦争期における中国共産党の鋤奸政策」，『史学研究』第199号1993年版，第91頁。译者：1940年3月5日，毛泽东、王稼祥在给彭德怀的电报中指出：“如果我们军事反攻在主要地区没有一时期的停止，虽然我们军事行动的性质仍是自卫性质，但在中间派看来，会觉得我们过激过分，而有可能失去中间派的同情，所以不论对巩固自己力量说来，在对争取中间派同情说来，都有使双方军事斗争暂时告一段落之必要。”《毛泽东、王稼祥关于争取对内和平、巩固已得阵地的方针与具体步骤给彭德怀电》（1940年3月5日），《中共中央文件选集》第12册，第319页）

主要任务。①

黎城会议做出最重要的决定之一，是从反逆流斗争中恢复社会秩序。
119 4月23日，晋冀豫区党委发出《关于执行保障人权法令的紧急通知》。指示的内容如下：

> 最近各地不断发生乱捕人杀人的严重现象。个别地区甚至采取狭隘的报复手段，草菅人命，实行恐怖行为，引起社会上一些人士的不安，予群众以极坏的影响。这是直接破坏我抗日根据地的秩序，对根据地的巩固以莫大的损害。……政府已有法令，禁止随便捕人杀人行为，县政府不经专员公署批准没有杀人权，区村政府没有捕人权。根据地内任何人，没有破坏行为——不满意我党或批评我军、批评政府，而无真正破坏行为，没有确实证据者，不能逮捕。各地应立即根据此紧急通知检查、纠正，并保证政府的这一法令的迅速实现。②

5月2日，山西三区专员公署公布的《保障人民权利暂行条例》提出，人民除汉奸外皆有居住、行动之自由权，均有抗日的言论、出版、集会、结社、信仰的自由权。除区党委紧急通知中规定县政府、区村政府没有处罚权和逮捕权之外，军队和群众团体均无逮捕权，亦不得假借任何名义擅行拷打、捆绑、审讯、处罚。③

黎城会议决定实施的另一项重要的政治改革，是成立冀南、太行、太岳行政联合办事处（简称冀太联办），并由它实施各项政策。十二月事变
120 后，山西省原来的行政机构失去存在的意义。因此，黎城会议后，北方局决定统一太行、太岳、冀南三个行政区。8月1日，冀南行政主任公署与山西省第三、第五行政专员公署签署协议，决定在处于山西、河北、河南三省交界的涉县成立冀太联办（主任为杨秀峰，副主任为薄一波、戎子

---

① 《杨尚昆在中共中央北方局黎城会议上的报告》（1940年4月16日），山西省档案馆编：《太行党史资料汇编》第三卷，第196、220页。薄一波称，黎城会议是党中央、北方局为实现冀南、太行、太岳根据地统一，纠正十二月事变后的“左”倾政策（认为根据地的抗日民族统一战线政权已改变为工农小资产阶级政权）而召开的。（参见薄一波《七十年奋斗与思考》，中共党史出版社1996年版，第301—302页）

② 《中共晋冀豫区党委关于执行保障人权法令的紧急通知》（1940年4月23日），山西省档案馆编：《太行党史资料汇编》第三卷，第258—259页。

③ 《保障人民权力暂行条例》，《新华日报》（华北版），1940年5月17日第1版。

和）。冀太联办下辖 15 个专区、115 个县。其中太行区下辖 5 个专区、36 个县。① 于是从阎锡山管辖范围内独立出来、横跨三个行政区的最高领导机关成立了。

冀太联办“本革命的三民主义，抗战建国纲领，民族革命十大纲领之原则，暨抗日民族统一战线之方针，根据敌后抗日根据地之本区具体环境”，公布《冀南太行太岳联合办事处施政纲领》。② 根据 1940 年 9 月北方局在高级干部会议上提出的建设根据地的各项基本政策，冀太联办制定和颁布了《修正合理负担征收款项实施条令》《征收救国公粮暂行办法》《人民武装组织条例》《劳工保护条例》《优待抗日军人家属条例》《荣誉军人抚恤条例》和《军事支差条例》等单行法规，并公布了《土地使用条例草案》《婚姻暂行条例》等法案。③

其中，《修正合理负担征收款项实施条令》，按党中央关于“负担而不少于总户数百分之八十，征收不超过个人全年收入百分之三十”的规定，决定采用累进税的办法进行征收。也就是说，改变了过去由地主、富农承担过多负担的不合理负担方法，极贫穷的农民除外，让贫农、中农同样都要承担相应的赋税负担。这个新的负担政策和人权保障政策，在当时都被 121
称为“新政策”。④

这个时期，在晋冀豫区开始还有一个重要改革，这就是共产党组织的大规模整顿。4 月 1 日，晋冀豫区党委召开第二次组织联席会议。根据黎城会议上关于党的建设的决议，讨论了党的组织整顿问题。11 日，中共晋冀豫区党委发出《一九四〇年整党计划》。⑤

---

① 《冀南太行太岳成立行政联合办事处》，《新华日报》（华北版），1940 年 8 月 11 日第 1 版；太行革命根据地史总编委会：《太行革命根据地史稿》，山西人民出版社 1987 年版，第 92—93 页。

② 《冀南太行太岳行政联合办事处施政纲领》，《华北日报》（华北版），1940 年 10 月 5 日第 4 版。

③ 太行革命根据地史总编委会：《太行革命根据地史稿》，第 94 页；齐武：《晋冀鲁豫边区史》，当代中国出版社 1995 年版，第 106 页。

④ 《冀太“联办”颁发修正合理负担条例》，《新华日报》（华北版），1940 年 9 月 15 日第 1 版；太行革命根据地史总编委会：《太行革命根据地史稿》，山西人民出版社 1987 年版，第 94—96 页。

⑤ 太行革命根据地史总编委会：《太行革命根据地史稿》，第 86 页；《太行区党史大事年表》，山西省档案馆编：《太行党史资料汇编》第三卷，第 902—903 页。

在这次组织连席会议的总结中，徐子荣指出，“我们党内成份复杂，思想的混乱与组织的混乱，还是依然非常严重”，“整顿党，建设党，在目前是一个极端迫切与极端严重的任务”。他列出其中存在的重大问题：脱离群众的行政命令的工作方式、干部贪污腐化与叛变逃跑。有的地区，党的下层组织领导成份复杂，富农、中农、流氓把持着党的领导地位，欺骗党，压制同志，利用党欺压群众。徐子荣要求，“坚决地同时是慎重地清洗混入党内的异己分子（地主、富农、商人）、投机分子以及敌探奸细”，“对于那些实际是同情者，但已经加入党的分子，则劝告他们停止党的组织关系，变成党外同情者”。另外，党组织必须加以压缩，一般按党员在全村人口中的比率进行，大村（100 户至 300 户）的党员不超过全村人口 5%，一般村（25 户至 100 户）不超过 3%，小村不超过 1% 的标准进行紧缩。①

122 从 5 月开始，全区党的整顿工作便按这个方针开始进行。4 月份，党员人数为 34215 人。结果，截至 8 月，党员人数为 24978 人，减少了约三分之一。② 党组织的整理与压缩实现了，但是产生这个结果的过程却存在后面提到的严重问题。

农会会员虽有几十万人，但经过群体团体的整理后，真正的会员却很少。5 月，第二次群众运动干部会议后，确定了会员的权利义务，以自愿为原则挨门挨户进行登记。结果，农民救国会 18 个县统计原有会员 39373 人，经过登记的 11 县共 18392 人。③ 会员数与县数相比，每县约减少了 500 人。

1940 年，军队建设与群众武装得到发展和强化。1 月份，129 师的整军工作开始。首先，在举行的政治整备与训练中以阶级教育为中心。同时，为响应黎城会议提出的建军任务号召，军队建设转向整编阶段。6 月，原晋冀豫军区建制取消，太行军区成立，军区领导机关由 129 师师部兼，

---

① 徐子荣：《整党与建党是目前的严重任务》（1940 年 4 月 15 日），山西省档案馆编：《太行党史资料汇编》第三卷，第 187—190 页。

② 《中共晋冀豫区党委组织部给北方局的工作报告》（1940 年 8 月），山西省档案馆编：《太行党史资料汇编》第三卷，第 542 页。

③ 《晋冀豫区农救总会二年来工作材料》（1941 年 6 月），山西省档案馆编：《太行党史资料汇编》第四卷，第 445 页。

刘伯承兼任司令员，邓小平兼任政委。①

关于群众武装。7 月，《太行军区的组织及其工作纲要》制定完成。其中对脱离生产的正规军队与游击队、不脱离生产的自卫队及其基干自卫队、青年抗日先锋队的组织都有具体的规定。即凡年在 16 岁以上 50 岁以下的男子，20 岁至 40 岁之妇女，均应参加自卫队。一般自卫队都是由年龄在 35 岁至 50 岁的男子和上述年龄的女子组成，负责铲除汉奸、肃清敌探、破路拆堡、空舍清野、侦送情报、救护伤病员、运输战斗器材、进行 123
敌军伪军以及土匪会门工作。基干自卫队，是由 20 岁至 35 岁的壮年男子组成。青年抗日先锋队，是由 16 岁至 23 岁的青年男子组成。负责与敌人进行游击战、配合军队战斗、组织兵员补充等。② 8 月 1 日，军区扩大干部会议提出，建立民兵制度，开始全面组织民兵。③

上述内容介绍的是 1940 年黎城会议之后，太行抗日根据地实施的稳定社会秩序、改革政治制度、整顿共产党组织和群体团体、整编与强化军队等内容的重要改革。但是，这些改革实施得有些仓促，引起不少负面的问题。

首先，为稳定社会秩序而提出的保障人权和新合理负担政策实施后，各阶层的生产情绪逐渐提高，逃亡地主陆续回来从事生产。④ 但是，有的党员以为人权保障法令束缚工作，感到苦闷。⑤ 许多人对执行上表示怠工，汉奸公开活动也不捕捉。有的为证明过去乱捉乱杀是对的，故意采取消极态度，企图复活过去的错误办法。⑥ 在辽县，党中央的方针被片面理解，党内形成强制性的转变，对过去认为完全错了。压制群众，压制党员，不

---

① 太行革命根据地史总编委会：《太行革命根据地史稿》，山西人民出版社 1987 年版，第 88—90 页；《太行区党史大事年表》，山西省档案馆编：《太行党史资料汇编》第三卷，第 905 页。

② 太行军政委员会：《太行军区的组织及其工作纲要》（1940 年 7 月 9 日），山西省档案馆编：《太行党史资料汇编》第三卷，第 454—460 页。

③ 太行革命根据地史总编委会：《太行革命根据地史稿》，山西人民出版社 1987 年版，第 90 页。

④ 《晋冀豫区农救总会二年来工作材料》（1941 年 6 月），山西省档案馆编：《太行党史资料汇编》第四卷，第 407 页。

⑤ 李雪峰：《从克服困难的观点争取工作的深刻转变》（1940 年 7 月），山西省档案馆编：《太行党史资料汇编》第三卷，第 488 页。

⑥ 《彭德怀在中共中央北方局九月高干会议上报告的摘录》（1940 年 9 月 25 日），山西省档案馆编：《太行党史资料汇编》第三卷，第 644 页。

发动群众斗争，担心吓跑中间势力。① 黎城会议召开两年半后，1943 年 1 月，李大章（太行分局副书记）对于这个问题概括如下：

124 黎城会议纠正当时干部的“左”倾蛮干是完全正确的，但强调教育不够，故在执行中却发生了偏向。即在下面执行纠正“左”倾蛮干中，未能着重采取展开党内的思想斗争及进行耐心说服的思想教育，而主要却偏重了组织和行政方式的解决。这样的方式，实际就是给干部和群众斗争热气泼了冷水。这也是 1940 年后一般群众工作缺乏生气与热气的原因之一，也是我们未把广大群众进一步发动和组织起来的原因之一。②

这个时期的经验，对后面提到的 1942 年后的群众运动具有指导性的影响。

关于政治制度方面的改革，有三三制问题。1940 年 3 月，中共中央发出在根据地党内实行三三制的指示。即保证政权中的组成人员，共产党、左派进步分子、中间派各占三分之一。黎城会议上，杨尚昆对此给予说明时指出，共产党保障无产阶级与雇农的利益、保障左派进步分子代表的小资产阶级的利益及中间派代表的士绅、名流、学者、中等资产阶级、富农的利益。③

但是，根据地的党员和群众对三三制却难以理解。有人认为，“三三制是国民党三分之一”。晋冀豫区党委直接领导的辽县，实施三三制原则时，当地的大多数党组织和党员都持排斥的态度。很多党员认为，“三三制”是“我们得到的政权又要让给人家”。

125 实施三三制的地方，只是在村中的各个委员会中吸收一些非党分子，“各委员会的主任、委员多半还是同志，村长就更多了”。三三制在太行根

① 《辽县实验县三年工作总结》，(1942 年 11 月 23 日)，山西省档案馆编：《太行党史资料汇编》第五卷，第 832 页。

② 《李大章在中共中央太行分局高级干部会议上的报告》(1943 年 1 月)，山西省档案馆编：《太行党史资料汇编》第六卷，第 41 页。

③ 《杨尚昆在中共中央北方局黎城会议上的报告》(1940 年 4 月 16 日)，山西省档案馆编：《太行党史资料汇编》第三卷，第 204 页。

据地的“赤都”尚且如此，在其他地方自然更遭冷遇。①

彭德怀也指出执行三三制时的错误，“左”的错误是党组织企图在政权中造成“清一色”（只有党员），“这种偏向在华北目前是主要的”。“右”的错误是，把反共、反民主、反改善人民生活的豪绅也一齐吸收到政权机关中来。② 另外，杨尚昆也指出，有的区“区以上的主要干部是党员，××区许多政权机关都是清一色，他们把整理党的‘洗刷阶级异己分子’的口号，机械地搬到政权改造中来运用。××在政权工作中‘提拔工农成份’，于是县政府的县长、科长等主要干部，都是由不识字的农民担任”③。三三制的执行，成为抗日根据地日后仍然难以解决的课题。

关于共产党组织的整理，中国出版的太行根据地通史中对此给予肯定性评价：“经过组织整顿，党员是数量减少了，质量却大大提高了，党的战斗力大大加强。这是坚持以后艰苦的对敌斗争，起了决定性作用。”④ 组织整理确实为党的强化起了作用，但是其过程与结果却也存在不少问题。

1940 年 8 月，整顿工作刚开始 4 个月，徐子荣指出其中存在两点不 126
足。第一，整党建党工作与党的整个工作脱离，作成单纯的整顿组织内部，“审查成份清洗工作成了唯一的与全部的工作”。第二，“把整党建党工作当作突击工作”。比如一些地区，整顿过的支部绝大多数是清洗了三分之一，有的是二分之一以上，还有完全解散的。这样的大清洗，花费的时间不到一个星期，一般的在四天左右。清洗掉的是好的同志，留下的仅是欺骗蒙蔽的坏分子。有些地方，大清洗与不慎重的处理干部问题，造成组织内的不安现象。⑤

党的整顿，其中最大的争论焦点是党员的成分与意识的问题。1940 年

---

① 李秉奎：《太行抗日根据地中共农村党组织研究》，第 178—179 页。

② 《彭德怀在中共中央北方局九月高干会议上报告的摘录》（1940 年 9 月 25 日），山西省档案馆编：《太行党史资料汇编》第三卷，第 643 页。

③ 《杨尚昆在中共中央北方局九月高干会议上报告的摘录》（1940 年 10 月 3 日），山西省档案馆编：《太行党史资料汇编》第三卷，第 679 页。

④ 太行革命根据地史总编委会：《太行革命根据地史稿》，第 87 页。

⑤ 徐子荣：《论组织建设》（1940 年 8 月），山西省档案馆编：《太行党史资料汇编》第三卷，第519—520 页。这是共产党在华北普遍的问题。担任华北工作委员会工作组长的何英才指出，过去有许多县大量的洗刷党员，“任意玩弄党员的政治生命，造成了党内恐怖”。（何英才：《晋冀豫边区巩固党的几个问题》（1940 年 12 月 6 日），山西省档案馆编：《太行党史资料汇编》第三卷，第 803 页）

4 月，决定实施党组织整顿的第二次组织连席会议上，对阶级、阶层的划分办法已有详细讨论与规定。（会议上）提出，对党员成分的审查，不能单纯从成分观点出发。但是，实际上，强调成分的大清洗，造成成分好的工农党员骄傲，成分不好的党员低头消沉。① 在武乡县，整顿工作 8 月初就结束了，554 名不合格党员被清除出党。在这个过程中过分强调唯成分论，工人与赤贫成为党组织的发展对象，部分党员的抗日积极性受到挫伤。②

1940 年 4 月以后，恢复社会秩序，改变政治体制与政策，整顿党组织与群众团体等，都对抗日根据地的建设具有积极的意义。同时，为什么也相应地发生了各种各样的问题呢？这些改革给根据地迅速发展带来的问题
127 （共产党与八路军的迅速壮大，与阎锡山和国民党政府关系的恶化，群众运动激进化带来的社会问题等），成为共产党领导层急需面对和克服的紧急课题。但是，这些矛盾盘根错节，难以简单地克服。经验尚不丰富的党的领导人，试图通过仓促出台的改革来解决问题。这或许是导致矛盾发生的原因之一。

考虑出台仓促改革的理由时，必须考虑到 1940 年 8 月八路军集结全力开展百团大战的关系。从公开出版的史料中，看不到根据地改革与百团大战的关系。为了对日军进行大规模攻势，彭德怀等八路军领导人一致认为根据地的稳定和巩固是紧急的任务。整顿军队和群众武装的目的，显然是为对敌军开展军事攻势做准备。根据地内部存在着各种矛盾而开展百团大战，招致日军的激烈“扫荡”，并给根据地带来更加严重的问题。

---

① 《中共晋冀豫区党委关于巩固党的工作的总结》（1941 年 10 月 8 日），山西省档案馆编：《太行党史资料汇编》第四卷，第 827—832 页。某地区党的干部谈论唯成分论典型时提到，党内的地主、富农、中农、游民要进行严厉的批判，接下来要坚决清洗坏蛋与投机分子，“清洗后，必须先以最大的决心彻底改造党的成份，放弃‘人材主义’，把贫农雇农提到领导岗位上来，即使能力弱些也没关系，只要能加强对他的教育，抓紧领导他，这些人一定会坚决的表现他的力量”。（张敬玲：《一个地区整理支部的经验简单介绍》（1940 年 4 月），太行革命根据地史总编委会：《太行革命根据地史料丛书之二：党的建设》，山西人民出版社 1989 年版，第 193—194 页）

② 中共武乡县委党史研究室编：《中共武乡简史》1990 年版，第 68 页。译者注：“通过几个月的整顿，到 1940 年 8 月初，整党工作基本结束。有 554 名不合格的党员被清除出党。但在这次整党中，过分强调了唯成分论，指定发展工人、贫雇农入党，挫伤了一部分非党员群众和知识分子的抗日积极性，这是一个偏差。”（中共武乡县委党史研究室编：《中国共产党武乡简史》，山西古籍出版社 2000 年版，第 101 页）

第三章　抗日根据地的危机

第一节　百团大战与日军的反扑

1940 年 8 月，为克服中国抗战的危机，打破日军对华北抗日根据地实 128
行的“囚笼政策”，八路军发动百团大战。其历史背景是，日本乘德国在西欧取得闪电作战胜利之机，向重庆国民政府实施政治和军事强压。日军对根据地实施“囚笼政策”，以铁路为柱、公路为链、碉堡为锁，将晋东南抗日根据地分为东西两部分，企图彻底将根据地打垮。在日军对根据地开展的攻势下，1940 年 3 月前后到 7 月间，山东以外的华北抗日根据地大部变成游击区。百团大战前，八路军掌握的县城，只剩下太行山的平顺与晋西北的偏关。原来群众只向抗日政府交负担，变成既对抗日政府、又对伪政权的两面负担。①

1940 年春，彭德怀（八路军副总司令）、左权（八路军副参谋长）、 129
刘伯承（129 师师长兼太行军区司令员）、邓小平（129 师政委兼太行军区政委）、聂荣臻（晋察冀军区司令员），在太行区的八路军前方总部举行会议，决定破袭“囚笼政策”重要支柱之一的正太铁路，切断日军在山西的运输补给线，将太行根据地与晋察冀根据地连成一片。8 月 8 日，八路军前方总部下达《战役行动命令》，明确晋察冀军区、129 师、120 师的战役

① 彭德懐：『彭徳懐自述——中国革命とともに』，田島淳訳，サイマル出版会 1984 年版，第 315—316 頁；劉大年、白介夫編：『中国抗日戦争史——中国復興への路』，曽田三郎ほか訳，桜井書店，2002 年，第 225 頁。

配置和作战区域划分。①

8月20日夜，在八路军前方总司令部的统一指挥下，八路军各参战部队开始向正太线为主的华北各交通线发动激烈的破袭战。晋察冀军区攻击正太线东段，129师（太行部队）攻击正太线西段，120师则向同蒲线北段及其两侧的主要道路发动攻击。8月25日，正太线西段大体被太行部队控制，部队、民兵和多数群众在“不留一根铁轨，不留一根枕木，不留一座桥梁”的口号下，彻底破坏了铁路、公路及其附属设施。② 日本华北方面军向陆军省提出“被害复旧状况”报告书，其中提到“石太线（正太线）被损坏的面积和规模比看到的要大得多”③，认为破坏的程度相当大。

9月10日，百团大战第一阶段结束，日军立即组织反击，为了在正太线南侧搜索消灭129师，从8月30日，第一期晋中作战开始。标完成后，
130 9月18日作战任务结束。④ 目分散待命的八路军，避开日军进攻势头。第一期晋中作战结束后，20日，开始进入战役的第二阶段。八路军军事行动的重点，是摧毁交通线两侧和深入根据地的日军据点。129师破击榆辽公路，拔除榆社、辽县间的敌人据点，对日军的警备队给予全歼。25日，收复榆社县城。⑤ 10月11日开始，日军的报复作战即第二期晋中作战开始，百团大战进入第三阶段。

第一期晋中作战实施时，日本华北方面军第一军参谋长田中隆吉少将做出指示：“实施作战的时候……努力搜索敌人给予歼灭，在目标线反复进出开展作战，彻底将敌根据地扫荡干净，使敌人将来不能生存下去。”在前线指挥的独立混成第四旅团长片山省太郎指示“讨伐队”：“对敌意显著而根据地性质明显的村落不得已烧尽。”另外，片山旅团长在实施作战时指示，要对“敌人及化装为当地居民的敌人”和“15岁至60岁充满敌

---

① 王秀鑫、郭德宏：『中华民族抗日戰争史（一九三一——一九四五）』，石岛纪之监訳：「抗日戰争史」翻訳刊行会訳，八朔社，2012年，第335—337頁。

② 太行革命根据地史总编委会：《太行革命根据地史稿》，山西人民出版社1987年版，第104—105页。劉大年、白介夫編：『中国抗日戰争史——中国復興への路』，曽田三郎ほか訳，桜井書店，2002年，第229—230頁。

③ 防衛庁防衛研修所戦史室：『北支の治安戦』1，朝雲出版社1968年版，第353—354頁。

④ 防衛庁防衛研修所戦史室：『北支の治安戦』1，第356頁；笠原十九司：『日本軍の治安戦——日中戦争の実相』，岩波書店，2010年，第114頁。

⑤ 太行革命根据地史总编委会：《太行革命根据地史稿》，第106—107页；防衛庁防衛研修所戦史室：『北支の治安戦』1，第358頁。

意的男性居民”统统杀掉，对“敌人隐藏的武器弹药器具炸药等”和“敌人收集的粮秣”进行没收或焚烧，烧毁“充满敌意的村落”①。这正是被中国方面指摘为实施烧、杀、抢掠“三光作战”的指示。

但是，第一期晋中作战中，日军的这个作战方针不是十分成功。片山 131
旅团长后来回忆说，“八路军对居民进行工作渗透，在写有‘空室清野’文字的小村，居民逃得不见踪影，他们积极地同八路军进行配合”。八路军对日军的动向察知细微，“行动自如”。日军却行动“迟钝”，“追击八路军的努力一无所成”②。在共产党和八路军方面的史料中，也没有这次作战中受到打击的记录。太行根据地受到日军激烈的“扫荡”威胁，这是对进入第二期晋中作战（即百团大战的第三阶段）后的认识。

10 月 11 日到 12 月 23 日，（日军）实施第二期晋中作战。日军方面在这次作战的记录中提出，在 10 月 11 日至 12 月 14 日期间，太行地区的辽县、涉县、潞城、武乡等地遭到“扫荡”，根据地受到破坏。11 月 19 日至 12 月 3 日，太岳地区沁河一带的根据地被破坏，结果是“共产党军队受到相当大的打击，以后遂专门从事游击战，再未进行大的反击”③。中国方面的记载提到，日军对太行区连续进行三次“扫荡”。第一次是从 10 月 6 日开始，对太行的中心区榆社、辽县、武乡展开连续“扫荡”。第二次是从 10 月 20 日开始，对清漳河两岸进行重点“扫荡”，其中包括麻田（辽县南端）、左会（武乡县东端）。25 日，黄崖洞兵器工场（黎城县北端）受到袭击。11 月上旬，日军对榆辽公路以南地区进行反复“扫荡”。④

百团大战的第三阶段，八路军与共产党方面作战上出现一个较大的失 132
误。这个失误就是在第二阶段胜利后，干部群众中轻敌思想蔓延，特别是地方武装和游击队大批编入野战军，后方的党组织与仅有的地方武装整个进到前方，根据地后方空虚。日军趁机突然实施报复性的彻底“扫荡”和

① 独立混成第四旅团：『第一期晋中作戦戦闘详报』第一二号（自昭和一五年九月一日至九月一八日），日本防卫省防卫研究所図书馆所蔵史料。笠原十九司：『日本軍の治安戦——日中戦争の実相』，第 113—114 頁。

② 防衛庁防衛研修所戦史室：『北支の治安戦』1，朝雲出版社，1968 年，第 356—357 頁。

③ 防衛庁防衛研修所戦史室：『北支の治安戦』1，第 359 頁。

④ 太行革命根据地史总编委会：《太行革命根据地史料丛书之五：土地问题》，山西人民出版社 1987 年版，第 107—109 页；王秀鑫、郭德宏：『中华民族抗日戦争史（一九三一——九四五）』，石島紀之监訳、「抗日戦争史」翻訳刊行会訳，八朔社，2012 年，第 343—344 頁。

“三光”政策，根据地腹心地区的民众蒙受重大损失。①

的确，日军采用的残酷“扫荡”方法，给根据地的人们带来很大震动。太行地区的“扫荡”与“反扫荡”过后，《新华日报》（华北版）的社论指出，日本帝国主义正对中国无数次的暴行，在人类历史上留下了空前未有的耻辱。接下来的内容如下：

> 但过去一切暴行，还远不及近来华北“扫荡”战中凶狠毒辣，日本帝国主义已经公开揭露了自己的狰狞面目。在华北各个抗日根据地里面肆行烧杀。所焚烧的不是一家一户，而是整个村庄，所杀戮的不仅壮丁青年，而且普及老弱妇孺。见屋便烧，见人便杀，日寇企图把我抗日根据地变成一片焦土。这真是暴行中的暴行，人类耻辱中的耻辱。日寇的罪恶，说来是“罄纸难书”的。②

133 共产党的内部资料指出，这次对百团大战第三阶段日军开展激烈的“扫荡”战估计不够，因此太行根据地受到很大损失。比如，11 月 20 日，晋冀豫区党委对百团大战中的“扫荡”和“反扫荡”进行总结时提到：

> 根据一部分材料（辽、黎、涉、偏城），对战局的紧迫性和敌人的顽强性、残酷性估计不够。1. 在事前没有估计到敌人会如此迅速地到根据地腹心地来“扫荡”……2. 对敌人大烧大杀的残酷性估计与认识不够……3. 对敌人“扫荡”的连续性反复性估计不够，只以为敌人的“扫荡”是一时的，战争一过即“天下太平”，一切都没有从最坏处着想。

另外，这个总结还记载：除部分地区外，群众无论在思想上与组织上全无准备，仍然存在战争前的太平观念，一进入战争时期张皇溃乱，空室清野不彻底，没有作长期打算。③

---

① 李雪峰：《李雪峰回忆录（上）——太行十年》，中共党史出版社 1998 年版，第 154 页。

② 《社论：正义的控诉》，《新华日报》（华北版），1940 年 11 月 23 日第 1 版。译者注：该报纸原文如此。其中的“罄纸难书”应为“罄竹难书”之误。

③ 《中共晋冀豫区党委关于百团大战中地方工作的初步总结讨论提纲》（1940 年 11 月 20 日），山西省档案馆编：《太行党史资料汇编》第三卷，第 772—774 页。

另外，晋冀豫区党委1941年2月24日发出的文件中，提到1940年秋天敌人开始“大扫荡”时，根据地对敌人的进攻估计不足，对敌人对根据地政策由以“怀柔”为主到以“烧杀”为主的转换估计不足，没有及时地传达到全党。① 总之，共产党与八路军对日军彻底消灭根据地、实施“三光政策”的政策转换出乎意料，根据地因此受到重大打击。

徐子荣指出，“许多地方，群众因战争与敌人的破坏打击，发生悲观 134
失望情绪，甚至对军队、政府埋怨。应当了解群众一时的悲观消沉是必然要发生的，埋怨一般并不是仇恨”。对于党组织而言，“有些地方组织至今尚未克服战时混乱，有些地方村庄被烧，居民迁移，我们的支部还没有找到，有些党员和干部的右倾消沉情绪还没有克服”②。

同时，区党委宣传部，关于“扫荡”对民众心理的影响报告如下：

> 在三次“扫荡”中，群众遭受到很大的损失，群众认为这是八路军打日本的结果，因此把怨愤转到自己军队和干部的身上。敌人的欺骗宣传，对群众悲观失望情绪、厌倦思想的产生是起很大作用的。如茂林事变、苏日协定之后，由于谣言之流传，群众情绪低落，认为中国抗战没有前途。③

在榆社，群众在9月的榆辽战斗中持“第三者的态度”。经过10月至11月的三次“扫荡”，“在敌人大烧大杀下，群众情绪顿时下降，全县社会秩序进入混乱局面”。在群众悲观情绪的影响下，干部的情绪也因此消
沉悲观。④ 在辽县，敌人的三次“扫荡”，“地主阶级仍恐慌不定，部分逃 135
跑未回，贱价出卖土地，民力浪费很大……党员消极，脱党者很多”⑤。

---

① 《中共晋冀豫区党委一九四〇年领导的基本总结与一九四一年领导的方针与方法》（1941年2月24日），山西省档案馆编：《太行党史资料汇编》第四卷，第167页。

② 徐子荣：《战争与建党》（1940年12月），山西省档案馆编：《太行党史资料汇编》第三卷，第829—831页。

③ 《中共晋冀豫区党委宣传部关于晋冀豫区一年来对敌宣传斗争工作报告》（1941年8月），山西省档案馆编：《太行党史资料汇编》第四卷，第628页。茂林事变，即皖南事变（又称新四军事件）。苏日协定，即《苏日中立条约》。

④ 刘建勋：《榆社一九四〇年十二月份工作总结报告》，山西省档案馆编：《太行党史资料汇编》第三卷，第838—839页。

⑤ 《辽县实验县三年工作总结》（1942年11月23日），山西省档案馆编：《太行党史资料汇编》第五卷，第831页。

党、政、群干部损失也很严重。1940年8月后的一年间，晋冀豫区的干部损失严重，特别是县区级的干部更是遭受重大损失。30个县（全太行区共39个县）不很精确的损失统计：期间区县村级干部损失458人，其中牺牲113人（战死57人、被捕23人、疾病33人），投敌72人，动摇逃跑93人，消沉回家139人，贪污腐化22人，其他19人。即，背叛、逃亡、回家、贪污腐化的共计326人，占干部损失的约71%。①

同八路军一起参加百团大战的民兵等地方武装也存在严重问题。太行军区不完全统计，民兵参加百团大战达536次（其中有52次是配合军队），参战人数据说达59658人。② 1940年11月，徐子荣在百团大战第三阶段中指出，“地方武装的薄弱是太北根据地建设中的一个重大弱点”，“我们主力军感到缺乏地方武装配合的缺陷，我们群众感到参战的无力与自卫能力的薄弱”③。其中的原因是什么呢？

太行军区副司令员王树声就民兵问题指出，“现在民兵组织从数量上看，虽然青抗先（作者注：青年抗日先锋队）、基干自卫队已各万余，但大部分是未经过实际的工作，而是用行政命令，甚至威吓欺骗的方法，抄
136 了个名册，缺乏实际的内容”。“没有造成群众参加民兵的热潮”，只是被动地“支应差事”，“群众不相信自己的力量，不了解民兵的作用”，“畏惧、怀疑，怕编军队”④。

邓小平也指出，“游击队和民兵基础极不强固，所以广泛的群众游击战争没有开展起来”，因此，正规军常常“裸体跳舞”（孤军奋战）。另外，他还说，“过去对正规军的一些补充，常常以改编游击队的方式去完成，这种不正确的方式，也影响到地方武装的坚强与壮大”⑤。

百团大战时期，共产党对民兵等地方武装组织的作用认识不足，对强

---

① 《中共晋冀豫区党委组织工作报告》（1941年8月1日），山西省档案馆编：《太行党史资料汇编》第四卷，第563—565页。

② 《一九四〇年下半年太行军民参战总结》，《新华日报》（华北版）1941年4月9日第4版。

③ 徐子荣：《加强民兵突击建设坚强的地方武装》（1940年11月），山西省档案馆编：《太行党史资料汇编》第三卷，第779页。

④ 《王树声在太行军区第二次武装干部扩大会议上关于军区工作报告提纲》（1941年1月31日），山西省档案馆编：《太行党史资料汇编》第四卷，第68页。

⑤ 《邓小平在太行军区第二次武装干部扩大会议上的讲话》（1941年2月1日），山西省档案馆编：《太行党史资料汇编》第四卷，第94页。

化民兵的努力还不够，正规军与民兵间的协同关系尚未建立。并且，群众对民兵的认识较差，民兵还缺乏群众基础。

百团大战沉重打击日军的华北统治，提高了共产党和八路军在国内外的威信。另外，经过这次战役，许多县城也暂时恢复。但是，共产党和八路军在百团大战中付出的代价也很大，战争带来的沉重负担及日军的强力反扑，都为抗日根据地提出重大考验。

137

第二节　晋冀鲁豫边区成立

1941 年，是日军按照“治安强化运动”等内容对抗日根据地进一步加强攻势的一年。同时，也是共产党与八路军针对日军的“扫荡”和“治安强化运动”实施各种政策、谋求根据地的稳定和强化的一年。这一节后面将详细讨论这些内容。

1941 年元旦，李雪峰提出该年的中心任务是，“‘一切为着战争胜利’，而巩固根据地”。具体的战斗纲领是：一地方武装建设，二财政经济建设，三民主政权建设，四开展沿线（根据地与日军占领区交界）工作与缩小敌占区等四点。① 2 月，区党委制订了 1941 年的工作计划（依据农村生活与动员工作季节分期，年度改为从该年的 2 月至下一年的 1 月）。各个时期的工作计划为，第一期（2 月至 5 月），春耕和保卫春耕；第二期（6 月至 9 月），基本上村选运动；第三期（10 月至下年 1 月底），保卫秋收战争、屯粮工作、冬学运动与冬季大训练运动。②

1938 年以来，春耕运动是根据地每年都要严肃对待的重要任务。1940 年，晋冀豫区党委提出“我们对根据地群众的生活痛苦、饥饿死亡应该是负实际责任的”，以增加农村生产为关键，全力进行春耕。③ 1941 年，日军进行残酷反复的“扫荡”，使牲口、农具遭到了巨大缺失，劳动力的缺乏惊人（因为敌人屠杀、病死、逃亡、参军），战争又耽搁了秋耕。持续 138

① 李雪峰：《一九四一年的战斗纲领》（1941 年 1 月），山西省档案馆编：《太行党史资料汇编》第四卷，第 1—5 页。

② 《中共晋冀豫区党委一九四一年工作计划》（1941 年 2 月 23 日），山西省档案馆编：《太行党史资料汇编》第四卷，第 157—159 页。

③ 《中共晋冀豫区党委关于春耕运动的指示》（1940 年 1 月 31 日），山西省档案馆编：《太行党史资料汇编》第三卷，第 42 页。

“扫荡”下的诸多条件，都增加了春耕的困难。2月，区党委发出指示，“春耕工作便是我们的中心工作，这一工作一定要在战争中去完成”①。

政治制度改革，是抗日根据地1941年实施的最重要的改革之一，即成立晋冀鲁豫边区成立和举行全边区的村选。就前者而言，1941年3月16日，邓小平受中共（中央）北方局委托，在冀太联办第二次行政会议召开时，提出成立晋冀豫边区临时参议会的建议。会议接受了邓小平的建议，成立了晋冀豫边区临时参议会筹备委员会。4月5日，北方局发表《晋冀豫边区目前建设的主张》，提出边区建设的十五项方针。② 边区临时参议会被确定为最高权力机关，由各县临时代表会、各党各派、各界、各救国团体推荐的代表及少数聘任者组成。另外，参议员的选举，要遵守三三制原则。③

7月7日，晋冀豫边区临时参议会第一次会议，在辽县桐峪镇开幕。根据中共北方局的建议，会议同意将鲁西33个县划入本区，临参会遂改名为晋冀鲁豫边区临参会。参加大会的参议员共133名，其中共产党46名，约为三分之一。会议在北方局十五项主张的基础上，提出边区政府施政纲
139 领及《土地使用条例》《统一累进税条例》《婚姻条例》等，并选举杨秀峰任政府主席，薄一波和戎子和任副主席。8月15日，会议闭幕。24日，第一次全体委员会会议开幕，决定将全边区划为21个专区，将太行区设为边区政府的直辖区。④

关于村选问题。1940年12月，冀太联办召开的专员、县长会议上决定，1941年上半年根据地举行村选运动。由于1月的皖南事变（新四军事件）和日军的“扫荡”，被迫推迟到5月以后。在此期间，各救国团体举

---

① 《中共晋冀豫区党委关于春耕运动的指示》（1941年2月12日），山西省档案馆编：《太行党史资料汇编》第四卷，第139—141页。

② 《中共中央北方局对于晋冀豫边区目前建设的主张》，《新华日报》（华北版），1941年4月7日第4版；太行革命根据地史总编委会：《太行革命根据地史稿》，山西人民出版社1987年版，第144页。

③ 《社论：论临代会工作》，《新华日报》（华北版），1941年4月17日第1版。杨秀峰：《冀太联办第二次行政会议的收获》，《新华日报》（华北版），1941年4月25日第4版。

④ 太行革命根据地史总编委会：《太行革命根据地史稿》，山西人民出版社1987年版，第144—145页；齐武：《晋冀鲁豫边区史》，当代中国出版社1995年版，第162—163页。

行了由下到上的改选，这为村选积累了丰富的经验。① 5月中旬，冀太联办通过《晋冀豫边区村政权组织暂行条例》和《晋冀豫边区村民代表会选举暂行条例》，规定了村选运动的方针和方法。按照《晋冀豫边区村政权组织暂行条例》的规定，村公所为行政组织上的基本单位，由村民代表会选举组织之。村民大会为村政最高权力机关，村民大会闭会期间，由村民代表会代行其职权。村民代表会，在村民大会召开时由全村公民选出。村民代表会设主席与副主席，兼任村长与副村长。村公所为村政的执行机关，下设民事委员会、财政委员会、生产委员会、教育委员会、锄奸委员会。武装动员及自卫队、民兵的组织、训练事项，由村人民武装抗日自卫委员会掌理之。②

5月份，村选开始。晋冀鲁豫边区政府成立杨秀峰任主任委员的村选工作委员会，边区的村选统一开始。③ 李雪峰对其中的意义给予解释，他 140
指出“今年的村选，是正规的选举，与过去临时性的推选不同”④。9月底，大部分村的村长、副村长、各委员会主任都选出来了。大多数的农民都不识字，于是他们就在候选人名单上亲自捺上手印，或者在候选人胸前贴上简单符号，无论识字与不识字者皆可用写符号代替姓名的新办法。“一般民众对村选极感兴奋，当村长揭晓时，民众欢呼若狂，掌声雷动。……民众对新村长并提出无限希望”⑤。

邓小平在1941年实施各种选举之际指出，“三三制的抗日民主政权原则……尤应为全党同志所奉行”。他强烈批评党内相当程度上还存在着的“以党治国”思想。“党对抗日民主政权的正确领导原则”是“指导和监督政策”，“党要切实保证三三制”⑥。

但是，三三制的原则还不能说是得到充分的贯彻。彭德怀后来对村里

① 《社论：接受群众团体民选经验，积极开展村选运动》，《新华日报》（华北版），1941年7月29日第1版；太行革命根据地史总编委会：《太行革命根据地史稿》，第141页；李秉奎：《太行抗日根据地中共农村党组织研究》，第180页。

② 《晋冀豫边区村政权组织暂行条例》，《新华日报》（华北版），1941年6月27日第4版。

③ 《社论：村选开始了》，《新华日报》（华北版），1941年9月5日第1版。

④ 李雪峰：《论村选的几个问题》，《新华日报》（华北版），1941年9月11日第5版。

⑤ 《备战中加紧村选工作》，《新华日报》（华北版），1941年10月1日第4版。

⑥ 邓小平：《党与抗日民主政权》（1941年4月15日），《邓小平文选》，人民出版社1989年版，第8—16页。

三三制的实施曾有如下批评：

> 我们工作较好的地区，多半是少数共产党员包办，但在我工作较弱或者落后的地方，又是地主流氓专政。许多地方是经过民选的了，但实质上有名无实。不少村子里，群众认真选出一个村长，我们党员
> 141 看不上眼，就毫无理由把他推翻，强迫改选，弄得群众在大会上就看我支部负责同志的态度为转移。有群众问我们同志，究竟要他选谁，以免重选的麻烦。①

民意机构（村民代表会）和村长等行政机关由选举产生，这是中国宪政史上划时代的事件。选出来的民意机构和行政机关，代表民意的情况应该并不少。但是，从彭德怀的发言可以看出，共产党主导三三制的情况受到某些掩盖和伪装。缺乏民主主义知识和经验，村子里的实权人物仍然掌握着实权，内地农村的村民还是追随权威而行动，让民主制扎根并不是一件容易的事情。另外，共产党作为农村的新权威登场后，一旦掌握权力也是不会轻易松手的。“以党治国”的思想，根深蒂固地存在着。

在群众组织中，共产党强化群众工作的同时，还试图实施类似三三制一样限制党员权限的政策。1941 年，晋冀豫区党委要求党员在各群众组织的领导机关中实行“三一制”，首先争取实现“二一制”，扩大各群众团体内部的民主生活。另外，各级党组织设立“群众工作委员会”，对于群众工作进行细致的研究与指导。② 所谓“二一制”或“三一制”的实施，区党委曾就此反复下达指示。③ 实施的状况如何，不得而知。

1941 年的群众运动，整体说来都不活跃。1 月，区党委对农会工作作出指示时指出，工作不好，“很多地方的农民（工作不好的地方）对农会
142 的观念是模糊的，他们不知道农会是他们自己的”。总体说来，“新政策实

① 《彭德怀在太行区军队营级、地方党县级以上干部会议上的报告》（1942 年 12 月 18 日），山西省档案馆编：《太行党史资料汇编》第五卷，第 952—953 页。

② 《中共晋冀豫区党委关于加强群众工作的决定》（1941 年 2 月 15 日），山西省档案馆编：《太行党史资料汇编》第四卷，第 152—153 页。

③ 《中共晋冀豫区党委关于支部生活与工作制度的暂行规定》（1941 年 7 月 1 日），山西省档案馆编：《太行党史资料汇编》第四卷，第 509 页；《中共晋冀豫区党委关于巩固党的工作的总结》（1941 年 10 月 8 日），山西省档案馆编：《太行党史资料汇编》第四卷，第 836 页。

施后，群众斗争是消沉的”。解决群众的切身利益、注意农民生活的改善，是“农会的基本工作，也是农会的经常工作”，“它不是突击性的季节性的，而是一个艰苦的细致的组织工作”①。

可是，到年底时状况也未改善。赖若愚（时任二地委书记）提出批评，“我们根据地的群众工作还很不深入，对于群众问题的解决，还没有成为群众团体的经常工作。例如减租减息、土地问题的解决，优抗工作等等，只能看见季节性的‘突击’与‘号召’，而看不见点滴的细密的组织工作”。他还指出，“群众团体不是群众自己的团体，群众干部不是群众领袖，总之群众团体缺乏群众基础”，“村级的组织是异常不健全甚至是没有的”②。

关于武装斗争，百团大战受损极大的正规军与地方武装组织急需重建。1941 年 4 月，邓小平就地方武装组织的问题指出，“在武装政策上，我们犯了一些原则上的错误……并吞主义和放任主义都是忽视地方武装的倾向，都是违背‘基本的游击战争’的战略指导的原则错误”，指示“积极组织广泛的人民武装，特别是民兵”③。

地方武装组织的重建与强化，正是建立在上述对基本形势认识的基础上。太行军区在百团大战后，“正式提出了建立民兵制度”④。1941 年 3 月
18 日，太行实施全区民兵大检阅，这对转变群众对民兵的认识，提高民兵 143
使用武器爱护武器上起了很大作用。⑤ 4 月，《晋冀豫军区人民武装抗日自卫队暂行条例》公布。这个条例规定，人民武装抗日自卫队是“不脱离生产的义务的人民武装组织”，一定年龄的男女公民均须编入。本队由警备自卫队（简称自卫队）、妇女自卫队、青年抗日先锋队（简称青抗先）、基干自卫队、工人自卫队组成。青抗先和基干自卫队合称“民兵”，民兵为

① 《中共晋冀豫区党委关于农会工作的指示》（1941 年 1 月），山西省档案馆编：《太行党史资料汇编》第四卷，第 38—40 页。

② 赖若愚：《群众运动与群众游击战争》（1941 年 12 月），山西省档案馆编：《太行党史资料汇编》第四卷，第 981、984 页。

③ 邓小平：《反对麻木，打开太行区的严重局面》（1941 年 4 月 28 日），山西省档案馆编：《太行党史资料汇编》第四卷，第 261、267 页。

④ 杨殿魁：《抗日战争中人民武装建设的主要经验》（1946 年 3 月 1 日），山西省档案馆编：《太行党史资料汇编》第七卷，第 760 页。

⑤ 晋冀豫区武筹会：《晋冀豫区一年来群众武装工作报告》（1941 年 9 月），山西省档案馆编：《太行党史资料汇编》第四卷，第 785 页。

人民武装之高级组织，依自愿参加的原则组成。军区、专区、县、区、村各级，设人民武装抗日自卫委员会（简称武委会）。各级武委会由本队各级代表大会选举产生，村级武委会由队员大会选举产生。①

基于这个条例，全区于7月份举行武委会选举。经过这次选举，“民兵、自卫队、武委会，在群众中的影响空前扩大，群众从武选中认识了民兵、自卫队、武委会是自己的组织”②。杨殿魁（1942年至1948年任太行军区武委会副主任、主任）后来也说，“在1941年全区普遍进行了自下而上的武委会选举运动，建立起各级武委会，人民武装交由人民自己来管理。对民兵的任务，强调提出保卫自己利益、保卫村庄的战斗口号和不集中、不远调、在家门口打仗的分散作战原则。人民对武装自己的积极性大为提高”③。但是从下一节的内容来看，这个阶段的民兵水平及其与群众的关系仍有不足，上述评价仍有待考察。

144 百团大战中，党组织表现混乱。这种严重的状况，到1941年上半年仍在持续。8月份党委的报告显示，巩固党工作的成就不大，“党员与下层干部的发财思想普遍增长。许多党员表示作共产党员有害无利，不愿开会甚至想脱党”。“党的思想教育太差”，由于根据地内经济的发展，阶级变化影响到党内成分的变化，中农增加，“党的意识也开始模糊、退化”，“党员的落后意识，怕参军，有的生活腐化”④。

在这种情况下，为了打开局面，晋冀豫区党委确立会议制度、推进支部教育、进行支部与分区委的选举，加强支部的群众工作，审查干部。其中，经过春耕时期举行的选举，党员对党的认识与积极性提高。10月份，区党委关于党组织现状的报告如下所示：

（一）全区现有支部1267个，实验支部133个，党员24512名。党员

---

① 《晋冀豫军区人民武装抗日自卫队暂行条例》（1941年4月），山西省档案馆编：《太行党史资料汇编》第四卷，第210—213页。各队的年龄，与1940年7月《太行军区组织及工作纲要》的规定差不多。只是妇女自卫队更改为16—45岁。

② 晋冀豫区武筹会：《晋冀豫区一年来群众武装工作报告》（1941年9月），山西省档案馆编：《太行党史资料汇编》第四卷，第786页。

③ 杨殿魁：《抗日战争中人民武装建设的主要经验》（1946年3月1日），山西省档案馆编：《太行党史资料汇编》第七卷，第760—761页。

④ 《中共晋冀豫区党委组织工作报告》（1941年8月1日），山西省档案馆编：《太行党史资料汇编》第四卷，第547—550页。

的阶级、阶层构成的比率为：产业工人 1. 81%，手工人 1. 87%，雇工 7. 32%，贫农 48. 64%，中农 34. 29%，富农 2. 59%，知识分子 2. 4%，商人 0. 23%，其他 0. 82%。一年内因整党和敌人的活动结果，党员减少 4371 名，但在工作好的地区及新开辟地区（如辽县、黎城、漳北），党员增加 2433 名。（二）春耕后，支部战斗力一般都有提高，适龄党员一般参加了民兵，民兵中党员平均占 20% 以上。党员都参加了群众团体，三分之二的支部能切实保证“三三制”的实施。（但是）大多数支部对保证扩兵 145
没有信心。（三）春耕后，半数以上的支部能自动开会，过组织生活。但是，支部教育极差，因此党员中的封建落后思想还很严重，资本主义思想有大发展，对中间力量及知识分子的狭隘观念很难克服。不愿参军，不愿当干部，不愿离家，已成为党员中的普遍现象。（四）党员对政策不满情绪和抵抗行为基本上已经克服。（五）在战争中，根据地内的好的支部能组织群众退却，打游击；游击区与敌占区的支部很暴露，经常遭受敌人的打击与破坏，或者是工作停顿不敢动。（六）自茂林事变和三次“扫荡”后，干部普遍发生对敌斗争右倾情绪，现在稍有克服。（七）各县的领导逐渐正规化，现在的问题是会议太多，没有考虑问题的时间。①

共产党组织的重建，在 1941 年取得了一定程度的进步。但是，需要克服的课题还有很多，为了抵抗日军攻势，形势还不理想。

尽管如此，1941 年，太行根据地同时还有政治、经济、军事方面的很多改革试验，特别是选举群众团体和各级行政机关，给根据地的民众带来新的希望。这一年的上半年，共产党与群众一边“忙于根据地内部的建设，忽视了对敌的事”，一边沉浸在“歌颂新民主主义社会”之中。② 村 146
选中，有的农民称“这就是新民主主义社会”③。另外，妇救会的领导人说，1941 年 9 月前，“根据地充满了民主政治的气象，工作都是向前开展着，人民是愉快的、幸福的”④。实际上，在日军开展“治安强化运动”

① 《中共晋冀豫区党委关于巩固党的工作的总结》（1941 年 10 月 8 日），山西省档案馆编：《太行党史资料汇编》第四卷，第 847—849 页。

② 《中共晋冀豫区党委给中央的边地对敌斗争报告》（1942 年 10 月 1 日），山西省档案馆编：《太行党史资料汇编》第五卷，第 745 页。

③ 李秉奎：《太行抗日根据地中共农村党组织研究》，第 197 页。

④ 晋冀豫区妇救总会：《一年来妇女工作总结报告》（1942 年 7 月 15 日），山西省档案馆编：《太行党史资料汇编》第五卷，第 375 页。

和“扫荡战”的激化下，根据地内部严重矛盾有扩大的趋势，根据地面临着事关存亡的危机。势头已经清楚地证实，群众的负担明显过重。

在华北敌后抗日根据地中，太行区是共产党、八路军等领导机关最集中的地区。1941 年以后，由于战争残酷、根据地面积缩小，人民的负担越来越重。当时，太行区的负担人口共 150 万，如果按中共中央规定脱产人员不超过负担人口的 3%（其中军二政一）的话，应负担军队 3 万人、地方干部 1.5 万人。实际上，全区有军队 4 万人，地方干部 2 万余人，共超出 1. 5 万余人。① 另外，战争使太行区社会财富减少，这更进一步增加了人民的负担。1941 年，军政费用和人民负担的矛盾已突出地表现出来，当年的全年财政任务没有完成预定目标，大约只有 84%。②

为克服这一状况，（根据地）实施了精简军队、裁减机关的“精兵简政”政策。在太行区，129 师于 1941 年初已经开始精简。12 月 17 日，党
147 中央下达精兵简政指示，随后进入真正实施阶段。精兵的结果，师直单位、三八五旅、新一旅和各军分区，共裁减 151 个单位、6650 人。简政的结果，县级以上的党政民学工作人员减少 18%。③

本节的最后，根据 1944 年 8 月发行的《太行区社会经济调查（第一集）》，来看看 1940 年 5 月到 1942 年 5 月（新政策实施后）的农村社会状况。

首先，农业生产继续下降。比如，同战前中等地的谷物产量相比，武乡县韩壁村只有 83.3%，榆次县的伽西村只有 75%，太谷县的温家庄只有 60%。生产下降的原因：第一，战争对生产秩序的直接破坏。该时期的战争比以前更加残酷，生产受到不少负面影响。第二，战争的损失、支差、负担政策的影响，使马、骡、驴、牛等牲口一般减少约三分之一。第三，生产能力的降低，还在于民力的浪费。新政策实施后，支差相对来说减轻了。但是，当时工作中形式主义很严重，会议非常多。例如，1941 年 12 月，辽县下庄村干部误工时间达 50%，群众也达 13%。第四，疾病也是导

---

① 太行革命根据地史总编委会：《太行革命根据地史稿》，山西人民出版社 1987 年版，第 155 页。

② 李雪峰：《李雪峰回忆录（上）——太行十年》，中共党史出版社 1998 年版，第 172 页。

③ 太行革命根据地史总编委会：《太行革命根据地史稿》，第 156—159 页；李雪峰：《李雪峰回忆录（上）——太行十年》，第 173—177 页。

致生产下降的一个重要原因。连年的战争损坏了人们的健康，加上营养失调，造成伤寒、疟疾、疥疮等疾病在各地流行。人口中的五分之一都患上疾病，其中贫农占大多数。由此也可以看出日军侵略造成的负面影响。第五，地主、富农的生产积极性比较稳定，雇工比战前减少很多。另外，规 148
模大的商铺倒闭，各阶层都利用牲口进行运输，贫穷农民从经商获得利益。在政府提供贷款的条件下，有不少贫穷农民因经商获利而购买土地。

新政策实施后，各阶层的生产情绪趋向稳定，经济关系方面出现不少变动。地主情绪稳定后开始向农民反击，或是典地要敷价或批价、否则赎回转典，或是用从佃户手中夺地来威胁农民。实施减租政策的地区，租率一般减到四分之一以上。根据利超过本金两倍无条件抽回押地，超过一倍停利、还本、抽地的原则，在支付的利息超过本金的两倍时，抵押出去的土地会被无条件地收走。1941 年春，实施债务清理的结果，使得土地占有状况发生相当大的变化。另外，负担范围扩大到 80%，地主与富农的负担大大减轻，中农与贫农的负担却变重了。

各阶层的土地所有状况也发生了变化。该时期土地的变动，是以典地的赎回、抽回押地为主。前者是地主、富农（居多），后者主要是中农、贫农居多。社会秩序稳定，地价上升，土地买卖增加。根据 7 县 15 个村子的调查，战前贫农有四分之一上升为中农，地主有六分之一下降为富农、甚至中农。富农约有四分之一降为中农，少数降为贫农。中农上升为富农的有 4%，降为贫农的要更多。

变动最大的，是战前商业高利贷土地集中较严重的地区。得利最多的 149
是中农及一部分从事商业活动的农民。根据这种类型的几个村子的统计，地主占有土地从总数的 31.1% 减少到 20.8%。此外，老封建地主出租土地类型的 6 个村子的统计显示，地主土地从 35.6% 减少到 27.8%。另外，53 个村子的统计，地主户数减少为 1.9%、占有土地减少为 13.9%。相对来说，中农户数增加到 43.5%。① 土地所有状况的变化，是从 1942 年群众运动高潮到来前就已经开始了。

---

① 《太行区社会经济调查（第一集）》，晋冀鲁豫边区财政经济史编辑组，山西、河北、山东、河南省档案馆：《抗日战争时期晋冀鲁豫边区财政经济史资料选编》第二辑，中国财政经济出版社 1990 年版，第 1368—1375 页。

第三节　日军的“治安强化运动”与根据地的缩小

1941年至1942年，太行抗日根据地遭受日军“治安强化运动”与“扫荡战”。同时还遇到前所未有的天灾，更加重了根据地面临的严峻危机。

1941年3月至1942年12月，日军在华北地区发动五次“军事、政治、经济三位一体总力战”的“治安强化运动”。第一次“治安强化运动”（1941年3月30日—4月3日），主要在于政治宣传并为以后的运动进行准备。第二次（7月7日—9月7日），重点在于对共产党的各根据地实施军事“扫荡”和“讨伐”，给八路军和各根据地造成重大损失。第三次（11月1日至12月25日），以经济封锁作为遏制共产党力量活动的根
150 本手段，企图造成各地民众对共产党军队的不满，削弱抵抗力量的能量。第四次（1942年3月13日—6月中旬），通过保甲制的建立来隔离共产党军队与民众间的联系，通过增加生产，减少民众的抵抗情绪，实现“治安区”的扩大与统治稳定。第五次（10月8日—2月10日），将“与军事工作相配合的文化工作”放在重要位置，从心理上削弱民众的抵抗意识。①

随着“治安强化运动”的开展，日军对于太行区“扫荡”的规模逐次扩大。第三次“治安强化运动”中，对太行区进行了三次较大规模的“扫荡”。在根据地周围修筑公路网、碉堡群，在平汉线西侧构成封锁线，在其中搞成广大“无人区”，割断太行区与冀南区的联系。1942年，日军的“扫荡”更加疯狂，5000人以上的“扫荡”即达四次。在平汉线两侧，构筑第三条封锁线，日军据点由1941年的263个增加到1942年的410个。这个时期，太行区的面积减少了2.28万平方公里，成为太行根据地成立以来面积最小的时期。②

日军在军事、政治、经济领域展开的强大攻势，给太行根据地带来的影响介绍如下。

1941年春天，第一次“治安强化运动”时期，太行根据地的危机已经

---

① 江沛：《日伪“治安强化运动”研究》，南开大学出版社2006年版，第97—98页。

② 太行革命根据地史总编委会：《太行革命根据地史稿》，山西人民出版社1987年版，第117—118页。

扩大。4 月，邓小平提出警告，“敌占区日愈扩大，抗战区日益缩小”，如果这个状态“继续下去，必将影响到抗日根据地的人力物力财力的枯竭，
而遭致不应有的恶果”①。百团大战进入第三阶段，日军的“扫荡战”使晋 151
中区（第二专区、中共二地委）的状况更加严重。二地委书记赖若愚称，敌人“积极向根据地内伸进，敌占区与维持区域较前大大地扩大了……敌人的威力圈已伸入我根据地的腹地。特别是4 月3 日的‘扫荡’以后，情形更加严重起来”，“党内党外发展着恐日病，发展着悲观失望情绪”②。

根据区党委向党中央的报告可以看出，第二次、第三次“治安强化运动”期间，日军的经济封锁使抗日根据地的物价暴涨。4 月到9 月，物价涨到2 倍或3 倍。根据地强调经济战，严格实行对外贸易的统制，提倡积极地扩大生产、自力更生，展开对敌货币斗争。结果，物价短时间内稳定下来。③

1942 年，是同日军进行武装斗争和经济斗争最为激烈的一年。太行根据地遭受严重干旱，进入抗日战争爆发以来最困难的一年。2 月 3 日的“大扫荡”中，日军动员 1. 2 万余的兵力，进攻目标直指八路军总部、中共北方局、边区政府及129 师师部等领导机关驻地的辽县、武乡、黎城地区。5 月中旬开始的“大扫荡”中，日军集中2. 5 万兵力，目标是歼灭八路军主力，完善对辽县和偏城交界地带的八路军总部和中共北方局等机构的包围。25 日，（八路军）副总司令彭德怀和政治部主任罗瑞卿等人突围，左权副参谋长牺牲。(9 月 18 日，晋冀鲁豫边区政府为纪念左权，将辽县改名为左权县)。④

因此，先了解一下日军在太行区各分区的“蚕食”状况吧。平汉线接 152
近石家庄的一分区，日军构筑封锁沟、建立“无人区”，在许多主要村子

---

① 邓小平：《反对麻木，打开太行区的严重局面》（1941 年4 月28 日），山西省档案馆编：《太行党史资料汇编》第四卷，第259 页。

② 赖若愚：《转变晋中的斗争形势缩小敌占区扩大根据地》（1941 年5 月），山西省档案馆编：《太行党史资料汇编》第四卷，第320—321 页。

③ 《中共晋冀豫区党委给中央的边地对敌斗争报告》（1942 年10 月1 日），山西省档案馆编：《太行党史资料汇编》第五卷，第746—747 页。

④ 太行革命根据地史总编委会：《太行革命根据地史稿》，山西人民出版社 1987 年版，第134—136 页；李雪峰：《李雪峰回忆录（上）——太行十年》，中共党史出版社 1998 年版，第159—161 页。

成立“维持”村（与日军“合作维持治安”的村政权）。正太线南部的二分区，5 月前始终是日军前进、八路军后退的状况，该分区的根据地只剩下纵横四五十里。太行根据地中心区的三分区，2 月“扫荡”后，日军占领了武乡—榆社—辽县的公路，建造了许多“维持”村，（该分区）进入最困难的时期。在它南部的四分区，日军在 2 月“扫荡”中酿成严重的“维持”气氛。5 月“扫荡”时，长治周边都沦为“维持”村。一分区南部的五分区和六分区，日军“蚕食”面积也大幅扩大。①

此外，5 月“扫荡”的特点是，日军将“扫荡”（侵略）深入到山地深处。如李雪峰所说，“敌人用极大兵力，纵深配备，迅速深入我腹心地区反复‘扫荡’，并进行辗转‘清剿’，几乎所有的深沟险地都到达了。它打破了某些只凭山地险势，太平苟安的心理，给群众生活以普遍与深刻的激动，给予地方工作以严重考验与锻炼”②。

1942 年，日军“扫荡战”给太行根据地造成如此严重的打击，原因是什么呢？据晋冀豫区党委总结这次战争的最大教训是，“发动群众非常不够”，“群众游击战争开展得非常不够”③。

实际上，该时期的群众武装组织设置了前节提到的人民抗日自卫委员
153 会等强化措施，但是接下来还有不少问题。第一，民兵发展不够。全区民兵 4 万余人，发展仅限于少数进步分子，没有把广大青壮年吸收进来。另外，在地区上不平衡，冀西、晋东发展较大，但是根据地内还有许多空白地未建立起民兵组织，接敌区、游击区、敌占区的民兵组织更加薄弱。第二，与群众的利益结合不密切，存在着脱离群众的现象。少数民兵缺乏广大群众的配合，形成孤军奋战、过度疲劳。④ 后来，杨殿魁也指出人民对武装自己的积极性大为提高，“当时还限于一部分先进地区的（如武乡、左权 = 辽县、黎城等）的民兵活动，大部分群众还是依赖军队、怕民兵惹

---

① 《太行区反“蚕食”斗争的总结报告》（1942 年 7 月），山西省档案馆编：《太行党史资料汇编》第五卷，第 447—448 页。

② 李雪峰：《五月反“扫荡”地方工作方面的主要经验教训》（1942 年 8 月），山西省档案馆编：《太行党史资料汇编》第五卷，第 472 页。

③ 《中共晋冀豫区党委关于五月反“扫荡”的经验教训与当前备战工作指示》（1942 年 8 月 14 日），山西省档案馆编：《太行党史资料汇编》第五卷，第 541 页。

④ 晋冀豫区武筹会：《晋冀豫区一年来群众武装工作报告》（1941 年 9 月），山西省档案馆编：《太行党史资料汇编》第四卷，第 789—790 页。

祸的思想，民兵的活动还未为广大群众积极地赞助、支持"①。

群众支持民兵与参加民兵消极的理由之一是，群众感到民兵带来的负担太重了。精兵简政提出以后，晋冀豫区武委会召开的政治工作会议指出，民兵负担沉重，这引起了严重的状况。即民兵训练、出击、破路、站岗、放哨、送信、带路、开会、检阅等方面的时间，竟占其全部生产时间的四分之一至三分之一。民兵负担的加重，即劳力的减少，直接危害着民兵本身与家庭利益。参加家庭生产的时间减少了，还需要为民兵训练、出击等支付钱粮，因此引起家庭对民兵和武委会的不满，不愿自己的子弟参加民兵。许多群众不愿参加民兵，许多地方民兵意志消沉，部分民兵组织
瓦解。一部分地区，特别是游击区的民兵游击队化、土匪化，不参加生 154
产、胡作非为、欺压群众。②

群众对参加作战的八路军是如何看待呢？后来，党的军事领导机关对1941 年 12 月参军工作的总结中提到下面严重的状况。即，当时群众对正规军依靠的思想很厉害，好些群众还是拿着旧军队的雇佣眼光来看八路军。并且，一旦群众的利益遭受损失时，群众即抱怨军队。总之，群众还不把军队看作是他自家的人，所以参军在群众看来，是比屯粮、出款还重的一层负担。为打开动员群众参军难的局面，便强调干部、党员参军、起模范作用。县、区、村成立参军委员会，把参军、检查优抗同时并进。但是，支部党员一般都不愿参军，群众中一般存在着躲避参军的思想。动员的结果是，找到村内的兵痞或流氓等最不正派的人。几个村联合下，大村捉小村，都是捉无能力的老实人，所以这样的兵员质量很不好。

在参军大会上，报名参军的都是党动员布置好的人，很少能有群众跟随。开大会欢送，多数村级干部与群众思想上，并不认为是光荣，而认为是一种可怕荷重。关于优待抗属方面，曾规定农会代耕、青年救国会打柴水、妇女救国会推碾磨。但是，由于群众对参战情绪不高，对抗属也不会
怎样关心，所以实行的也被部分群众视为很重的负担。最后，总结中提 155

① 杨殿魁：《抗日战争中人民武装建设的主要经验》（1946 年 3 月 1 日），山西省档案馆编：《太行党史资料汇编》第七卷，第 761 页。

② 《关于民兵与民力问题的决定》（1942 年 2 月），山西省档案馆编：《太行党史资料汇编》第五卷，第 74—75 页。

到，“这次参军虽然好些地方勉强完成了任务，但是极其困难的”①。日军残酷的“扫荡战”和自然灾害等，加深了根据地的危机。群众、甚至党员动摇的人数再次扩大，共产党与八路军的动员参军工作面临着巨大的障碍。

日军的残酷“扫荡战”和政治、经济、文化宣传相结合的攻势，使根据地群众产生很大的动摇。特别是日军的“扫荡”冲击严重的晋中区，“群众生活不安，情绪低落，对八路军埋怨、怨恨。这是群众感到我们无力，不能保障他们”②。另外，日军“开始第一次治安强化运动，积极打击我根据地，许多政府机关都遭受袭击，‘维持’空气空前高涨，恐日空气弥漫全区”③。不仅是晋中区如此。1942 年 2 月，中共北方局与华北军分会给太行区、太岳区的指示中指出，“在敌人严重的大烧大杀大抢之下，群众情绪可能发生很大的变化和震荡”，党要十分注意“部分群众脱离我们”④。另外，北方局视察辽县、黎城等 6 县后，在给邓小平和李雪峰的信中指出，“群众抗日情绪不高，不关心军队（军队一到物价飞涨），不注意战争，不空舍清野”⑤。并且，2 月“扫荡”后，太行区各地“维持局面空前严重”，“群众情绪惶惶不安，发生悲观……加上 5 月的大‘扫荡’，在根据地内的腹心地区也发生了维持”⑥。

156 共产党的组织也受到“扫荡”的很大打击，出现了许多问题。二分区的许多党组织被日军破坏，平定、昔阳的 80 多个支部受到破坏，失去联系的党员人数达 1000 余人。县干部损失严重，村支部的干部损失更多。其原因是敌人的破坏、逮捕，逃跑、腐烂等。⑦ 并且，1942 年 9 月，区党委的

---

① 《太行区九年来参军的经过情况及其主要经验》（1946 年），山西省档案馆编：《太行党史资料汇编》第七卷，第 788—790 页。

② 《中共晋冀豫区党委关于晋中区目前形势与工作的指示》（1941 年 4 月 23 日），山西省档案馆编：《太行党史资料汇编》第四卷，第 248 页。

③ 《赖若愚在中共晋冀豫区二地委二次地代会上的报告》（1941 年 9 月 22 日），山西省档案馆编：《太行党史资料汇编》第四卷，第 718 页。

④ 《中共中央北方局、华北军分会关于粉碎敌人“扫荡”给太行、太岳的指示》（1942 年 2 月 25 日），山西省档案馆编：《太行党史资料汇编》第五卷，第 116 页。

⑤ 《中共中央北方局关于太北工作给小平、雪峰的信》（1942 年 3 月 2 日），山西省档案馆编：《太行党史资料汇编》第五卷，第 134 页。

⑥ 《中共晋冀豫区党委给中央的边地对敌斗争报告》（1942 年 10 月 1 日），山西省档案馆编：《太行党史资料汇编》第五卷，第 749 页。

⑦ 陶鲁笳：《二分区组织建设提纲》（1941 年 9 月 28 日），太行革命根据地史总编委会：《太行革命根据地史料丛书之二：党的建设》，山西人民出版社 1989 年版，第 217—218 页。

调查报告中显示，13 个县、39 个支部中，一贯好的支部只有 6 个，绝大部分意志消沉。普通的支部开始抵抗新政策，敌人的连续“扫荡”使得党内出现党员腐败等问题。①

受到战争的祸害、过重的负担、敌人的谣言、自然灾害（参见第一部分第四章）等因素的影响，群众中出现广泛的厌战、疲倦与渴望安定生活的情绪。希冀“真龙天子”“寄托福利于来世”等会门欺骗遂日益发展起来。② 1941 年，公安破获的组织中，有太南 400 多人参加的精建会、三县组织的孔圣道等。③ 其中具有象征性的事件是，太行根据地中心的黎城县，1941 年 10 月发生宗教结社的离卦道道徒参加的事件（黎城事件）。

黎城事件发生于 10 月 12 日，当时有数百名离卦道道徒集结于主场的港东村，手持大刀、长矛，并提出“反对共产党、八路军”“反对公粮、反对合理负担”等口号。后来受到公安队和民兵的镇压。离卦道受白莲教的影响，并结合宗教结社等内容，并称“入道可以躲难避劫、敌人不烧不 157
杀”，在战祸频仍、社会不安的情况下，部分受难的群众成为信徒。1941 年 8 月，黎城县的信徒达 3000 余人，横跨工人、农民、知识分子、富农、地主与社会各阶层。参与者还有被共产党干部剥夺实权的旧统治者、投降日军当汉奸被处死者的亲友等。另外，对支差、为游击分队提供必要粮食的不满，也成为参加离卦道的动机。④

综上所述，1942 年，太行抗日根据地由于日军实施的“治安强化运动”和反复“扫荡”，加上根据地内部不断增加的矛盾，面临着生死存亡的危机。这一年的群众运动正是因此而发动。

---

① 中共晋冀豫区党委：《十三县三十九个支部的初步研究》（1942 年 9 月 20 日），山西省档案馆编：《太行党史资料汇编》第五卷，第 683、687 页。

② 《李雪峰在精兵简政会议上的报告》（1942 年 1 月 6 日），山西省档案馆编：《太行党史资料汇编》第五卷，第 14 页。

③ 《一九四二年公安工作计划》（1942 年 1 月），山西省档案馆编：《太行党史资料汇编》第五卷，第61 页。

④ 晋冀豫区党委：《黎城离卦道暴动的经过及经验教训》（1941 年 10 月 20 日），太行革命根据地史总编委会：《太行革命根据地史料丛书之九：公安保卫工作》，山西人民出版社 1989 年版，第 100—105 页；黎城考查团：《黎城县离卦道暴乱》（1942 年 4 月），太行革命根据地史总编委会：《太行革命根据地史料丛书之九：公安保卫工作》，山西人民出版社 1989 年版，第 106—116 页；黄東蘭：「革命、戦争と村——日中戦争期山西省黎城県の事例から」，平野健一郎編：『日中戦争期の中国における社会と文化変容』，財団法人東洋文庫，2007 年。

158 # 第四章　危机的克服与根据地的扩大

第一节　1942 年的民众运动

（一）土地政策的方针

减租减息是发动群众运动的中心问题。1941 年，太行抗日根据地就初步开始执行这一政策。1 月，晋冀豫区党委关于农会工作的指示中提出，农会的任务是“为实现负担的公平与合理而斗争”。同时指出“四年来，减租减息不彻底”，要求农会工作者认识到，“减租减息是改善农民生活的一个中心问题，也是党的基本政策之一”①。且如上所述，2 月 15 日区党委决定各级党委组织“群众工作委员会”，负责指导群众工作。② 区党委书记李雪峰任书记的直属群众工作委员会成立，组织和派遣农民救国会干部到农村去，调查农村阶级关系、剥削关系、租佃关系、债务关系、减租减息实行中的问题。③

159 1941 年秋，晋冀豫区党委确定减租减息的试点，其中之一是和顺县的双峰川村。从农民救国联合总会干部的回忆，可以看出当地的工作情况。选择双峰川村的原因，是因为这个村子的土地比较集中，村里的大部分土

---

① 《中共晋冀豫区党委关于农会工作的指示》（1941 年 1 月），山西省档案馆编：《太行党史资料汇编》第四卷，第 40—41 页。

② 《中共晋冀豫区党委关于加强群众工作的决定》（1941 年 2 月 15 日），山西省档案馆编：《太行党史资料汇编》第四卷，第 153 页。

③ 李雪峰：《李雪峰回忆录（上）——太行十年》，中共党史出版社 1998 年版，第 131—132 页。

地为大地主郭固所有，佃户分住在数十个小山庄。佃户多半是外来的农民，他们都很穷，有的甚至兄弟两人合娶一个老婆。

农民救国总会，同中共二地委和县委联合组成工作队。参加工作队的主要有，晋冀豫区党委委员、地区救国联合会的干部、县农会主席、武委会主任、区委书记等三四十人。大家分别住在一些农村。在宣传发动的时候，开始农民半信半疑，害怕工作队走后地主的反击。经过宣传动员，大部分行动起来积极参加了斗争。但是，也有人认为土地是地主的东西，不出租是不对的，或者感觉受地主恩惠不能参加斗争。为了解决农民的思想问题，工作队分头深入农民当中，同时选拔积极分子给予训练。农民积极分子，开始顾虑比较多，敢讲话敢斗争的约有三分之一，多半是走南闯北当小商贩敢说敢道的人或者有点流氓习气的人。工作队发动农民忆苦诉苦，以苦引苦，提高他们的胆量。

在解决思想问题和交代政策的基础上，召开联村的斗争大会。大会由村里的农会主席主持，工作队员全体都学农民打扮，各自在会场分头联系积极分子和农民。大会上，农民的发言诉说地主不执行减租减息的事实，160
进而说明因欠租而借高利贷，破产无法生活，无力支援抗日。如地主郭固的回答不令人满意的话，农民便和他进行说理斗争。发言告一段落之后，政府代表农民出面讲话，表示政府支持农民、批评地主，地主表示低头认错。就这样，减租减息政策执行下去，群众认识到团结的力量。大会结束后，成立农会、武委员会和民兵组织。①

和顺县的事例，是此后太行根据地农村群众运动的雏形。1941 年秋冬，太行区的减租减息进行了宣传和发动，已有一定的规模。但是，当时区党委对减租减息的认识还比较低，没有把这项工作作为区党委直接抓的大事要事，还停留在主要依靠农会去做的阶段。② 第二年秋天，太行区的

---

① 陈大东：《一九四一年在和顺双峰川减租减息试点的回忆》，太行革命根据地史总编委会编：《太行革命根据地史料丛书之五：土地问题》，山西人民出版社 1987 年版，第 201—203 页。山西省外来移民问题（的研究），参见山本真「土地改革・大衆運動と村指導層の変遷——外来移民の役割に着目して」（三谷孝編著：『中国内陸における農村変革と地域社会』，御茶の水書房，2011 年）；该论文涉及和顺县外来移民的问题，见第 86 页。工作队方面（的研究），参见田原史起：『中国農村の権力構造——建国初期のエリート再編』，御茶の水書房，2004 年；田原史起：『二十世紀中国の革命と農村』，山川出版社，2008 年。

② 李雪峰：《李雪峰回忆录（上）——太行十年》，中共党史出版社 1998 年版，第 133 页。

群众运动正式展开。

1942年1月28日，中共中央政治局发表《关于抗日根据地土地政策的决定》。这个决定规定：（一）承认农民（雇农包括在内）是抗日与生产的基本力量，（二）承认地主的大多数是有抗日要求的，一部分开明并是赞成民主改革的，（三）承认资本主义生产方式是中国现时比较进步的生产方式，民族资产阶级与富农是比较进步的政治力量。党的政策是，执
161 行减租减息、也要执行交租交息（支付地租和利息）。[①] 这是中国共产党抗战时期明确土地政策原则的重要决定。对太行根据地的群众运动来说，更具有重要意义的是，2月4日党内发出的秘密指示，即《中央关于如何执行土地政策决定的指示》。

这个指示提出，“联合地主抗日，是我党的战略方针”，“在实行这个战略方针时，必须采取先打后拉，一打一拉，打中有拉，拉中有打的策略方针”。斗争的过程分为三个阶段，第一，是准备阶段。第二，是“打”的阶段。“当广大群众还未发动起来的时候，一般地主阶级是坚决反对减租减息与民主政治的。”“在这种时候，我们必须积极帮助群众”，“摧毁地主阶级在农村中的反动统治”，使地主阶级感觉除了我们的政策便不能保持他们的利益，便无其他出路。“在这种广大群众的热烈斗争中，不可避免地要发生一些过左行动，而这些过左行动，如果真正是最广大群众自愿自觉的行动，而不是少数人脱离群众蛮干的（这是绝对不允许的原则问题），则不但无害，而且有益……在这种时候，畏首畏尾，束缚群众手足，就是右倾错误”。但是，这个阶段不能拉得过长，以致使地主阶级跑到敌顽方面，或跑去了也不愿回来，“妨害抗日战争和妨害根据地的巩固”。在
162 群众已经充分发动充分起来之后，“及时的说服群众，纠正过左行动”，给予地主以交租交息及政治上的三三制、保障地主的人权、政权、地权、财权，使其感恩怀德，“愿与我们合作，达到团结抗战之战略目的”。这就是策略斗争的第三阶段（拉的阶段）。

在第二阶段（打的阶段），“不是一切打倒，而是争取一部分倾向我们的地主，中立一部分动摇不定的地主，集中火力打击一部分最顽固的地

① 《中共中央关于抗日根据地土地政策的决定》（1942年1月28日），中央档案馆编：《中共中央文件选集》 第13册，第280—284页。

主”。在“拉”的阶段，纠正过火行动时，“必须同时注意到保护干部与群众的积极性，热烈情绪或热气，……决不是向这种热气泼凉水，以致造成干部消极，群众失望，地主反攻的局面”①。

1940年黎城会议后，群众运动受到“保障人权”的制约。上述这个指示，则重新激发群运动的活力。赖若愚后来提到，“我们的干部与群众一时陷于苦闷的状态。中央土地政策，正打中了我们”②。正如他所说的那样，这个指示对太行区的党员干部来说是个很大的刺激，同时也为此后的群众运动发展提供了契机。但是，这个指示承认在群众斗争中不可避免地发生左倾，那么以后群众运动中的暴力倾向就难以避免了。

4月15日，中共晋冀豫区党委下发《关于执行土地政策的指示》，决定贯彻党中央关于土地政策的决定。其中提到，“我区农民运动基本上还处在策略的一二阶段，只有少数先进县份进入第三阶段”，所以“应按照不同县份，分析其不同的发展阶段，确定不同策略方针”。即在社会基础基本上还没有改变的地区，首先寻找最易击破的对象，最能发动群众的问题，发动斗争，启发斗争勇气。在农民已经发动起来、土地问题得到初步 163
解决的地区，要求放手发动斗争，贯彻土地政策。在已经进入“拉”的阶段而表现不平衡的地区，要充分发动农民，纠正不平衡。并且，一切斗争又必须是合法斗争，不能粗暴的蛮干。“必须运用法令支持农民，不能束缚农民斗争。”③

在区党委的会议上，李雪峰书记对太行区农民斗争的方针进行更详细的补充说明。指导农民斗争分为酝酿、斗争、联合三个阶段，而太行区的特点是酝酿阶段经历了很长的时期。在酝酿阶段，“宣传我党和政府的政策，特别是减租减息政策、负担政策，反贪污救济贫民的政策”，抓住群众最迫切的问题，选择最主要的斗争对象，全力发动斗争。这个时候不要片面了解保障人权，不要束缚农民的手足。打击顽固守旧的地主，即动摇了地主阶级阵营，会有一些开明地主出现，应该加以奖励，进行“拉”的

① 《中央关于如何执行土地政策决定的指示》（1942年2月4日），中央档案馆编：《中共中央文件选集》第13册，第295—300页。

② 赖若愚：《一九四四年冬季以来减租运动总结》（1945年），山西省档案馆编：《太行党史资料汇编》第七卷，第469页。

③ 《中共晋冀豫区党委关于执行土地政策的指示》（1942年4月15日），山西省档案馆编：《太行党史资料汇编》第五卷，第243—245页。

工作，以分解其阵营。进一步发动农民需要注意的问题：第一，农民最感迫切的问题是合理负担。第二，反对贪污与“算旧账”。第三，减租减息。第四，锄奸和反顽固斗争。斗争阶段是农民与地主都在紧张斗争的时期，斗争中的问题在深化。第一，首先要发展减租减息斗争。第二，负担斗争。第三，反贪污、反浪费斗争。工作主要依靠农会。联合阶段，从农民斗争的角度上说，是一个转进攻为防御、转斗争为联合的阶段，是巩固胜
164 利的阶段。① 重视酝酿阶段是这个报告的特征。李雪峰认为减租减息的发动是斗争发展以后的事情。

但是，这个时期太行根据地正值日军春季扫荡，随后又遭遇5月“大扫荡”。该年夏天，又发生多年未遇的大旱，群众运动不得不延期。这一年秋天以后，太行根据地腹心区的群众运动才大规模地开展起来。②

期间，确定了群众运动的主要目标和重要方向。8月10日，区党委关于负担政策向各地基层党组织发出指示，提出要贯彻党的累进负担政策，从解决穷户负担过重问题出发，以发动穷户对大户挤分数反隐瞒的斗争为今年负担工作的关键。并且，联系土地问题的解决，即减租减息斗争的解决。③ 这样，以减租减息和负担问题为斗争倡导的主要目标，成为1942年群众运动的基本内容。一方面，10月20日，《新华日报》（华北版）的社论提出，“目前，太行区各地正在蓬勃开展着的群众运动，是在减租减息与合理负担两大政策的主导下进行的”。另一方面，11月26日的社论指出，“除了少数比较先进的区村外，普通区域处在斗争初期的阶段，一般还停留于反摊派、反恶霸、反贪污的内容上，而尚未进入减租减息与合理负担的正面接触”④。这两个社论，对运动现状的认识有语气上的不同。但
165 表示太行区领导层已经认识到以这两个斗争作为最重要课题的紧迫性。

① 李雪峰：《土地政策与农民斗争问题——中央土地政策的讨论总结》（1942年4月），山西省档案馆编：《太行党史资料汇编》第五卷，第276—290页。

② 李雪峰：《李雪峰回忆录（上）——太行十年》，中共党史出版社1998年版，第139—140页；李秉奎：《太行抗日根据地中共农村党组织研究》，第205页。1942年9月中旬，从华中回延安路过太行区的刘少奇提出批评，认为太行根据地尚未发动农民进行减租减息是一大失策。从此以后，大规模群众运动在太行根据地腹心区开展起来。

③ 《中共晋冀豫区党委关于执行负担政策的指示》（1942年8月10日），山西省档案馆编：《太行党史资料汇编》第五卷，第533—534页。

④ 《社论 把我们的负担政策贯彻下去》，《新华日报》（华北版）1942年10月20日第1版。《社论 强化群众运动的指导》，《新华日报》（华北版）1942年11月26日第1版。

（二）民众运动的开展与争论

1942 年的群众运动是如何实施的？（时任）农民救国总会主任的池必卿，后来在回忆中谈到这个时期群众运动的发展过程。1941 年冬，县委、地委还没有直接搞，只是农民救国总会和各地的地区农会合起来搞调查和试点工作。1942 年开始，在各级党委的直接领导下，全党搞减租清债，并开始形成一个大规模的轰轰烈烈的运动。首先是干部访贫问苦，寻找积极分子，通过他们去串联佃农和债户，经过诉苦，再讨论究竟是谁养活谁等问题。在阶级觉悟提高之后，再诱导弄清楚统一战线问题。准备工作完成以后，便召开群众大会，斗争恶霸地主。大会结束后，重新确定租佃关系，清理旧债。1942 年，在很多地方召开了许多大规模的大会。① 可以看出上述 1941 年和顺县的实践经验对 1942 年运动的影响。

池必卿回忆的是减租减息斗争成功的例子，但是运动的内容却要复杂得多。并且，运动内容随地域的不同而有所不同。1942 年 10 月底，区党委给党中央的汇报中提到，在先进地区，广大群众参加，但落后群众仍未积极涌现斗争前线，存观望情形。薄弱地区，仅一部分积极群众活动起来，多数群众还在观望。②

关于群众运动深入的程度，可以参考李大章如下的分析。15 个县 166
（1925 个村庄）的统计显示，有过斗争的村落只占 60%。7 个县的统计（人口共 458600 人），参加斗争的人数仅占 26%。若拿能参加政治活动的人数作标准，也只占 43%。从群众参加斗争的积极性来看，在最好的县份，斗争大会上发言人只占 10% ~34%。从斗争的内容来看，19 个县的统计，关于减租减息问题斗争的次数只占 18% 而已，合理负担斗争占 24%，而反贪污、反恶霸、反维持等斗争的合计达 58%。从斗争对象上来看，13 个县的斗争对象共计 3088 人，地主只占 28%，富农占 33.6%，经营地主占 6.3%，而中农居然占 26%，贫农占 7%。③

---

① 《池必卿同志谈太行群众运动》（1986 年 7 月 22 日），《太行革命根据地史料丛书之七：群众运动》，山西人民出版社 1989 年版，第 270 页。

② 《中共晋冀豫区党委关于执行土地政策指示给中央的报告》（1942 年 10 月 30 日），山西省档案馆编：《太行党史资料汇编》第五卷，第 793 页。

③ 《李大章在中共中央太行分局高级干部会议上的报告》（1943 年 1 月），山西省档案馆编：《太行党史资料汇编》第六卷，第 46 页。

1942 年是日军进攻更加猛烈的时期，群众斗争的开展更加困难。但是，考虑到这种情况，有 40% 的村落没有斗争，有 57% 的群众什么斗争也没有参加。可以说，被称为划时代的这一年群众运动质量还不够，还有很多不平衡的状况。

从斗争的内容来看，减租减息和合理负担合计只有 42%，尚未达到半数。并且，减租减息斗争的次数只有 18%，斗争对象中地主只占 28% 而已。这样状况的原因是正如李雪峰的上述报告所述，太行区的领导层认为
167 该区的农民斗争还处在漫长的酝酿阶段，而在这个阶段，抓住群众最迫切的问题是发动群众的主要方针。正如李大章提到的运动缺点，“许多地区的斗争，一般都还停留在反贪污、反摊派、反恶霸的初期阶段上，真正进入到削弱封建势力的减租减息与合理负担的斗争还是很少”①。

另外的原因是，太行区的土地集中程度较低（华北基本如此），佃农很少，仅仅通过减租很难发动起多数的农民。1942 年，太行区党委调查室对运动前的 8 个村子的出租户与出租地及承租户与承租地进行调查。结果显示，出租土地户各阶层的比例为，地主（含经营地主）20.4%、富农 30.1%、中农 41.9%，贫农 7.5%。各阶层出租土地的比例为，地主 61.1%、富农 12.2%、中农 20.0%、贫农 1.2%。承租土地户各阶层的比例为，富农 1.1%，中农 17.9%，贫农 78.8%，雇农 1.7%。承租土地的各阶层比例，富农 1.7%、中农 16.4%、贫农 77.4%、雇农 4.1%。② 另外，党内文件提到，出租土地的户“不一定是地主成分”。而有些贫农因为土地较远不便耕种，有些（家中）老弱妇女、劳动力缺乏，有些男人参加抗战，所以不得已将土地租出去，减租时应区分对象分别进行。③ 减租减息运动的对象，不仅包括地主在内，而且还包括一部分的富农、中农，
168 甚至还有贫农包括在内的可能。另外，一部分的中农可能还从减租减息中获益匪浅。

---

① 《李大章在中共中央太行分局高级干部会议上的报告》（1943 年 1 月），山西省档案馆编：《太行党史资料汇编》第六卷，第 48 页。

② 《太行区社会经济调查（第二集）》，晋冀鲁豫边区财政经济史编辑组，山西、河北、山东、河南省档案馆：《抗日战争时期晋冀鲁豫边区财政经济史资料选编》第二辑，第 1410—1411 页。

③ 《中共晋冀豫区五地委关于纠正群众斗争中偏向的指示》（1942 年 12 月 10 日），山西省档案馆编：《太行党史资料汇编》第五卷，第 877 页。

并且，根据区党委调查的估计，1942 年群众运动前，出租土地户占总数的 10.9%，出租的土地占总耕地数的近 19.4%，而承租户占总户数的 21%，承租土地占总耕地的 16.2% 多。① 从减租中受益的农民，只有五分之一而已。通过减租动员广大农民，最大问题是有上限的存在。

那么，1942 年群众运动实际上是如何开展起来的呢？赖若愚后来谈到，这个时期运动确实取得很大的成绩，并且高度评价它对于太行区来说是个“划时代的运动”。然后指出：

> 1942 年群众运动中，许多地区都是从反贪污、反恶霸、反摊派开始的，而且实际上时间拖得太长，各方面也牵动颇大。有许多地主就是在这一阶段被打垮的。我们的许多干部陶醉在当时的热烈气氛之中，有计划地转入真正的减租，一般是缺乏的。另一方面，当时“左”的现象也确实是相当普遍的。

赖若愚认为“左”的现象包括，过分的包赔，大量的罚款，过度的负担斗争，减租、清债中的过分退租退息。斗争方式上，多着重开大会，打骂地主等。②

这种“左”的现象普遍存在的原因之一是，干部鉴于 1940 年的经验，生怕给下级、给党员和群众泼冷水。许多地方在放手发动群众的要求之 169
下，干部便把 1938 年、1939 年的经验全盘搬过来，使运动向着极“左”方向发展。③ 1943 年 1 月，在涉县召开的中共北方局太行分局高级干部会议之后，各地“左”倾蛮干的现象都逐渐停止。④

---

① 《太行区社会经济调查（第二集）》，晋冀鲁豫边区财政经济史编辑组，山西、河北、山东、河南省档案馆：《抗日战争时期晋冀鲁豫边区财政经济史资料选编》第二辑，第 1410—1411 页。

② 赖若愚：《深入研究区党委减租运动指示贯彻减租运动》（1945 年 1 月），山西省档案馆编：《太行党史资料汇编》第七卷，第 413—414 页。

③ 赖若愚：《目前时期的支部建设问题》（1943 年 9 月），山西省档案馆编：《太行党史资料汇编》第六卷，第 757 页。

④ 《中共晋冀豫区党委关于群众工作指示》（1943 年 7 月 1 日），山西省档案馆编：《太行党史资料汇编》第六卷，第 584 页。

表Ⅱ-4　　1942年群众运动前后各阶层户数与土地所有状况

（土地单位：亩）

阶层	时期	户数	%	土地	%	每户占有的土地
地主	运动前	60	2.8	5918.56	23.0	98.64
	运动后	49	2.0	2094.67	8.8	42.28
经营地主	运动前	11	0.5	410.57	1.6	37.32
	运动后	10	0.4	218.24	0.9	21.82
富农	运动前	158	7.3	4797.84	18.7	30.37
	运动后	167	6.9	3463.73	14.5	20.74
中农	运动前	823	37.8	9510.09	37.0	11.56
	运动后	1132	46.8	13072.80	54.9	11.54
贫农	运动前	1065	49.0	4875.61	19.0	4.57
	运动后	1019	42.1	4779.22	20.1	4.69
雇农	运动前	41	1.9	64.35	0.3	1.57
	运动后	23	1.0	94.90	0.4	4.13
其他	运动前	19	0.9	95.20	0.4	5.01
	运动后	19	0.8	100.90	0.4	5.30

资料来源：太行区党委研究室：《一九四四年减租减息后农村阶级关系的变化》，山西省档案馆编：《太行党史资料汇编》第七卷，第650页。①

1942年群众运动，给太行抗日根据地的土地和阶级关系带来什么变化呢？上表显示的是，运动彻底与不彻底两类地区15个村的统计。

170 根据这个统计可以看出，群众运动前约占2.8%户数的地主拥有的耕地达23%，如果算上经营地主和富农的耕地，则是10.8%的家庭拥有耕地的43.3%。贫农与雇农户数占50.8%，却只拥有19.2%的耕地。群众运动后，地主（经营地主除外）减少了11户，每户占有的耕地减少了近60%。地主、经营地主、富农在内，耕地约减少了24.2%。结果，地主中

① 资料原来自：《太行区社会经济调查（第二集）》，晋冀鲁豫边区财政经济史编辑组，山西、河北、山东、河南省档案馆：《抗日战争时期晋冀鲁豫边区财政经济史资料选编》第二辑，第1408页。但是，这个资料的数字有不准确的地方。所以使用《太行党史资料汇编》第七卷的数字进行修正。

的一部分下降为富农，甚至下降为中农。富农的一部分下降为中农。另一方面，中农的户数增加了9%，占总户数的近一半。但是，中农的每户拥有的耕地面积几乎没有变化。另外，贫雇农中的一部分中农化，户数也减少了。就这样，1942年的群众运动给太行地区的社会结构造成相当大的变动，作为整体来看小农经济扩大了。

据1944年发行的《太行区社会经济调查（第一集）》作者的分析，造成这个时期社会变动的因素如下。第一，是减租。一般情形是租额减少了一半。因为过去减租不彻底，所以各地普遍都实行了退租。榆社等地的退租，是从1938年开始计算的，地主拿不出这么多粮食退给佃户，便把退租额折算成土地返还给佃户，丧失很多土地。另外，各地普遍订立租佃契约，规定三年至五年以上的佃权年限。第二，是减息和清债。农民身上的债务大体上解除了，因而引起土地的变化也不少。第三，是向地主身上挤负担，负担范围大大缩小。第四，是反贪污、反维持退款及斗争罚款。这 171
对阶级关系的变动起很大作用。如潞城反贪污反到光绪年间，结果引起许多地主、富农的破产。

就这样，地主土地削弱一半是极普遍的现象，很多地主变成了小地主。在这样的状况下，租地和佃户有很大的减少。与过去明显不同的是，买卖土地成了土地变动的主要部分，占减少土地的四分之一，增加土地的五分之一。“在地主抛出土地的好机会里，很多贫农将维持生活所必需的粮食卖了去买地，还有饿着肚子拿救济粮款去买地的。这是相当普遍的现象。”另外，还有一部分是分配过去春耕运动中没有分配的公地、族地及没收汉奸的土地。在斗争很“左”的地方，也有地主和富农转让土地的。地主手中典出土地的现象，在这个时期不占重要地位，但是占的比重不小。①

正如“前言”部分所述，田中恭子认为，一般的减租减息原则（减租适用于将来，减息适用于过去）“唤醒广大农民大众的热情”是很困难的。所以，清算“封建势力”过去“压榨”的账目，采用的是名为“退租退息”的“清算旧账”方式进行的。并且，华北地区的佃农较少，“清算旧账”扩大到开展“反贪污”“反黑地”“反恶霸”等群众运动。②

---

① 《太行区社会经济调查（第一集）》，晋冀鲁豫边区财政经济史编辑组，山西、河北、山东、河南省档案馆：《抗日战争时期晋冀鲁豫边区财政经济史资料选编》第二辑，第1375—1380页。

② 田中恭子：『土地と権力——中国の農村革命』，名古屋大学出版会，1996年，第91—96頁。

《太行区社会经济调查》提出引起社会变动原因中，第一退租，第二
172 退息，第三反贪污、反维持是属于“算旧账”的内容。这印证了田中的观点。另外，买卖在土地变动中占很大比重，也是值得关注的事情。处在“算旧账”的情景下，地主出售土地事出有因。并且，面对群众运动高潮的地主，为躲避负担的加重或成为斗争对象，也会因此出售土地。

另外，正如田中恭子所说，“反黑地”是将负担推向地主，也就是说涉及合理负担的问题。即根据土地测量的结果揭发黑地，提高隐瞒土地的地主的税负，争取税负公平合理，进而推动负担政策向前发展，保障征税工作正常化、保证军政费用的正常开支。① 贪污、恶霸征收的罚款被地方分配给村民，对黑地征收的罚金、加征金、利息，成为边区政府的财政收入来源。

在1942年的群众运动中，为什么合理负担也与减租减息一样成为主要的斗争内容呢？太行根据地的领导人认为，减租减息与合理负担斗争一起，可以削弱“封建势力”。与此不同，反恶霸、反贪污等的阶级性质是模糊的。② 合理负担斗争加重了地主的税负，削弱了他们的经济势力。另外，反贪污、反恶霸等，富农、中农也成为斗争对象，有时贫农成为斗争对象的情况也不少。关于反贪污，由于村政民主化，一般的农民可以担当村中的行政事务。关于反恶霸，由于其定义不明确，作违法行为和非法行
173 为的人，谁也有戴恶霸的帽子的可能性。③

并且，与合理负担相关、追究税负不公正，是“统一战线性质”的工作。不仅贫苦的群众、中农和富农，甚至中小地主的负担都可能会减轻，要考虑到他们因此而提供的支持。④ 从减租减息中获益的人数有限，合理负担斗争则被看作是能够动员更广泛阶层的运动。实际上，辽县有向地主

---

① 《社论：继续正确深入负担法令》，《新华日报》（华北版）1942年12月5日第1版。

② 《李大章在中共中央太行分局高级干部会议上的报告》，（1943年1月），山西省档案馆编：《太行党史资料汇编》第六卷，第48页。

③ 关于“恶霸”，田中恭子认为，“过去对违法行为、违背道义的行动、见到不喜欢的等，谁都可以扣上恶霸的帽子”。（田中恭子：『土地と権力——中国の農村革命』，名古屋大学出版会，1996年，第94頁）

④ 《社论：把我们的负担政策贯彻下去》，《新华日报》（华北版）1942年10月20日第1版。

“挤分”的口号。182户的村子里，“挤分”的结果，只有102户负担，许多中农没有负担，这是和党中央与边区政府所指示负担面应达80%的政策是不相符的。①

（三）武装斗争的影响

1942年的群众运动，给根据地武装斗争带来什么样的影响呢？首先，就民兵等群众武装组织而言，1943年初杨殿魁提到，1942年“3月以后全区先后开展起执行土地政策的群众运动，在这个运动中人民武装也比较普遍地发展着与改造着，得到新的开展与活跃”。关于民兵的具体表现，如下所示：

从全区的数目上说比1941年底还减少了数千（1941年底为56562人，现为50901人）。不同的是1941年底许多是有名无实的空架子，是按年龄 174
强迫编制起来的，2月、5月的反“扫荡”后薄弱地区大部分垮台，现有的民兵开始成为群众真正自愿的组织，在质量上战斗能力上都比1941年底增强。

并且，杨殿魁补充性地总结到，“群众运动处在初期阶段，减租减息未彻底实现的地区，群众斗争的性质多是反维持、反恶霸、反贪污、反摊派等一类的问题，阶级性不明显”，因此民兵的“成份和动机是比较复杂的。从成份看包括了各种成份，地主、富农、中农、贫农都有，特别是富农占有相当大的比重”。动机也是多种多样，一般来说，贫农多为多分东西，保护斗争，怕人报复；中农多为减少支差，减轻负担；游民多为依势发财、报仇等；富农、地主多为表示开明，缓和斗争，或夺取领导等。但是，“随着群众斗争的深入，民兵在成份上、参加动机上、表现上也不断变化”。一般说，运动深入到减租减息、合理负担的时候，“民兵中贫民成分增加，积极性也提高，并逐渐成为民兵的主干”。参加动机也比较纯洁一些，一般以“保护既得政治、经济利益，打击敌人”者居多②。

---

① 《彭德怀在太行区军队营级、地方党县级以上干部会议上的报告》（1942年12月18日），山西省档案馆编：《太行党史资料汇编》第五卷，第921页。

② 杨殿魁：《一九四二年人民武装政治工作几个问题总结》（1943年），山西省档案馆编：《太行党史资料汇编》第六卷，第287—288、290、292、294—295页。

另外，晋冀豫区武委会对1942年2月“扫荡”、5月和6月的“扫荡”、10月“扫荡”中民兵的表现进行总结时指出，民兵每一次都坚决、顽强地与日军作战。2月反“扫荡”时，“有群众运动，未能认识武装自己的必要”，只是消极地避免损害的扩大。有好多地方的群众认为民兵招
175 来灾祸，“反对游击战争，反对民兵打”，民兵的活动也很少与群众利益相结合。5月、6月的反“扫荡”中，先进地区大部分的民兵尚能对敌坚持作战，“群众这方面才开始认识武装自己，要求民兵打”。10月反“扫荡”时，民兵显示对敌战争的英雄姿态，组织群众、掩护群众转移，群众处处拥护民兵、依靠民兵。①

群众运动的发展对参军也产生了影响。群众增强了保卫其利益的斗争要求，民兵有大的发展，群众称八路军为“咱们的八路军”，各地组织了县、区、村的参军委员会。由于以前“参军难”的影响，好些地方保证参军战士两年退伍、不打硬仗、不远离家乡、保证优抗等。但是，从县和区干部动员到村干部与群众动员后，参军运动从村子、人们之间迅速传开。有的参军大会上，自愿参军的已占相当数量。各地一般先后半个月完成了任务，且质量一般都很好，基本上打破了过去参军难的思想。但是，这样的情况主要限于群众运动开展活跃的地域。这个时期的参军运动，一般都是以自上而下的方式进行的，缺乏群众的思想自觉。参军的新战士绝大多数仍是外力的推动和影响。在群众运动开展较差的村子，仍有不少买卖士兵、抓阄抽签、强迫威胁等现象存在。②

从以上内容可以看出，1942年群众运动的发展，成为太行抗日根据地
176 转折期到来的分界线，给根据地的领导层带来了很大的信心。1942年8月，邓小平给毛泽东的电报中说，1942年下半年群众运动轰轰烈烈，“基本群众大大发动起来了，根据地面貌完全改观。尔后，一切工作都好做

---

① 晋冀豫区武委会：《人民武装军事工作总结》（1943年），山西省档案馆编：《太行党史资料汇编》第六卷，第344—347页。

② 《太行区九年来参军的经过情况及其主要经验》，山西省档案馆编：《太行党史资料汇编》第七卷，第791—793页。

了，一切任务完成都容易了，党、政、军与人民的关系密切了”①。另外，赖若愚在总结中称，“1942 年的群众运动，对太行区是一个历史的转折点”，“扫清了过去的苦闷状态，给以后的工作打下了坚强的基础，也给广大的干部和群众留下了深刻的印象”②。

但是，群众运动中仍然有些重要的问题需要注意。其中之一便是运动的“左”倾带来的问题。运动的“左”倾，给社会安定和生产发展带来不良影响。激烈的斗争，对地主和富农的资本主义经营也带来较大的影响，许多雇农被解雇。合理负担、反贪污及无原则抽地，使得富裕中农也受到波及，他们的土地出现减少。农民担心会因成分上升招致麻烦的警惕心理加重，这对于以后的生产运动是一障碍。另外，斗争果实的分配有不公平的现象，有些地方党员成分上升大于群众。好多地方分配果实是干部多，党员次之，积极分子与民兵又次之，落后群众最少。③ 这些问题以后怎么解决呢？

第二节　民众运动的再起 177

（一）根据地相关状况的变化

1943 年，是第二次世界大战战局发生转变的一年。在欧洲战场，1 月 31 日，斯大林格勒的德军向苏联军队投降。在太平洋战场，日军 1942 年 6 月中途岛海战失败后，1943 年 2 月又从瓜达尔卡纳尔岛退出。世界反法西

---

① 《邓小平对十个问题的答复》（1944 年 8 月 24 日），山西省档案馆编：《太行党史资料汇编》第七卷，第 95 页。共产党方面，经过 1942 年群众运动，“党的威信大大提高……成份好、觉悟高的积极分子涌进党内来”，“党员中贫雇农的比例有所增加，而且党组织的力量有了新的增强”。（王定坤：《太行革命根据地党的建设综述》，太行革命根据地史总编委会：《太行革命根据地史料丛书之二：党的建设》，山西人民出版社 1989 年版，第 35 页）另外，关于群众团体和政权，“群众团体，特别是农会组织有了很大的发展，并且有了很高的威信；少数被地、富操纵的村政权和农会也进行了改造”。（《太行革命根据地群众运动史略》，《太行革命根据地史料丛书之七：群众运动》，山西人民出版社 1989 年版，第 38 页）

② 赖若愚：《一九四四年冬季以来减租运动总结》（1945 年），山西省档案馆编：《太行党史资料汇编》第七卷，第 468—469 页。

③ 《太行区社会经济调查（第一集）》，晋冀鲁豫边区财政经济史编辑组，山西、河北、山东、河南省档案馆：《抗日战争时期晋冀鲁豫边区财政经济史资料选编》第二辑，第 1379—1380 页。

斯同盟军队由战略防御转向战略进攻。中国战场上，日本操纵汪精卫政权对英美作战，强化其政治实力。同时，为了加强南方（东南亚、太平洋）的作战，从中国抽调兵力。日军华北方面的骨干兵团也被抽调，此后其作战能力逐渐下降。

由于1942年开展的群众运动，根据地的基础军事能力得到提高。1943年，太行根据地相关状况得到改善。比如，由于日军“扫荡”与傀儡政权扩大，曾经根据地面积大幅缩小的晋中区，“基本上已改变了一年以前严重的局面……根据地内基本群众已开始得到初步发动了，广大沦陷区人民也已由其自身的体验而日益倾向我们了”①。1943年5月份的反“扫荡”战，五分区（河北省西南、河南省东北）比上一年5月的情况已有明显不同。“群众斗争情绪与胜利信心很高，民兵到处打响，群众不再讨厌民兵，
178 而是紧紧地依靠他们。”五地委认为，“这是一年来群众发动、社会进步的明白表现”②。

太南区（四分区），长治有日军一个师团的兵力长期驻守，另外长治东南的太南与豫北设有国民政府军队的华北战略据点，第24集团军有二万兵力驻扎在此。因此，除黎城以外，这里成为根据地工作薄弱的地区。1942年以后，减租减息政策经过长时间的贯彻，发动了广大群众，打开了局面。1943年4月，日军突袭国民党第24集团军。5月，总司令庞炳勋向日军投降，国民党军队在华北的前方基地崩溃。这对于“变天思想”和“正统思想”来说是个极大的打击，国民政府军的威信大幅度下降，共产党与八路军的威信却成倍地增长。③

但是，由于1942年的群众运动中存在着不平衡及“左”倾现象，1943年根据地出现不容忽视的几个问题。首先看看不平衡的情况。左权县

---

① 《中共晋冀豫区二地委扩大干部会议决议》（1943年3月20日），山西省档案馆编：《太行党史资料汇编》第六卷，第225页。

② 《中共晋冀豫区五地委关于总结战争进行善后贯彻生产与救灾的指示》（1943年5月22日），山西省档案馆编：《太行党史资料汇编》第六卷，第419页。

③ 中共晋冀豫区四地委：《太南县级干部联席会议关于执行太行分局高干会议决议的决议》（1943年3月25日），山西省档案馆编：《太行党史资料汇编》第六卷，第264、268页；王孝慈：《当前太南情况与工作》（1943年6月），山西省档案馆编：《太行党史资料汇编》第六卷，第546—548页；太行革命根据地史总编委会：《太行革命根据地史稿》，山西人民出版社1987年版，第189—190页；《太行区党史大事年表》，山西省档案馆编：《太行党史资料汇编》第六卷，第820页。

（原来的辽县），作为运动开展最活跃的地区之一，该县四个村的调查中，“有组织群众仅占可组织群众的1/3；各阶层对政策的态度，中立的占半数……不积极生产的还有1/3”①。群众运动发动不充分的五分区，几乎所有县组织起来的群众未超过全县人口的10%。②

关于“左”倾的弊病。晋中区在斗争时，积极分子中的“左”倾思想正在旺盛的势头上，存在着“光想共产，不想动弹”的意识。另外，被斗争严重削弱的大地主，对共产党表示恐惧，怀恨在心，思想天变，暗中造
谣中伤，阴谋反攻。在经济上，尽量紧缩生产，怕成为被斗争的地主，大 179
量向外卖地、典地，甚至献地。遭受与地主同样对待的富农，也紧缩生产、卖地、典地或献地，并且更加不用雇工或减少雇工。这种现象在1943年春耕以后出现，中农和贫农的生产积极性大大提高，许多地主与富农却生产消极。③

五分区、六分区也出现了同样的现象。在很多地方，“把削弱封建当作消灭封建，许多地主、富农因此而仇恨群众与党及政府”。该区的县级干部对受伤过重打击的地主进行拉的工作，采取如下措施：罚款退款太重但尚未全部拿出者（实际也无力拿出），使其减交免交一部。罚款退款虽重但已全部交出，而形成倾家荡产情况或变为贫穷户，应经过调解让群众退出过分不合法的、与人情不合的款项。因打击过重而逃亡在外者，政府应该秉公处理与群众之纠纷，经过各种办法，劝其归来，并保障其安全，使他愿意遵守法令在抗日秩序下生活下去。④

（二）中农问题、吴满有运动

从第一部分第四章可以看出，太行区的生产运动克服了严重的自然灾害。但是，生产运动也有与群众运动产生矛盾的一面。群众运动深入，矛

---

① 李雪峰：《左权县四年工作简结及今后工作意见》（1943年），山西省档案馆编：《太行党史资料汇编》第六卷，第673页。

② 《中共晋冀豫区五地委关于后半年工作的决定》（1943年6月25日），山西省档案馆编：《太行党史资料汇编》第六卷，第553页。

③ 《晋中一九四三年春耕工作总结》（1943年），山西省档案馆编：《太行党史资料汇编》第六卷，第392—395、399—404页。

④ 中共晋冀豫区六地委：《六分区县干会关于群众工作讨论的结论》（1943年3月22日），山西省档案馆编：《太行党史资料汇编》第六卷，第256页。

头不仅指向地主，而且如果指向富农、富裕中农等，他们也会产生被打击的担心，就会丧失增加生产、成分上升的意愿。1943 年的生产度荒运动、180 1944 年的大生产运动，都是在 1942 年群众运动后进行的。当然，这些运动对上述问题产生了影响。于是，这个时期太行区的共产党内产生争论最多的“中农问题”① 和奖励富农经济的吴满有运动（这个时期，为促进农业生产发展，重视农业劳动组织化，即合作化事业。参照第一部分第四章）。

受日军“扫荡”及群众运动的影响，地主、富农受到削弱。太行抗日根据地农村的中农户数在总户数中所占比例，战前为35%（22 个县159 个村子），1941 年为43.5%（53 个村子），1942 年底（16 个县148 个村子。其中部分数据为1943 年）增加到47.9%。② 与此同时，共产党内中农的比率也出现变化。1940 年 8 月，全区中农党员的比例为 39.9%。1943 年 9 月老中农（战前即为中农）的比例为 30.4%，新中农（抗战以后上升为中农）的比例为25.9%，二者合计增加为 56.3%（4 个县 20 支部）。③

党内对于中农所持意见是有所不同的，有的主张中农不好、非整顿不行，有的认为今天成分没有问题。晋冀豫区党委认为，中农是小生产者，身上有许多弱点，但党的政策对他有利，他能接受党的政策与教育，在长期斗争中可教育好。④ 但是，1942 年群众运动中，比如六分区的好多村庄对中农开火，本区的县干部会议上对这种盲动行为给予了批判。⑤

① 赖若愚：《目前时期的支部建设问题》（1943 年 9 月），山西省档案馆编：《太行党史资料汇编》第六卷，第 760 页。

② 战前与 1942 年底的数据，来源于《太行区社会经济调查（第一集）》（晋冀鲁豫边区财政经济史编辑组，山西、河北、山东、河南省档案馆：《抗日战争时期晋冀鲁豫边区财政经济史资料选编》第二辑（原文为第一辑），第 1349、1381 页）。1941 年的数据，来源于《太行根据地土地问题材料初集》（1942 年 9 月 10 日）（山西省档案馆编：《太行党史资料汇编》第五卷，第 618 页）。

③ 1940 年 8 月的数据，来源于《中共晋冀豫区党委组织部给北方局的工作报告》（1940 年 8 月）（山西省档案馆编：《太行党史资料汇编》第三卷，第 543 页）。1943 年 9 月的数据，来源于赖若愚：《目前时期的支部建设问题》（1943 年 9 月）（山西省档案馆编：《太行党史资料汇编》第六卷，第 760、762 页）。

④ 中共晋冀豫区党委：《十三县三十九个支部的初步研究》（1942 年 9 月 20 日），山西省档案馆编：《太行党史资料汇编》第五卷，第 699、702—703 页。

⑤ 中共晋冀豫区六地委：《六分区县干会关于群众工作讨论的结论》（1943 年 3 月 22 日），山西省档案馆编：《太行党史资料汇编》第六卷，第 258 页。

区党委组织部长赖若愚，1943 年 9 月在支部工作研究会上对中农问题提出如下看法。首先，他指出老中农在支部中占有相当的数量，因此党内形成反中农的情绪，主张清洗中农，甚至有些地方把农会中的中农会员也 181
清洗了一些。但是，这是一个应该批判的危险倾向。抗战以前，中农没有政治地位，经济上也受相当剥削。抗日根据地开辟时期，在改造政权与负担斗争中，中农曾经是最积极的，起了很大作用。1940 年政策转变时期，负担面扩大、唯成分倾向和大清洗，对中农产生消极影响。去年（1942 年）清债斗争中，中农比较活跃，而对减租斗争则兴趣不高。现在，中农要求经济上上升、政治上保障其地位。“我们的政策也是容许而且奖励中农经济上上升，并保障其地位，巩固我党与中农联系的。”因此，“只要我们的政策正确，中农是完全可作为无产阶级的追随者的，中农的先进分子是可以改造成为无产阶级的先进战士的”。

新中农是在党的政策之下上升的，所以对党的政策一般信任，工作也一般积极。一部分上升为中农后，思想上很快起了变化，害怕负担，不关心贫农的生活，不热心减租。但他们比较容易说通，知道自己的利益是怎么得来的，懂得他们的命运是和共产党的命运结合在一起。① 对中农这方面情况的评价，太行抗日根据地内部是有争论的。区党委等领导干部，对中农的作用给予正面的评价。

那么，在太行根据地内对于吴满有运动存在什么意见与态度呢？这个运动是从 1943 年 1 月 11 日共产党中央机关报《解放日报》发表社论《开展吴满有运动》后开始的。这个运动不止局限于陕甘宁边区，而且还在日军后方的根据地广泛实施。吴满有在荒地上努力辛勤耕种，终于成为富 182
农，而且交纳大量的农业税，援助生计出现困难的抗属。吴满有成为被广泛介绍的模范公民。②

介绍太行根据地的吴满有运动，还是以平顺县（长治县以东）为例吧。平顺县经过 1942 年群众运动后，1943 年 1 月到 3 月的春耕时期，各阶层的生产情绪出现如下变化：

① 赖若愚：《目前时期的支部建设问题》（1943 年 9 月），山西省档案馆编：《太行党史资料汇编》第六卷，第 760—762 页。

② 内田知行：『抗日戦争と民衆運動』，創土社，2002 年，第 38 頁。

> 地主的不满情绪生长；富农恐怕斗争情绪存在；中农自满，对生产抱消极态度，怕上升为富农；贫农看不见前途，得意洋洋；雇工失业；知识分子想改变自己成份，以追求进步。

平顺县委认为，吴满有方向的宣传是解决一切问题的有效良药，是恢复、鼓励、提高各阶层人民生产情绪，完成当前春耕任务的有力武器，是新民主主义经济政策的具体说明。从 4 月开始一直到 6 月间的三个月，全力开展吴满有方向宣传。具体来说，就是印刷了 300 多本写有吴满有故事的小册子，每个干部、每个小学教员、每个村庄都有了吴满有方向的宣传材料。通过民众学校、小学校、各种会议、民兵、农会等进行宣传，召开座谈会，有计划、有重点地对不同阶层和不同对象进行宣传。由此，“争取地主开明而转向富农，安定和恢复了富农生产情绪，鼓励和提高了贫农的积极性”①。

183 平顺县有吴满有成功的例子，晋中的辽西（辽县西部）、和西（和顺县西部）、太谷等各县春耕中，涌现出很多吴满有式的模范农家。辽西春耕中，有 28 名劳动英雄出现，其中富裕中农 2 人，富农 4 人。其他，贫农 5 人、中农 15 人。②

但是，这样成功的例子并不是很多。李雪峰关于太行区整体生产运动的文件，与平顺县的吴满有运动总结几乎是同一时期，其中提到“奖励富农的政策没有为地主、富农所信任”，“富农还不完全安定，中农、特别是富裕中农表现‘裹足不前’，一部分中贫农只想‘损大户’、讨便宜，不顾惜地主、富农生产工具和耕牛的倾向仍然存在”。他对区党组织要求，生产运动中奖励富农生产、开展吴满有运动。③ 彭德怀在北方局党校的讲演中也提到，“应该将吴满有运动在敌后抗日根据地普遍开展起来”，“肃清农民中尚存在的‘怕升为富农’的思想，特别是肃清党内抵制富农经济发

① 《吴满有运动宣传的经验总结》（1943 年 6 月），山西省档案馆编：《太行党史资料汇编》第六卷，第 490—494 页。

② 《晋中一九四三年春耕工作总结》（1943 年），山西省档案馆编：《太行党史资料汇编》第六卷，第 400 页。

③ 李雪峰：《为什么开展生产运动是贯串全年各方面工作的中心环节》（1943 年 5 月 30 日），山西省档案馆编：《太行党史资料汇编》第六卷，第 454—455、458—459 页。

展的错误思想和一切阻碍新的富农发展的政策与做法”①。

党内对吴满有运动也存在着疑问。前述平顺县的总结中提到，“一区知识分子座谈会提出，‘为什么以前没提出吴满有而现在提出来啦？’‘吴满有一天天富了，是否到他儿子手里就要变成地主？’‘共产党是反对剥削，为无产阶级谋利益的，为什么又奖励吴满有这富农呢，又提倡剥削呢？’‘新民主主义的经济是什么？与旧的资本主义有何不同？’”等疑问。② 另外，“去做吴满有”成为回家剥削他人的借口。③ 掌握村政权的一 184
些富裕中农拿上公家的款项，借“学习吴满有”而发财。④

这样对于吴满有运动来说，太行根据地的农民，担心变成斗争对象的恐惧和对运动本身的疑问依然普遍存在。在这种情况下，推动吴满有运动是不容易的。1945 年 10 月，太行区党委调查研究室的调查结果显示，“‘吴满有方向’虽在群众中宣传，但真正新的富农经济——吴满有方向是未大量实际行动的”⑤。大力开展群众运动和提高生产力而发展富农经济之间互相矛盾，二者同时兼顾是极难解决的课题。

（三）妇女政策的转变

在农民群众运动发展的 1942 年，共产党的妇女政策也出现很大的变化。因此，其意义值得给予关注。

1940 年至 1941 年间，各地区的妇女救国会重点进行了反对公婆、丈夫虐待的斗争（反虐待斗争）。所采取的方式，多为召开群众大会，向政府请愿，处罚。一般都是容易取得胜利的。对于虐待妇女致死的人，特别

---

① 彭德怀：《论敌后抗日根据地的三个中心任务》（1943 年 9 月 6 日），山西省档案馆编：《太行党史资料汇编》第六卷，第 743 页；赖若愚也提出，“对中农、贫农当然也是要加强吴满有方向的教育，思想上纠正安于贫穷的糊涂思想”。[赖若愚：《目前时期的支部建设问题》（1943 年 9 月），山西省档案馆编：《太行党史资料汇编》第六卷，第 763 页]

② 《吴满有运动宣传的经验总结》（1943 年 6 月），山西省档案馆编：《太行党史资料汇编》第六卷，第 498 页。

③ 李雪峰：《开展生产度荒运动》（1943 年），山西省档案馆编：《太行党史资料汇编》第六卷，第 645 页。

④ 《武乡农民各阶层（中贫雇农）生活特点及其干部生长的调查》（1943 年 7 月），《太行区社会经济调查（第一集）》，晋冀鲁豫边区财政经济史编辑组，山西、河北、山东、河南省档案馆：《抗日战争时期晋冀鲁豫边区财政经济史资料选编》第一辑，第 1396 页。

⑤ 《太行区社会经济调查（第二集）》，晋冀鲁豫边区财政经济史编辑组，山西、河北、山东、河南省档案馆：《抗日战争时期晋冀鲁豫边区财政经济史资料选编》第二辑，第 1415 页。

将凶手带到各村开群众公审大会，然后处决。这种（作法的）镇压作用是很大的。但是，有很多方式是幼稚的，单纯是从报复观点出发的，并没有
185 达到争取大多数人士同情及教育广大群众、启发妇女觉悟的目的。动员妇女参加生产，被认为是组织妇女的基本途径。动员妇女参加农业生产，在许多地区成立了生产小组、互助组，但多属形式空洞的组织。强调妇女单独地集体耕种，只有少数妇女参加这种生产劳动，而且妇女脱离家庭参加农民生产，并没有改善妇女的生活及地位。相反地，促进了家庭对妇女及妇救会的不满。不过改变了妇女对劳动的观点，在副业生产上，尤其纺织业有了很大的发展。妇女自卫队方面，活跃了一部分青年妇女，而多数妇女对此有反感。①

妇女的负担也很繁重。为士兵制作布鞋和衣服，是一大负担。妇女组织繁多，经常的突击工作使得妇女忙上加忙，痛苦不堪。妇女识字班到处建立，特别是实验区，妇女们从事繁杂的家庭事务，还得一天一次或三天两头地去上识字班，费力却没有效果。辽县、黎城县妇女工作模范村，1940 年春耕时期，新成立的妇女组织达 13 种之多。有一个妇女救国会员从早到晚开了七八次会，连饭都吃不到嘴里，晚上到家还挨了丈夫的毒打。②

与共产党的组织一样，1940 年妇女救国会进行了组织整理。许多地区对过去的组织完全否认，大量洗刷会员，重新建立组织，一般表现出“左”的关门主义倾向，使妇女救国会的组织大幅缩小。③

186 百团大战以后，日军激烈的“扫荡”与“治安强化运动”，给妇女生活带来非常大的动荡，活动由活跃转向停滞。“清剿”给妇女带来很大损

① 浦安修：《五年来华北抗日民主根据地妇女运动的初步总结》（1943 年 7 月 16 日），中华全国妇女联合会妇女运动历史研究室编：《中国妇女运动历史资料（1937—1945）》，中国妇女出版社 1991 年版，第 685—687 页。浦安修提到反虐待斗争的时间为 1940 年，其中的过激斗争是从 1939 年下半年到 1940 年上半年之间出现，这是与极“左”的群众运动时间上是有重合之处的。

② 《中共晋冀豫区党委第二次民运干部会议记录摘要》（1940 年 4 月），山西省档案馆编：《太行党史资料汇编》第三卷，第 157 页。

③ 浦安修：《五年来华北抗日民主根据地妇女运动的初步总结》（1943 年 7 月 16 日），中华全国妇女联合会妇女运动历史石研究室编：《中国妇女运动历史资料（1937－1945）》，中国妇女出版社 1991 年版，第 687 页。

伤，特别是妇女被奸淫后，情绪上受到很大损伤。① 根据反“扫荡”战争的经验，妇女在军事方面所起的作用需要给予检讨。妇女承担抬担架运送伤兵、上前线慰劳战士、甚至参加破坏道路等工作，在多数农村妇女是小脚、没有军事知识的情况下，是主观主义的苛求。与此相反，应该解决的是战争中如何保护妇女安全的问题。②

就这样，战争的惨烈使妇女生活的周围环境发生了很大的变化。1941年秋，蔡畅代替王明担任中共中央妇女委员会书记一职，共产党的妇女政策也出现大的变化。新妇女委员会对妇女运动的现状进行调查研究，认识到王明等人在妇女工作上存在主观主义和形式主义倾向。对脱离妇女群众、单纯考虑妇女利益，不顾农民整体利益的片面观点给予批判。③ 新组建的妇女委员会的方针，当然也传达到太行根据地，（当地对）主观主义和粗枝大叶的作风进行了批判，并对调查研究的必要性进行了强调。④ 后来，太行区妇女委员会也曾经在妇女工作方面存在错误思想。下面给予概括介绍：

> 特别在1942年以前，我们对农村妇女的要求了解很差，存在着严重的城市观点，认为发动妇女，必须使妇女走出家庭，走向社会，把做饭、看孩子也看成家庭对妇女的束缚。同时也存在着妇女工作的孤立主义，又不认识群众运动的整体性，脱离开全面的群众运动，强调 187
> 妇女工作就是解除妇女的特殊束缚。因此，不是首先与农民一道，去反对农村的封建统治者，而是一味地发动反虐待，反打骂斗争，发动离婚，造成男女对立，青老年对立，分裂了基本群众的家庭，造成许

---

① 晋冀豫区妇救总会：《一年来妇女工作总结报告》（1942年7月15日），山西省档案馆编：《太行党史资料汇编》第五卷，第375页。

② 力若：《扫荡时的妇女工作问题》，《华北妇女月刊》1942年第4期，《新华日报》（华北版）1942年10月14日第4版。

③ 中華全国婦女連合会編著：『中国女性運動史 一九一九—四九』，中国女性史研究会編訳，論創社，1994年，第414—415頁。1941年9月至10月的中央政治局扩大会议上，确认了王明1931年至1935年所犯的政治指导上“路线错误”。1941年10月至1945年底，王明以生病疗养为由停止活动。（田中仁：『一九三〇年代中国政治史研究』，勁草書房，2002年，第194頁；周国全等：《王明评传》，安徽人民出版社1989年版，第393页）

④ 盒岫：《展开妇女工作中的调查研究工作》，《华北妇女旬刊》1942年第1期，《新华日报》（华北版）1942年1月20日第4版。

多不能解决的家庭问题与婚姻问题，给我们以后组织生产以很大的障碍。①

与这份文件提到的离婚问题有重要关联的是，1942 年 1 月 5 日晋冀鲁豫边区政府公布并实施了《晋冀鲁豫边区婚姻暂行条例》。这个条例是根据平等自愿的婚姻原则制定的，提出禁止重婚、早婚、纳妾、蓄婢、童养媳、买卖婚姻等。男女订婚须自愿，男性不满十七岁，女性不满十五岁，不得订婚；婚约订立时，男女双方均不得索取金钱等报酬。另外，婚约可以解除。结婚须男女双方自愿，男性不满十八周岁，女性不满十六周岁，不得结婚。关于离婚，夫妻感情恶劣、致不能同居者，受到虐待者，另外三年以上生死不明者、配偶为汉奸者，均可请求离婚。只有从区级以上政府领得离婚证明书，始可离婚。但是，抗战军人的妻子，未经他（军人）本人同意是不能离婚的，四年以上毫无音讯者可以再婚，以视对抗战军人的关怀。②

这个婚姻条例公布后，自愿结婚的增加了。但一般来说，干部及知识分子在其中占大多数。离婚的原因多数是因为感情不和。妇女提出离婚要
188 求的，则是贫农的妻子占最多，其主要原因是她们嫌贫爱富。离婚的原因，还有政治思想上的不一致，如嫌丈夫行为不良等。对于离婚问题的放纵，被视为妇女救国会最严重的缺点。不能掌握好“主要说服，促使双方和睦”的原则。因此，有些地方的妇救会被人看成挑拨离婚的机关，引起广大群众的不满。特别严重的是，提出离婚要求的多半是贫农的妻子，结果让很多贫农受到极大损失，他们因此痛恨妇女救国会、痛恨《婚姻法》。③

是维持家庭和睦，还是打破妇女受到的束缚？共产党对于妇女问题的意见存在着互相对立的地方。到 1942 年为止，重视家庭和睦的意见增加，

---

① 太行区妇委：《太行区妇女工作初步研究》（1945 年 10 月 4 日），山西省档案馆编：《太行党史资料汇编》第七卷，第 727—728 页。

② 《晋冀鲁豫边区婚姻暂行条例》，山西大学晋冀鲁豫边区史研究组：《晋冀鲁豫边区史料选编》第一辑，1980 年，第 455—457 页。

③ 晋冀豫区妇救总会：《一年来妇女工作总结报告》（1942 年 7 月 15 日），山西省档案馆编：《太行党史资料汇编》第五卷，第 408—409、418 页。

但是两方面都是努力追求的目标。① 并且，对于这样意见的分歧产生很大影响的是 1942 年的群众运动。

以减租减息作为口号的农民运动正式开始实施于 1942 年秋天，华北抗日根据地的部分干部称，“只有农民起来后，妇女才能起来”，“过去农民未发动起来，都是由于强调了解决妇女、青年之特殊要求，因而对于今天提出解决妇女问题即是宗派主义，观念不正确”。在这种观点影响下，使得妇女干部莫知所从，或即放弃妇女工作。②

浦安修对几年来妇女运动主要偏向的妇女主义（片面强调妇女与家庭 189
的矛盾，站在片面的、狭隘的妇女利益问题上解剖问题，使妇女运动脱离了农民运动而陷于孤立）提出批判，同时也指出存在的偏向。另外，也指出妇女主义的另一种偏向是，“自流论”和“阶段论”。“自流论”是指，“农民发动了，妇女自然就发动起来”的观点。“阶段论”是指，先发动农民运动，然后进行妇女工作。浦安修批评到，“自流论和阶段论都是取消妇女工作的思想”③。妇女干部对农民运动和妇女运动关系的认识也存在问题。后来，太行区妇女委员会谈到农民运动时表示，“我们往往认为妇女不懂得，或者妇女嘴不稳，将她们摒弃于运动之外”④。

反对妇女运动的声音越来越强烈时，1943 年 2 月 26 日，中共中央在《解放日报》上发表《关于各抗日根据地目前妇女工作方针的决定》（“1943 年决定”）。这个决定对过去妇女工作中的成果给予肯定，同时也批评其中“缺乏充分的群众观点”，“没有深刻认识经济建设对于坚持抗战、建设根据地的重要意义，没有把经济工作看为妇女最适宜的工作，没有把握动员妇女参加生产是保护妇女切身利益最中心的环节”。然后提出，让广大农村妇女参加生产是“妇女工作的新方向”。

---

① 江上幸子：「抗戦期の辺区における中国共産党の女性運動とその方針転換——雑誌『中国婦女』を中心に」，『中国の伝統社会と家族』，汲古書院，1993 年。

② 岫岩：《农民运动与妇女运动》，《华北妇女月刊》1942 年第 4 期，《新华日报》（华北版）1942 年 10 月 14 日第 4 版。

③ 浦安修：《五年来华北抗日民主根据地妇女运动的初步总结》（1943 年 7 月 16 日），中华全国妇女联合会妇女运动历史石研究室编：《中国妇女运动历史资料（1937—1945）》，中国妇女出版社 1991 年版，第 700—704 页。

④ 太行区妇委：《太行区妇女工作初步研究》（1945 年 10 月 4 日），山西省档案馆编：《太行党史资料汇编》第七卷，第 728 页。

这个决定没有直接提及反虐待斗争与婚姻问题。但是，批判了“根据主观的意图去提出妇女运动的口号”，指出“提高妇女的政治地位、文化
190 水平、改善生活，以达到解放的道路，亦须从经济丰裕与经济独立入手”①。这种看法有出现轻视提倡参加生产以外问题的弊病的可能性。彭德怀指出，“中央这一决定是非常正确的”，“在根据地及游击根据地，妇女工作今天应该以‘生产’为中心”。同时他指示“所谓以生产工作作为中心，并不等于取消其他方面的工作”，而是推动其他方面的工作、继续为妇女争取利益，“摆脱妇女所受的封建束缚”②。从他后半部分的意见可以看出，他对这种弊病的出现怀有一些担心。

1943 年的时候，党中央发出的决定中为什么提出参加生产是“妇女工作的新方向”呢？其中的原因之一，是从当时抗日根据地所处的状况考虑的。对于太行根据地而言，正如前章所述，1942 年至 1943 年间，受到日军进攻与自然灾害的双重打击，根据地正值最困难的危机时期。克服危机的关键，就在于开展减租减息为标志的群众运动。并且，这种情况在华北抗日根据地普遍存在。但是，正如前文所示，反虐待斗争和离婚等保护妇女权利与利益的运动，在许多情况下是与男性农民的利益相冲突的。因此，毛泽东等共产党的领导人，应该会认识到这样的妇女运动对以农民运动为中心的斗争课题将产生阻碍。并且，1943 年，生产运动作为次于群众运动的“第二个革命”开展着。③ 党的领导人考虑将妇女运动纳入生产运动中。作为妇女运动的中心组织，妇女救国会也存在问题。1942 年 4 月，妇女救国会的会员人数扩大为 71042 人。1942 年夏，随着根据地面积缩

① 《中共中央关于各抗日根据地目前妇女工作方针的决定》（1943 年 2 月 26 日），中央档案馆编：《中共中央文件选集》第 14 册，中共中央党校出版社 1992 年版，第 24—25 页。

② 《彭德怀在晋冀鲁豫四区党委妇委联席会议闭幕时的讲演》（1943 年 4 月 22 日），山西省档案馆编：《太行党史资料汇编》第六卷，第 383—384 页。

③ 译者注：“第二个革命”，是指以农业合作化为主要内容的生产关系革命。1943 年 10 月 14 日，毛泽东在中共中央西北局高干会上指出，“边区束缚生产力发展的是过去的封建剥削关系，这种封建剥削关系，在有一半的地方经过土地革命已经完全破坏，另一半的地方经过减租减息也受到打击。这就是土地革命，是第一革命。但是，如果不进行从个体劳动转到集体劳动的第二个生产关系即生产方式的改革，则生产力还不能进一步发展。将个体经济为基础的劳动互助组织即农民的农业生产合作社加以发展，生产就可以大大提高，增加一倍或一倍以上……这样的改革，生产工具根本没有变化，但人与人之间的生产关系变化了。从土地改革到发展劳动互助组织两次变化，这是生产制度上的革命”。（毛泽东：《切实执行十大政策》，《毛泽东文集》第 3 卷，人民出版社 1995 年版，第 70—71 页）

小，大多数会员不起作用，什么工作也没有。会员中，青年妇女占多数，
中农占绝大多数，富农也很多，贫农却很少。活动内容只是适合青年妇 191
女，都是少数积极分子在活动，而脱离了广大妇女。另外，妇女救国会的活动与各个时期的中心工作缺少联系，或是只在中心工作中起辅助作用而已。

妇女救国会的干部也存在问题。救国总会与分会层次的25名干部中，外来的占了21人。高中以上毕业者，在25人中占了19人。家庭出身是地主和富农的占了三分之二。县干部中，外来的知识分子占三分之二，家庭出身是地主、富农的占三分之一。区干部都是提拔的地方干部，她们多是文化水平较低的农村妇女。上级干部对妇女工作没有坚定的信心与决心，特别是知识分子干部轻视妇女工作、讨厌妇女工作。另外，提拔的家庭妇女及地方干部比较安心做妇女工作。原因是地方干部尤其受压迫的农村妇女，她们对妇女的解放感到迫切的关心。另外，地方干部工作能力较弱，做其他工作条件不多。①

如同上述，妇女救国会的领导层与基层组织都算不上坚固，其中存在不少矛盾。这是单独解决妇女问题难于实施的原因之一吧。第一章第一节中介绍的太行区农村妇女所处的残酷环境，或许是浦安修指出她们心态的反映。在落后的农村社会，唤醒受束缚的农村妇女，对她们进行动员是极困难的课题。

192

第三节　1944年至1945年的民众运动

（一）太行区的整风运动

本节的中心内容，是1944年冬至1945年春检查减租减息推动下的群众运动（查减运动）。它与1944年农村开展的共产党支部整风运动息息相关。因此，下面先介绍一下太行抗日根据地的整风运动，尤其是农村的整风运动。

---

① 晋冀豫区妇救总会：《一年来妇女工作总结报告》（1942年7月15日），山西省档案馆编：《太行党史资料汇编》第五卷，第378—379、383—385、388—390页。

整风运动，是从毛泽东1942年2月1日在中央党校作《整顿学风党风文风》的报告开始的。3月17日，太行抗日根据地的《新华日报》（太行版）刊登了这个讲话。4月25日，晋冀豫区党委下达关于整顿三风的指示。① 但是，这个时期太行根据地正面临着日军的第四次“治安强化运动”，主要精力不得不投向反“蚕食”、反“扫荡”上，许多地方党组织根本无法将整风运动放在突出的位置。②

1943年1月25日至2月21日，太行分局高级干部会议在涉县的温村召开。会议上，彭德怀作出“今年必须把整风运动作为主要任务之一来进行”的指示，大会决定“各级党委必须根据大会结论，贯彻整风运动，并做出成绩来”③。此后，太行根据地的整风运动才正式开始。

193 整风运动的主要对象是党内的高级干部与中级干部，太行区的重点则是放在地委专署和军队的旅与分区以上的干部。此外，县级、团级干部的整风，主要采取集体整风的轮训方式。分区（县与支部间的机关）及营连一级的整风，则主要采取“简单而通俗”的上课讨论与反省方式。④

那么农村支部的整风运动的内容是什么呢？这是和1944年的查减运动有着密切关联的。在查减运动中，必须要把农民的“良心”“命运”等旧观念打破，必须让农民党员认识到自身存在的种种落后意识。也就是说农村支部的党员整风，是在群众中的思想自觉运动。⑤

另外，农村党员文化水平较低，理论知识不足，现实经验丰富，很少

---

① 《中共晋冀豫区党委关于整顿“三风”的指示》（1942年4月15日），山西省档案馆编：《太行党史资料汇编》第五卷，第247—250页。

② 李秉奎：《太行抗日根据地中共农村党组织研究》，第219—220页。

③ 《彭德怀在中共中央太行分局高级干部会议上的第一次发言》（1943年2月8日）、《中共中央太行分局高干会议对报告和结论的决议》（1943年2月21日），山西省档案馆编：《太行党史资料汇编》第六卷，第98、172页。

④ 李秉奎：《太行抗日根据地中共农村党组织研究》，第221页。整风运动中实施的“抢救失足者”运动（通过对国民党“特务”嫌疑者拷问及强制“坦白”，使许多人受到冤枉和伤害）。太行、太岳反特务斗争中，有许多人被捉、被杀。有两个参议员自杀，还有党外人士受到伤害。（毛泽东：《认真执行中央关于审查干部的指示》（1943年11月5日），中国人民解放军国防大学党史党建政工教研室编：《中共党史教学参考资料》第17册，第337页；《邓小平对十个问题的答复》（1944年8月24日），山西省档案馆编：《太行党史资料汇编》第七卷，第94页）

⑤ 王定坤：《太行革命根据地党的建设综述》，太行革命根据地史总编委会：《太行革命根据地史料丛书之二：党的建设》，山西人民出版社1989年版，第58—61页。

受到高中级干部中出现的教条主义影响。但是，农村党员干部另一方面却存在阶级意识模糊，这是农村支部开展整风运动时的重要目标。阶级意识的缺乏，容易造成开展减租减息运动时的“恩赐”观念，同时导致党员干部脱离群众乃至成为“新贵”。特别是农村党员中出现明显的中农化趋势，能够读写文件的中农、富农党员更容易被委任为干部。他们如果缺乏阶级意识的话，对自己成分上升的原因不明就里，很容易形成对减租减息不关心、敷衍了事。①

下面介绍几个农村整风运动的具体例子。平顺县的王曲村，支部内存 194
在新旧干部之间的宗派对立。党的上级组织决定让村支部在群众大会上审查功过。党员们得知他们领导群众改善了生活、党支部得到群众的支持，党内因此消除了宗派对立。1943 年下半年，左权县桐滩支部中的部分干部，出现明显的腐败迹象。党的上级组织，让腐化的干部到群众大会上进行审查，让没有“反省”的干部轮流“过关”。但是，大会后，作过反省的 5 名干部又对群众产生怨恨，并埋怨上级领导不照顾他们。上级党组织对他们进行一一说服，结果，大部分党员开始活跃起来。平顺县的黄花支部，1942 年群众运动后，出现党员干部偷吃公地的租地、多分斗争果实、私分多收的公粮等不正当行为。这些情况暴露后，使得群众非常愤怒，主张将他们全部打倒。根据县委与区委的意见，教育农会会员讨论，现在的干部是否与地主一样，他们做了哪些坏事，做了哪些善事？让农民们认识到，干部们帮助他们翻了身，干部的错误与地主的错误是不一样的。另外，在支部中进行反省教育的基础上，召开群众会议。在群众会议上，干部开展自我批评，退还粮款，让群众感到满意。这三个例子中处理的问题不同，但是它们的共同点是，通过“翻身反省”阶级教育，并且利用群众批判的方法来解决问题。② 这些都是成功的事例，对于认识农村整风运动的开展是个参考。

195

① 李秉奎：《太行抗日根据地中共农村党组织研究》，第 221—225 页。

② 王定坤：《太行革命根据地党的建设综述》，太行革命根据地史总编委会：《太行革命根据地史料丛书之二：党的建设》，山西人民出版社 1989 年版，第 59—60 页；李秉奎：《太行抗日根据地中共农村党组织研究》，第 233—240 页。

（二）双减斗争的开展

1944年8月，太行区党委召开地委书记联席会议，研究减租减息的问题。11月17日，发出《关于贯彻减租减息运动的指示》。指示中提出，经过1942年减租的地区，仍然普遍存在着减租不彻底、明减暗不减、佃户的佃权被夺回等现象。因此，提出“今年必须进行普遍与彻底的减租运动”的号召。其方法是，第一，贯彻自己解放自己的思想与精神，避免恩赐、包办的官僚主义作法；第二，所有农民佃耕的土地一律依法减租；第三，要分别斗争对象。对待顽固地主、较大的地主，应组织群众有力的斗争。对于中、小地主，所有租地须深入检查，耐心处理；第四，要采用民主说理的斗争方式，避免打人骂人的方式。另外，开展真正的群众运动，须采取新的领导方法，也就是说要站在群众中领导群众，采取群众路线。① 另外在此不久前，边区政府就土地问题作出指示，其中对于地主无故收回佃户土地者，地主应将收回的土地退还佃户租种。如果地主故意将收回土地出卖或转租与他人者，地主应在自己土地中选择同等土质与数量之土地租与原佃户，并适当赔偿夺地期间佃户之损失。②

196 1944年，双减运动的突破口是从平顺县路家口村打开的。这个村子经过1942年减租后，出现了以下的情况：有少数人确实按法令减了租，生活得到改善。其中主要是干部。有多数人明减暗交。有少数人因减租被夺佃，生活困难，无人过问。11月8日开始，先进行干部的反省和检讨，这些问题变得清楚起来。村干部根据整风精神进行反省时提到，他们过去只在意自己生活的改善，忘记了别人的事，村里40多户贫雇农还没有得到减租利益。干部们反省、检讨后，到个别佃农家访问，发现了问题。然后，召开了关于土地问题的会议。于是，村长、政治主任等会上自我批评说，

---

① 《中共太行区党委关于贯彻减租运动的指示》（1944年11月17日），山西省档案馆编：《太行党史资料汇编》第七卷，第147—151页。太行革命根据地史总编委会：《太行革命根据地史稿》，山西人民出版社1987年版，第225页。

② 《边府关于普遍深入执行土地法令认真减租的指示——几个土地问题处理办法的决定》，《新华日报》（太行版）1944年10月27日第4版。另外，该指示对于明减暗不减或者死租变活租的租额变更情况，则规定地主应将多收地租，全部退还给佃户。

现在有吃有穿，忘记了村民，认为减租是过了。佃农也在发言中反省，他因讲“良心”，怕变天，不敢减等。这样，干部与佃农都作了自我反省，问题得到解决。① 12 月，区党委总结了路家口村的经验，并在《新华日报》（太行版）上发表，推动了全县的减租减息运动，对其他地方也起到示范作用。②

但是，减租运动开始两个多月以后，多数地区仍然没有充分开展。有的
没有减租或因减租而丧失佃权的达 50%，过去实施减租比较差的地区普遍存 197
在着明减暗不减的现象。减租开展比较好的地区，也发生不少夺佃的现象。这种现象说明，1942 年运动中恩赐观点普遍存在，严重影响全区减租运动的深入发展。路家口村的经验，在全区还没有被广大干部和群众接受。③

减租运动迟迟没有进展的原因之一是，干部对这个运动存在着消极的态度。很多干部认为“所有问题在 1942 年都解决了，现在没啥问题了”，或者认为“减租发动群众的面不宽，反贪污才能广泛地发动群众”④。

另外，这个时期的民主运动再次出现“左”倾的势头，干部的应对已经与 1942 年时有所不同。1942 年的情况是干部命令群众斗争，替群众多分果实。这一次，对于群众的过火行动采取自流主义的放任态度。比如第四分区，农民把地主的土地、房间都斗光了，干部实际上是赞成的，这样更助长了群众的过火行为。这些干部的恩赐情绪与群众发横财的思想相结合，便形成更加群众性的“左”，这就是当年的“左”的特点。并且，干部的“左”倾有这样的背景，即他们当时对毛泽东《湖南农民运动考察报

① 《平顺路家口从反省中打通思想发动群众检查减租》（1944 年 12 月 20 日），山西省档案馆编：《太行党史资料汇编》第七卷，第 435—440 页；《从减租减息到实现“耕者有其田”》，太行革命根据地史总编委会编：《太行革命根据地史料丛书之五：土地问题》，山西人民出版社 1987 年版，第 25 页。

② 太行区党委办公室《从反省中打通思想发动群众检查减租——平顺路家口的经验介绍》，《新华日报》（太行版）1945 年 1 月 21 日第 4 版；太行革命根据地史总编委会：《太行革命根据地史稿》，山西人民出版社 1987 年版，第 226 页。

③ 《中共太行区党委关于继续开展减租运动准备春耕生产的指示》（1945 年 2 月 5 日），山西省档案馆编：《太行党史资料汇编》第七卷，第 418 页；李雪峰：《李雪峰回忆录（上）——太行十年》，中共党史出版社 1998 年版，第 271 页。

④ 赖若愚：《一九四四年冬季以来减租运动总结》（1945 年），山西省档案馆编：《太行党史资料汇编》第七卷，第 473 页。

告》存在着片面的、错误的理解。①

关于黎城县克服运动中过火倾向的经验印发后，（太行根据地）群众
198 中的过激问题迅速得到纠正。黎城县在1942年的群众运动中和群众运动后，曾经发生严重的夺地问题。1944年11月，区党委发出关于贯彻减租运动的指示。此后，许多村子开始进行减租运动，在处理夺地问题上发生了机械过火的问题。因此，造成很多地主完全破产。经过1942年的群众运动，地主整体上已经受到削弱，能够退给佃户的土地越来越少，生活变得难以维持下去，地主们纷纷向政府哭诉困难。县委召集农民和地主代表，组织县仲裁委员会来解决这些问题。但是，县仲裁委员会难以发挥作用，县委决定将问题交给农民们自己来处理。农民们召开会议选举5个人组成主席团，以主席团为中心对地主进行一个一个的个别审查，四天内共处理13个地主、76个佃户的问题。农民们对于一个地主为了打日本做了让步，并归还给他少部分土地。相反，对于当汉奸的地主没有让步。另外，对于儿子参加八路军的地主很客气并做了让步。通过这次的斗争，农民们增加了信心和勇气，他们相信自己可以和地主斗争、可以把问题处理得对。地主们经过农民的让步，一般都表示满意。②

1945年2月5日，太行区党委发出关于减租运动的第二个指示，指出“许多地方的群众，尤其靠租地过活的贫农群众，还没有真正发动和组织起来”，贯彻减租，把群众从减租运动中组织起来。这个指示强调，根据
199 群众路线指导（运动），“恩赐观点、恩赐办法和群众观点、群众路线，正是目前运动中两种基本的不同思想、不同路线、不同作风”。具体地来说，执行群众路线就是召开佃户会议，诱导群众“诉说自己的痛苦”（诉苦），

① 于一川：《关于减租运动中几个问题的意见》（1945年2月27日），山西省档案馆编：《太行党史资料汇编》第七卷，第460页。赖若愚提到《湖南农民运动考察报告》时说，“毛主席那个《报告》是在大革命时代写的，当时的情况与今天有重大的差别……我们读毛主席的《报告》，应该学习他的革命精神、革命观点和革命的方法……而不能机械搬运”。（赖若愚：《深入研究区党委减租运动指示贯彻减租运动》（1945年1月），山西省档案馆编：《太行党史资料汇编》第七卷，第415页）另外，据称《湖南农民运动考察报告》在山东根据地的发行时间是1944年7月。（王友明：《解放区土地改革研究（1941—1948）》，上海社会科学院出版社2006年版，第96页）该书在太行根据地的出版时间，应该与此参照。

② 《黎城通过群众纠正处理夺地问题的过火》（1945年1月26日），山西省档案馆编：《太行党史资料汇编》第七卷，第443—449页；太行革命根据地史总编委会：《太行革命根据地史稿》，山西人民出版社1987年版，第227页。

激发阶级情感和阶级觉悟，让他们团结起来、组织起来，向地主进行有组织的斗争，以达到贯彻减租的目的。①

这个指示发出以后，（减租）运动进一步拓宽和深入。不仅以前的根据地，就连新开辟的根据地和游击区也开展了运动。运动由基点村为突破，到一般村子进行。平顺县参加（减租）运动的县、区、村干部达5000人，其他12个县开展运动的村子达到92%。② 最终，在春耕结束时的5月份，这次运动告一段落。③

（三）群众运动引起的社会变化

首先，对1944年至1945年间群众运动的特征进行总结。下面是赖若愚对这次运动的概括：1942年的群众运动，对太行区是一个历史的转折点。运动曾经长期停留在反贪污、反恶霸和清债负担的阶段。其中的不足有以下几点：就干部的思想作风而言，严重存在着代替、恩赐的作风；就多数农民而言，减租后依然存在着“亏心”、怕“变天”的思想；另外，地主乘机夺佃、展开反攻。1944年的减租运动，经过1943年的开展反奸斗争、冬季时事教育，1944年开展大生产运动，并且还开展了两年的整风运动，一般从思想问题开始，首先解决群众的思想问题。这一点是与1942年运动的一个基本差别。今年（1944）的减租运动中，群众路线的基本问 200
题得到解决。但是，农民对于减租的看法还没有摆脱传统因素的影响。农民一般认为，既然土地归地主所有，那么交租是应该的。于是，今年（1944）的减租运动，各地方利用农村冬季时期的冬学进行思想教育，解决“谁靠谁活”“该不该交租”的问题。为此，农民从自己的经历中寻找贫穷的原因（“穷根子”），进行“诉痛苦”，大大提高群众的阶级觉悟。另外，关于“该不该交租”的问题，群众经过讨论会了解，在抗战的环境中，为换取地主的抗日，应该交一些租。这次减租运动中，各地普遍采用

① 《中共太行区党委关于继续开展减租运动准备春耕生产的指示》（1945年2月5日），山西省档案馆编：《太行党史资料汇编》第七卷，第418—421页。

② 《太行区社会经济调查（第二集）》，晋冀鲁豫边区财政经济史编辑组，山西、河北、山东、河南省档案馆：《抗日战争时期晋冀鲁豫边区财政经济史资料选编》第二辑，第1423页。

③ 李雪峰：《李雪峰回忆录（上）——太行十年》，中共党史出版社1998年版，第273页。

这种“反省”的办法，一般都取得非常大的收获。①

那么，1944年至1945年间，群众运动的具体内容是怎么样的呢？太行区党委发行的《太行区社会经济调查（第二集）》中提到，“1944年贯彻减租运动，是以减租与订约、保佃为中心进行的”。根据44个典型村的统计，共发现与解决的问题4014件，其中的租佃问题2845件、占70.9%（本文已订正引用材料中的数字），其他土地问题582件、占14.5%，其他与土地无关的问题587件、占14.6%。此外，其他15个县的统计显示，发现与解决的问题24825件，租佃问题12525件、占50.5%，其他土地问题7460件、占30.1%，其他（与土地无关的）问题4840件、占19.5%。这15个县的情况是：租佃问题上，减租不彻底的6004件，夺佃的2642
201 件，其他土地引起的债务问题3794件，典地2917件。其他问题，反恶霸665件、反贪污640件。1942年运动中，内容为反贪污、反恶霸、反汉奸等各种斗争合计58%，合理负担24%，减租减息斗争18%。二者相比可知，租佃问题即减租问题得到飞跃式的解决。

接下来看看11个典型村的调查，其中被斗争出土地和金钱的户数中，地主和经营地主占21.3%、富农占24.7%，中农占36%，贫农占2.8%，其他占15.2%。以上这些户数中，富农与中农比地主还多。而在退回实物上，地主是最多的。斗争对象中，富农与中农有很多，这是因为反贪污、清理债务、反恶霸等问题上的过火引起的。斗争果实的分配上，获利最多的是贫农，其次是中农。典型的25个村的统计显示，从租佃问题上获利的贫农有671户、占总数的53.5%，中农542户、占43.2%，从其他土地问题上获利的贫农253户、占50.2%，中农232户、占46.0%。② 在租佃问题上，中农获得很多斗争果实，这是值得给予关注的现象。

接下来看看该时期的群众运动前后，各阶级的户口与土地占有情况的变化。表Ⅱ—5是44个典型村的统计。从这个表格可以很明显地看出，地

① 赖若愚：《一九四四年冬季以来减租运动总结》（1945年），山西省档案馆编：《太行党史资料汇编》第七卷，第468—479页。

② 《太行区社会经济调查（第二集）》，晋冀鲁豫边区财政经济史编辑组，山西、河北、山东、河南省档案馆：《抗日战争时期晋冀鲁豫边区财政经济史资料选编》第二辑，第1424—1427页。

主（包括经营地主在内）户数和拥有的土地面积都在大幅度减少，地主因
为抗日的时代背景而允许继续存在。富农有不同程度的减少，中农的整体
户数与占有的土地都有相当大的增加，户数将近达到60%。贫农与雇农的 202
户数则出现减少。该时期的群众运动，促使太行区的小农经济得到进一步
的发展。

表Ⅱ-5　　贯彻减租运动前后各阶层户口与土地占有状况（土地单位：亩）

阶层		户口	%	土地	%	每户占有土地
地主	运动前	130	1.5	4020.28	4.0	30.98
	运动后	110	1.2	2549.87	2.5	23.18
外村地主	运动前	—	—	305.10	0.3	—
	运动后	—	—	159.53	0.2	—
经营地主	运动前	94	1.1	3241.51	3.2	34.48
	运动后	92	1.0	2678.19	2.6	29.11
富农	运动前	602	6.7	15595.14	15.4	25.90
	运动后	553	6.1	13750.85	13.4	24.87
中农	运动前	4615	51.5	59826.42	59.2	12.96
	运动后	5213	58.0	66696.11	65.0	12.79
贫农	运动前	3335	37.2	17259.05	17.1	5.17
	运动后	2814	31.3	15761.32	15.4	5.60
雇农	运动前	66	0.7	174.37	0.2	2.64
	运动后	46	0.6	114.90	0.1	2.47
公地族地	运动前	—	—	162.31	0.2	—
	运动后	—	—	118.80	0.1	—
其他	运动前	125	1.4	522.16	0.5	4.17
	运动后	157	1.7	805.10	0.8	5.12
合计	运动前	8969	100.0	101106.34	100.0	总平均11.26
	运动后	8985	100.0	102634.67	100.0	总平均11.42

资料来源：《太行区社会经济调查（第二集）》，晋冀鲁豫边区财政经济史编辑组，山西、河北、山东、河南省档案馆：《抗日战争时期晋冀鲁豫边区财政经济史资料选编》第二辑，第1413—1414、1429页。

那么，本章第一节讨论到的田中恭子的观点。她认为，华北农村佃农较少，利用减租减息广泛发动农民大众的热情是很困难的，所以采取了
203 “清算旧账目”的手段。这一种观点，适用这一时期太行根据地的群众运动吗？如同上述，这次运动的斗争内容有一半以上是与租佃问题有关的。而反贪污、反恶霸等问题，比 1942 年时期少了 10%。那么，这等于说减租减息成为运动的中心。这是为什么呢？

前面提到，干部们认为“减租发动群众的面不宽，反贪污才能广泛地发动群众”。对此观点，赖若愚提出批评，认为这是因为他们停留在 1942 年初期的经验上举步不前。同时，不懂得租佃关系就是地主阶级剥削农民的基本形式，不理解租佃关系就是地主阶级统治的物质基础。① 另外，通过《太行区社会经济调查（第二集）》的记录，可以看出上述贯彻减租运动后土地与阶级关系的变化的统计，其中地主经济进一步受到削弱，带有封建性的富农也受到削弱，小农经济性质的自耕土地迅速增加，贫雇农的户数进一步减少，“农村土地关系是在我们党政策执行下，达到了土地改革的目的，而这一改革无疑地是解放了农民”②。

这些说明，太行抗日根据地的领导层，通过对 1944 年至 1945 年间群众运动的领导，已经对战后的土地革命（改革）进行展望。1942 年的群众运动，在动员群众方面取得相当大的成绩。此后，进行克服战争和自然灾害的危机、大生产运动、整风运动，极大地增强了共产党领导层的信心。可以预想，日军在不久的将来就会投降，可以展望战后与国民党的对决、实现新民主主义革命的胜利。另外，根据地的领导层认为，在老根据地，
204 类似 1942 年阶段利用“清算旧账目”的办法进行群众动员的必要性已经小多了。

1944 年至 1945 年间的群众运动，对武装斗争也存在着积极的影响。参军方面，与减租运动相结合的地区，调动与唤起群众的阶级情感，经过如何保卫翻身利益的讨论，群众理解只有扩兵才能保卫获得的果实。在参军运动未与减租运动相结合的地区，干部调查群众对参军存在什么思想问

---

① 赖若愚：《一九四四年冬季以来减租运动总结》（1945 年），山西省档案馆编：《太行党史资料汇编》第七卷，第 473 页。

② 《太行区社会经济调查（第二集）》，晋冀鲁豫边区财政经济史编辑组，山西、河北、山东、河南省档案馆：《抗日战争时期晋冀鲁豫边区财政经济史资料选编》第二辑，第 1431 页。

题，并召集群众开展讨论，为参军工作铺平了道路。这样，1944 年的参军工作，由于是多发自于群众内在的思想自觉，成为群众运动。参军工作一般都在一个星期以内完成任务，而且质量也空前提高。通过几个县的统计可以看出，青年占 70% 以上，壮年（35 岁以下）占 20% 左右；成分是贫农的占 60%，是中农的占 40%。并且，买兵的现象很少出现。①

1945 年的参军运动，是以夺取抗日战争的胜利为目标、以大规模的群众运动的形式开展的。参军运动中口号是，"参加胜利军，收缴敌人的武器"，"向敌伪清算我们八年的血债，为死者复仇"，"打击反动派，保卫胜利果实"等。这使得根据地出现空前的参军运动浪潮。太行全区动员参军者达 3 万人，参军的群众质量一般来说也是非常好。但是，1945 年的参军运动中也存在着问题。入伍的士兵发生不少开小差的现象，其原因如下：第一，参军运动后，没有来得及整训就开上前线，新兵中出现恐惧心理。205
第二，群众中的保守观念依然存在，很多人愿意参加分区的武装，不愿意参加主力部队。第三，入伍后，来自同乡的新兵被编散，人生地不熟，出现想家的情绪。而和同乡编在一起，如果其中有一人牺牲，则对其他人影响很大。此外，参军运动以来，老解放区的劳动力大大减少，士兵的家庭（抗属）增加。优待抗属的工作集中到少数人身上，形成沉重的负担。②1946 年国共内战爆发后，这些问题在共产党新开辟地区（新解放区）形成更大的矛盾。③

---

① 《太行区九年来参军的经过情况及其主要经验》（1946 年），山西省档案馆编：《太行党史资料汇编》第七卷，第 793—795 页。

② 《太行区九年来参军的经过情况及其主要经验》（1946 年），山西省档案馆编：《太行党史资料汇编》第七卷，第 795 页；赖若愚：《一九四五年几个问题的总结意见》（1946 年 7 月 30 日），山西省档案馆编：《太行党史资料汇编》第七卷，第 778—782 页。

③ 国共内战时期，共产党在华北的参军工作，参见丸田孝志「国共内戦期、中国共産党冀魯豫根拠地の参軍運動」，『東洋史学報』，第一五、一六号，2011 年。

206

小　结

1945年8月15日，日本无条件投降，太行抗日根据地八年的抗战结束了。抗日战争时期，对于生活在传统世界的太行根据地民众来说，基本上是以前从未经过的残酷、动荡的岁月。战争带给太行区民众的伤害有多少呢？根据抗战后发表的被害状况记录来看，太行全区民间人口损失方面，被杀害者170043人，疾病及饥饿而死者495961人，两者合计占当时人口的12.5%。另外，物质损失方面，房屋22622688间，粮食（小米）12056101石，牲畜279774头。战争进行时期，广大农村无法统计，所以无法取得精确的数字，但是可以知道受害的程度非常严重。①

本书的第二部分，以太行抗日根据地为例，研究的问题主要包括，日军侵略引发中国民众产生的感受以及他们为此采取的行动，同时他们对于中国共产党实施的民众动员及社会改革是如何应对的。日军的侵略与共产
207 党的动员、社会改革对民众心态的影响，将在“结论”部分讨论。在这里进行总结的内容，是共产党进行社会改革的经过和特点及其给太行区社会带来的变化。

关于抗日根据地共产党实施的社会改革，虽然已有田中恭子等人进行的先行研究，但是本书从群众运动方面对此补充以下若干观点。首先，不得不给予确认的是，太行根据地进行社会改革之际，正逢与日本军队展开

① 《八年来日本法西斯摧毁太行区人民的概述》，晋冀鲁豫边区财政经济史编辑组，山西、河北、山东、河南省档案馆：《抗日战争时期晋冀鲁豫边区财政经济史资料选编》第一辑，中国财政经济出版社，第537—539、552—555页；岳谦厚：《战时日军对山西社会生态之破坏》，社会科学文献出版社2008年版，第152、153、193页。另外，山西省在日军毒气战的受害情况，参见粟屋憲太郎編：『中国山西省における日本軍の毒ガス戦』，大月書店，2002年。

激烈战斗的时期，并且是在太行地区社会的诸多条件下进行的。这些因素使得社会改革的道路变得复杂和曲折。具体说来，土地所有关系的变化受到战争的直接影响，地主、富农因为“合理负担”而承担了过重的负担，1939 年至 1940 年间过激的群众运动造成极坏影响。1942 年 1 月，中共中央《关于土地政策的决定》，为该年秋天开展的群众运动提供了契机。一方面，该决定的实施克服了因日军进攻给根据地造成的危机。另一方面，（此后，中共中央）承认群众运动中发生“过左行动”不可避免，由此活跃了因“保障人权”制约的群众运动，并将这次运动推向高潮。①

运动的内容，首先从合理负担、反贪污、“清算旧账目”等农民最关心的问题入手，激发群众的斗争意志。这个时期的群众运动，强化了武装斗争、党组织、群众组织，同时增强了根据地领导层的自信心。1944 年到 1945 年间的群众运动，经过整风运动、大生产运动的开展，共产党熟练采用群众动员的方法，改变了许多农民的认识，将他们融入到运动的洪流中。在运动的内容中，减租占了主要的位置。

那么，共产党实施的各项政策，给太行区的社会带来什么样的变化呢？遗憾的是，缺乏同一县或同一村从战前到 1945 年土地所有状况变化的 208
统计数据，并且太行区土地所有关系随着地域的不同而变化，因此只能进行相对应的评价。战前、1942 年及 1944 年群众运动前后，如表Ⅱ-1、表Ⅱ-4、表Ⅱ-5 所示出现变化。表Ⅱ-1 与表Ⅱ-5 相比较，地主（经营地主除外）战前的户数占 2.1%，整体占有的土地为 24.3%，每户拥有的土地约为 226.4 亩。经过 1944 年至 1945 年的群众运动后，户数的比例变为 1.2%，整体拥有土地为 2.5%，每户拥有的土地直接下降大约为 23.2 亩。富农战前拥有的土地 23.4%，每户拥有的土地平均为 62.9 亩，各自大大下降为 13.4% 和 24.9 亩。中农的变化很大，（战前）户数 34.8%、占有的

① 译者注：文中提到的中共中央承认群众运动中发生“过左行动”不可避免，参见 1942 年 2 月 4 日《中央关于如何执行土地政策决定的指示》就策略斗争的指示。该指示提到，“在这种广大群众的热烈斗争中，不可避免地要发生一些过左行动，而这些过左行动，如果真正是最广大群众自愿自觉的行动，而不是少数人脱离群众蛮干的（这是绝对不许可的原则问题），则不但无害，而且有益，因为可以达到削弱封建发动群众之目的。在这种时候，畏首畏尾，束缚群众手足，就是右倾错误，这是策略斗争的第一阶段（打的阶段）。”（参见《中央关于如何执行土地政策决定的指示》（1942 年 2 月 4 日），中央档案馆编：《中共中央文件选集》第 13 册，中共中央党校出版社 1991 年版，第 296 页）关于策略斗争的内容，参见本书第二部分的第四章第一节。

土地31.4%，后来大幅度增加为户数58.0%、土地65.0%。贫雇农的户数从52.0%大幅减少为31.9%。

由上面的内容可以看出，首先地主占有的土地急剧减少。地主每户平均占有的土地，已经从战前的226.4亩降为1942年民主运动前的98.6亩，下降幅度大约为40%。其中的原因，除战争带来的影响外，主要是合理负担政策使得他们的负担增加，同时与1939年至1940年间群众运动的过激有关。接下来，1942年群众运动导致地主每户占有的土地减少为42.3亩，这是1942年前的一半。1944年群众运动，又进一步导致地主每户占有的土地减少为23.2亩。地主一般沦落为小家庭粮食自给自足的小地主（如序章总结的那样，小家庭粮食自给自足至少需要20亩至25土地）。富农的
209 户数比例也有小幅度地下降。每户平均占有的土地大幅减少，与地主一样受到严重打击，降为只能维持自给的最低水平。1943年以后，共产党鼓励富农的政策对此没有产生太大的影响。

整体而言，中农的户数和占有的土地都有大幅增加，贫农和雇农的户数减少，土地政策取得了成功。但是，根据表Ⅱ-5显示，1944年群众运动后，中农平均每户拥有土地为12.8亩，与战前相比反而下降，达到自给水平的可能性大大下降。这是把中农作为整体来看极不足的总土地分配的结果，表示共产党的土地政策有界限。以上这些，是抗日战争时期太行根据地共产党实践各项政策后，带来的社会均质化、小农经济化。

第二部分论述了作为最强大抗日根据地之一的太行根据地。同样强大的根据地晋察冀边区也可以看出同样的情况。至于其他根据地，情况则相当不同。就抗日根据地的民众生活实态与心态方面而言，有必要对各根据地进行综合的研究。另外，限于篇幅，本书对民众心态影响很大的文化教育运动方面几乎没能涉及。希望将来另有机会再来讨论。

结束语

持续长达八年的日中全面战争，给中国民众带来非同寻常的苦难。他 213
们为克服苦难，被迫付出艰辛的努力。本书围绕着粮食、日军侵略、抗日根据地为进行动员而开展的社会改革这三个问题，对它们与民众的关系进行了讨论。最后，关于这些问题对民众心性产生的影响进行总结。

首先，关于粮食问题。战争时期的中国民众，虽然存在着地域性的差别，但是任何地方都受到粮食匮乏带来的痛苦。这对于人们心态产生极大的影响。日本与汪精卫政权统治下的上海，“下层阶级，他们整日在盘算着怎样解决一日三餐，怎样对付物价的大幅度暴涨和物资的极度匮乏”，对 1943 年“日中同盟条约”的缔结没有太多的关心。① 另外，例如刘宇章这样的人物，他在 1938 年 6 月 25 日《宁波商报》中写下如下的文章：

> 有些民众，虽然痛恨日本法西斯强盗，但他们以为打倒法西斯强盗是军队的责任，不是自己的责任。……他们最关心的是自己的生活，至于民族解放、保卫国家他们只能知其当然，而不知其所以然。因为他们对于自己的生活与民族国家之间，还缺少一条桥梁。②

刘宇章所说的“生活”，不用说其中最重要的东西就是粮食。为获得
粮食，许多民众竭尽全力。抗日民族主义、日本及其傀儡政权的宣传，不 214
能不成为次要的问题。

接下来，讨论的是日军的侵略引发民众的反应。民众中占绝大多数的农民，一般是缺乏民族意识的。日本军队到达以前，许多农民对它不一定怀有恐惧心理。现实中，面临日本残暴军事行动的时候，有些人站出来奋而参加抗日行动，而因恐怖而惊慌失措的人不在少数。日军采用“三光作战”的残虐手段实施彻底的“扫荡”，民众中出现“恐日病”、悲观、失望的心理蔓延开来。考虑到八路军向日军进攻可能会引起“扫荡”，因此也有的表现出迁怒于八路军和共产党。因此，日军的残虐行为与民众（农民）的民族主义的形成，并非一定存在着紧密的直接联系。

民众对日军怀有恐惧心理也是合于道理的。特别是考虑到日军配备着现代化的武器，并且为进行战斗而受到专门的军事训练。而民众方面，却

---

① 李峻：《日伪统治上海实态研究：1937—1945》，中央编译出版社 2004 年版，第 214 页。

② 张根福、岳钦韬：《抗战时期浙江省社会变迁研究》，第 203 页。

连对抗的武器都找不到①，也没有经过什么训练。研究中国社会史的学者江沛认为，“战争中无助民众的集体恐惧心态，是应该予以充分理解的”。“自私、恐惧、懦弱、无助、无奈”是“战区民众的真实生存状态”。“当面对实力明显不对称的侵略者时，个体的反抗是徒劳的。”如上所述，是他对民众面对日军侵略者进攻时的心态的理解。②

结果，1941 年至 1942 年间，太行根据地被迫“屈从”日本的“维持村”扩大了，甚至腹心地区也出现了“维持村”。太行根据地受到最严重
215 打击的晋中区，当地的领导人赖若愚，对这一时期民众的心态作出如下的分析。

> 在游击环境下，群众在生活上第一个要求是“安全”。群众保障安全的办法有两个：一个是“维持”敌人，一个是武装斗争。这两条不同的道路往往会互相转化。第一下所采取的办法十分之八九是斗争，斗争失败，跟着就是“维持”。③

的确，“战争中的群众情绪变化是激烈的、复杂的，斗争思想与妥协思想是在斗争着，同时也是相互影响、相互交织着”④。只有落后武器的民众，难以与强大的日军战斗。他们必须要自觉地为保护自己的生活而斗争，并为此进行训练、掌握游击战的技巧。

最后，从共产党进行的社会改革来分析农民心态产生的变化。农民当中，有“富贵在天”的命运思想，还有地主的土地“祖辈传统”，动地主土地是丧“良心”的“良心论”。这些传统的心态都根深蒂固地存在着。另外，还有等待世道变化的“变天”思想，特别是担心国民党打回来会受

---

① 民兵手中，只有数量有限的步枪（十几个人才合一支）、手榴弹和地雷。（参见杨殿魁：《太行区春季反“清剿”“扫荡”中民兵工作总结》（1942 年），山西省档案馆编：《太行党史资料汇编》第五卷，第 324 页）

② 江沛：「華北『治安強化運動』期における集合心性——一九四一——一九四二年」，エズラ・ヴォーゲル、平野健一郎编：『日中戦争期中国の社会と文化』，慶應義塾大学出版会，2010 年，第 276 頁。

③ 赖若愚：《群众运动与群众游击战争》（1941 年 12 月），山西省档案馆编：《太行党史资料汇编》第四卷，第 982 页。

④《中共晋冀豫区党委关于五月反“扫荡”的经验教训与当前备战工作指示》（1942 年 8 月 14 日），山西省档案馆编：《太行党史资料汇编》第五卷，第 540—541 页。

报复的恐惧。另外，还有寻求稳定生活的“太平观念”在农民当中顽强地存在着。

关于命运思想与“良心论”，共产党领导人让农民翻身努力克服，即让贫雇农诉说自己的苦，控诉导致他们贫穷的原因。让他们认识到是他们养活地主，启发他们的阶级觉悟。这样的动员做法，在1944年减租减息运 216
动中成功地运用。抗击自然灾害过程中，进行了破除迷信的运动及自助的思想教育与实践，在农民克服命运思想和迷信过程中起到很大的作用。特别是对于“变天”思想，根据地试图通过冬季学习运动（简称“冬学”）①，进行时事教育，加以解决。1943年4月至5月，太南的国民政府军据点在日军的攻击下瓦解了。1944年，日军打通大陆线作战（译者注：即“一号作战”），国民政府军队发生大溃败。并且，在太平洋战争中，日军军队也遭到失败。民众中的“变天”思想大大减弱。

但是，在减租运动中已经翻身的干部当中，出现不再关心减租、却关心“吴满有方向”和发家致富的现象。② 另外，农民受到歉收的打击，认为“反正穷人也不能翻身”，表明“命运论”盛行。民众的传统的心态，有可能会伴随着事态的变化而恢复。

更应该注意的是，正如太行区的领导者总结的那样，“农民的特点是实际主义者，一切问题多从其本身利益的打算出发而达到是与非、合理与不合理的认识”。正是如此，农民心态是根据情况的不同而变化的。③

太行区的领导者们对农民的认识，与田中恭子的下列论述有共通之处。田中恭子认为，与共产党农村革命的理想产生共鸣的农民，只是少数

---

① 冬季学习运动，开始于1939年。每年冬天，成年男女在晚饭后到民族革命室（简称“民革室”。民族革命室，是山西省特有的名称，是按阎锡山为抗日救亡提出“民族革命”的称法命名的）、救亡室（多是利用小学教室）集合进行（学习）。冬学主要进行识字教育、抗战常识学习等。1942年，冬学运动与减租减息等群众运动相结合；1943年，时事教育受到重视。1944年，是这一运动最热火朝天的一年，与减租减息相结合大规模地开展起来。太行区进行冬学的场所，达4836处，入学人数达415965人（《太行革命根据地文化事业发展概况》，太行革命根据地史总编委会编：《太行革命根据地史料丛书之八：文化事业》，山西人民出版社1989年版，第41—43页；《标志着新民主主义文化道路的文教展览馆》，《新华日报》（太行版）1945年4月15日5—7版）。

② 李秉奎：《太行抗日根据地中共农村党组织研究》，第225页。

③《中共晋冀豫区党委关于农会工作的指示》（1941年1月），山西省档案馆编：《太行党史资料汇编》第四卷，第40页。

的例外。大多数农民想搞清楚的是：作为“上级权力者”出现的共产党，
究竟是哪些人组成的？他们有什么样的理想抱负，对农民又有什么样的期
217 待？什么样的行动能让农民的利益最大化。在思考这些问题的基础上，他
们认识到支持共产党是合理的行动。并且，田中恭子认为农民最关心的问
题是自己和家人的安全，其次是政治和社会的利害得失。在这些能得到确
保的前提下，他们关心的第三个问题，才是经济方面的利益关系。①

田中恭子的讨论很有说服力。但是，从本书讨论的太行区群众运动来看，有必要补充以下几点。随着共产党的群众动员手法确立，并且共产党的组织也相当牢固②，在村一级也可以实施这一手法，农民可以选择的范围有限，许多农民参加到共产党推进的群众运动。另外，正如田中恭子所指出的那样，“一旦公然地参加村里传统秩序的破坏，伸出去的手便不能再缩回来”，有不得不“以彻底破坏旧秩序为目的”的状况③。

总体而言，对于抗日战争时期的中国民众来说，最大的问题是以粮食为中心维持“自己的生活”、确保“安全”。民众，特别是有“实际主义者”心理的农民，他们的生活逻辑与抗战逻辑如何才能结合呢？对于国民党、共产党的领导者来说，这是最重要且困难的任务。

最后，我讨论与这个问题有关联的问题，即关于国民政府统治区和共
产党的抗日根据地社会与民众状况的比较。笹川裕史认为，国民政府统治
区的四川省，已经是“社会的贫富差距越是扩大化，战时的征发就越来越
218 接近极限”，“认为战时负担应当公平分摊的社会性压力升高”，“把负担强
加给弱者却借战争而自肥的部分的富裕者所共有的怨恨和敌意”广泛地在

① 田中恭子：『土地と権力——中国の農村革命』，名古屋大学出版会，1996 年，第 422—423 頁。

② 1941 年，党员人数达到 3 万人。日本投降前夕，增加到 8 万人（这些数字中不包括军队党员的数字），王定坤：《太行革命根据地党的建设总述》，太行革命根据地史总编委会：《太行革命根据地史料丛书之二：党的建设》，山西人民出版社 1989 年版，第 66 页。

③ 田中恭子：『土地と権力——中国の農村革命』，名古屋大学出版会 1996 年版，第 100 頁。吴毅等也认为，农民一般会对斗争本村的地主有所顾忌，但是，一旦与地主面对面地闹翻，就“开弓没有回头箭”了。这是说明“政治上保守消极的农民，成为政治上激进好斗的农民”的理由。（呉毅・呉帆：「伝統の転換と再転換——新解放区の土地改革における農民の構築の心性の構築と歴史論理」，『変革期の基層社会——総力戦と中国・日本』，創土社，2013 年，第 132—133 页。译者注：中文版参见吴毅、吴帆：《传统的翻转与再翻转——新区土改中农民土地心态的建构与历史逻辑》，《开放时代》2010 年第 3 期，第 62 页）

社会上扩散开来。“类似这样的情况，与接受中国共产党揭橥的阶级斗争理论和土地革命而形成的社会基础，是相关联的”①。

另外，中国共产党通过合理负担、“清算旧账”、甚至是减租减息等政策，使得（根据地的）社会虽然贫穷但是相对平均化。即成功地使战争的负担在社会上公平化，从而提高了更多民众的抗战意愿，增加了根据地的抗战能力。这些说明，共产党有对战时体制更适合的政策，而可以实施其政策。但是，从内战时期到人民共和国建设阶段，通过容忍暴力来推进群众动员的手法也被附加进去，这是以“文化大革命”为象征的诸多政治、社会弊端出现的原因之一。

补注：研究中共党史的著名学者杨奎松，2014 年 3 月，在名古屋研究会作了以“抗战期间国共两党在敌后农村的较力”为题的报告。其中谈到：在国民党和共产党交替掌握的太行根据地的太南地区，国民党统治时，军事和政治加强、征收赋役成为主要目标，导致农民的生活条件恶化。而共产党通过减租减息、减轻负担，取得了农民的支持。②

---

① 笹川裕史、奥村哲：『銃後の中国社会——日中戦争下の総動員と農村』，岩波書店 2007 年版，第 255 頁。译者注：中文版参见笹川裕史、奥村哲著：《抗战时期中国的后方社会——战时总动员与农村》，林敏、刘世龙、徐跃译，社会科学文献出版社 2013 年版，第 186 页。

② 译者注：部分观点，参见杨奎松《阎锡山与共产党在山西农村的较力——侧重于抗战爆发前后双方在晋东南关系变动的考察》，《抗日战争研究》2015 年第 1 期。

附录

日军在华北占领区的军事统治

前言："满洲"统治的经验

以1937年7月的卢沟桥事变为契机，日本帝国主义开始了在长城以南（关内）的侵华战争。到1938年10月占领武汉、广州，一直处于军事的进攻状态。结果，日本占领了华北和长江中下游等经济中心区，控制的面积约占关内的四分之一。此后，到1945年日本投降，这些广阔的区域一直处在日本军队的控制之下。

对于中国的统治，日本已有在台湾、辽东半岛（"关东州"）、"满洲"（东北）① 的殖民地统治经验。其中，日本在台湾和关东州分别以台湾总督府和关东都督府（1919年后改为"关东厅"）进行直接统治。而在"满洲"，从国际形势上看，不可能将其变成日本的领土，因此采取了通过"满洲国"实行间接统治的方式。强烈民族主义磁场的存在及列强的复杂利害关系，使得日本对关内的占领区更不得不实行间接统治。日军将在"满洲"尝试过的统治方式引入这些地区。因而，首先来概括一下日本对"满洲"的军事和政治统治的基本特征。

1932年3月，"满洲国"成立，以清朝废帝溥仪为"执政"（1934年3月，改称"皇帝"），"国务总理"为首的"国务院"行政各部总长都任

---

① 尽管"满洲"一词在现在的用语中，应当以"东北"来称呼，但是根据本讲座的用法，本文仍然采用"满洲"这一历史称呼。另外，关于伪组织，仅在首次出现时冠以引号。其他如"治安""肃正""扫荡"等词语均为日本统治者的说法，按理应当使用引号，但因过于烦琐而省略。译者注：按照中文行文习惯，本文翻译时对伪政权和伪组织及日方统治者用语仍加以引号。

命中国人担任。然而，各部的实权掌握在“次长”及“次长”以下的日本官员手中，由日本人担任的总务长官来监督这些日本官员，并且按规定，他们还要受关东军司令官的“幕后指导”。在地方组织方面，省一级的“总务厅长”等重要职位都被日本人掌握，在县一级，由日本人担任的“自治指导员”（后改为“县参事官”）指导县政。因而，“满洲国”虽高唱“五族协和”，实际上却完全是日本控制下的傀儡政权。①

日本在“满洲”统治的最大障碍是抵抗日本军事侵略的反“满”抗日运动。一方面，日本努力推进制定包括死刑在内的“治安立法”等“强化治安”的措施。另一方面，以关东军为中心，实施彻底的“治安讨伐战”。关东军最初以机动部队为中心进行“治安战”，但从 1933 年 6 月起，在“满洲”全境设立小部队为单位的分散部署体制，极力镇压反“满”抗日运动。而且，日本“治安战”的一个重要特征是培植并强化伪军——“满洲国军”，使其接替关东军。“满洲国军”的培植相当成功。自 1936 年秋起，“维持治安”的主角逐渐让位于“满洲国军”。此后，关东军逐渐废弃了分散部署体制，集结部队，专心致志准备对苏作战。② 另外，日本还通过在“中央”、“省”、“县”设立“治安维持会”，将“满洲国”的行政机构纳入“治安战”的环节，实行保甲制，建立集团部落等方式谋求彻底的“治安”对策。“满洲国协和会”被作为“国民组织”而组织起来，担负使东北民众服从伪“满洲国”统治的意识形态工作，此后成为迈向战时经济体制、实行“民众动员”的机关。③

因而，日本对“满洲”的统治仅从“治安”的确立和维持这一点来看，大体上取得了成功。1936 年秋以后，由于大规模的武力镇压，反满抗日游击队逐渐陷入困境。1941 年后，“满洲国”内的反满抗日势力在日满军警压倒性的武力面前不得不沉寂下来。④

---

① 岡部牧夫：『満州国』，三省堂 1978 年版，第 34—37 頁。

② 对于日本在“满洲”的军事统治，吉田裕在「軍事支配（1）満州事変期」、山田朗在「軍事支配（2）日中戦争・太平洋戦争期」（二者都收入『日本帝国主義の満州支配』，時潮社，1986 年）中都有论述。

③ 有关“协和会”的情况，参照鈴木隆史「満州国協和会史試論」，『季刊現代史』，第 2、5 号，1973、1974 年。

④ 山田朗：「軍事支配（2）日中戦争・太平洋戦争期」，『日本帝国主義の満州支配』，時潮社，1986 年，第 185 頁。

正如第一章（译者注：即《岩波讲座近代日本与殖民地》第2卷第一章）详细论述的那样，中日战争（即侵华战争）全面爆发后，日军在关内占领区的统治中使用了在“满洲”积累的经验。但众所周知，在关内，日本实施的措施并未成功。尤其是在华北，中国共产党领导下的抗日根据地扎根于农村，坚持不断地与日本军队作战。到战争末期，根据地反而极大地扩充了。因而，尽管用类似于“满洲”的方法进行统治，但为何日本在关内占领区确保“治安”的努力却未能成功呢？在从“日中全面战争”向太平洋战争发展的过程中，日本在关内中国占领区的统治与“满洲”占领区统治又有什么不同的特征呢？导致日本在关内占领区统治失败的主要因素又是什么呢？

本文基于上述问题意识，将特别考察日本在华北军事统治的经过和问题，同时将中国共产党的应对纳入考察视野，以政治和军事方面为中心对上述问题进行探讨。①

一　华北统治体制的形成和“治安战”的开展

（一）傀儡政权的建立

抗日战争全面爆发后，关东军最先在内蒙古和华北建立伪政权。关东军在察哈尔省、山西省北部、绥远省的占领区内，分别建立起“察南自治政府”“晋北自治政府”和“蒙古联盟自治政府”。1937年11月22日，这三个伪政权合并形成的“蒙疆联合委员会”（“蒙疆政权”）在张家口正式成立。到8月中旬，在河北省和山东省、察北和察南又分别成立了伪政权，两个政权都配置了“富有才干”的日本顾问。还在北平和张家口设置了大型特务机关，其设想在于通过其中的日本顾问对这些新政权进行“幕后指导”。② 这种特务机关通过日本顾问对当地政权进行幕后指导的方式，后来成为了日本占领区傀儡政权统治的基本形式。

① 本文未涉及日本在华北统治的经济方面，其内容可参照下列著作：浅田乔二编的『日本帝国主義下の中国』（乐游書房，1981年版）、中村隆英的『戦時日本の華北経済支配』（山川出版社，1983年版）。另外，日本的华中统治可参照古厩忠夫的『漢奸』の「諸相」，收录于『岩波講座　近代日本と植民地』第6卷，岩波書店，1993年。

② 関東軍司令部：「対時局処理要綱」，『现代史资料』9，みすず書房，1964年，第30—31頁。

在华北，到7月30日，日军占领了天津和北平，随后进犯河北省、山西省、山东省。到1937年底，日军控制了冀晋鲁三省的主要城市和铁路。华北占领区的伪政权工作，由华北方面军（“北支那方面军”）（8月30日编成）下设的特务部进行。12月14日，“中华民国临时政府”在北京①举行成立仪式。次年6月，“（中华民国）临时政府”合并了“冀东防共自治政府”及山东省、河南省和山西省的伪政权，整顿了华北统治政权的形式。1938年1月16日，日本政府也发表了“不以国民政府为对手”的近卫声明，其中提到“期望真能与日本合作之新政府成立与发展，并将与此新政权调整两国邦交，协助建设复兴的新中国”②，这显然是明确了扶植“临时政府”的方针。继“临时政府”之后，在华中的日本华中派遣军（“中支那派遣军”，2月14日编成）也扶植建立了“中华民国维新政府”。

“临时政府”的首要特征就是树立起日军、尤其是华北方面军的强力统治，是一个由日军培植的傀儡政权。华北方面军司令部以战争为契机，抱着极力确立对中国经济统治的强烈意向。如，方面军参谋长冈部直三郎在1937年11月27日的日记中所说，参谋本部抱着以“和平手段”实现可能的“中日提携”的想法，并不期待战后的“直接战利品”。他批判参谋本部说，“日本一直以来的对华政策基调是在中国扩大经济权益而获得重要资源。未能和平实现这一结果，是因为有了这次事变（译者注：指卢沟桥事变）。然而，在处理事变之时，为什么形成上述政策的根基而不获得部分权益呢？”③

而且，华北方面军司令部企图将华北置于其统治之下。12月10日，冈部直三郎造访参谋本部时表示，“绝对反对特务部脱离方面军司令部”，并主张“华北政权的指导由特务部长担任”，还反对“外交官驻守华北，与驻华北日军司令部发生对立”④。另外，对海军介入“临时政府”保持戒心的华北方面军在1938年3月2日以司令部名义向日军中央发出电报，表示占领区的“政权指导应由方面军司令官担任”，绝对反对多头指导。⑤

---

① 国民政府时代，北京被称呼为北平，但1937年10月傀儡自治组织的“北平地方维持会”又改为北京。本文自此后一律使用北京为名称。

② 外務省编：『日本外交年表竝主要文書』（下），原書房，1965年，第386頁。

③ 岡部直三郎：『岡部直三郎大将の日記』，芙蓉書房，1982年，第125頁。

④ 岡部直三郎：『岡部直三郎大将の日記』，第134頁。

⑤ 岡部直三郎：『岡部直三郎大将の日記』第169頁。

“临时政府”的第二个重要特征在于它是日军控制下的完全傀儡政权。不仅交通、通信、航空等重要部门都在华北方面军的直接统治之下，而且根据1938年4月27日华北方面军与“临时政府”之间缔结的《日支政治助成协定》规定，日本在华北的行政、法制和治安“三部门内设立顾问，以推动其建设”①。根据同时订立的《临时政府顾问协定》，“临时政府”的各官员在重要政务事情上要“事先与顾问毫无保留地磋商”②。这些顾问由华北方面军向“临时政府”推荐，最高顾问包括特务部长喜多诚一。此外，由于日本方面设置了“华北开发株式会社”（“北支那开发株式会社”）管理华北的重要产业，“临时政府”在经济活动方面也毫无权限。

地方行政也由华北方面军掌控。根据1937年12月22日华北方面军司令部发布的《军占据地域治安维持实施要领》，特务机关长对伪省政府负责“幕后指导”，指示它“让县政府以下的行政指导迅速恢复旧态”③。另外，根据1939年4月20日华北方面军司令部的《治安肃正纲要》（“治安肃正要纲”），在华北方面军的占领区，特务机关长首先在兵团参谋长的指挥下对伪省公署的行政进行指导。在“治安”恢复后，“负责指挥县联络员宣抚班，直接指导县公署”④。

“临时政府”的第三个特征是，伪政府的首脑多数都是旧时人物，其政治制度也是复古的。“临时政府”的中央组织与国民政府的五权分立制不同，恢复了军阀政府时代的三权分立制，设置了议政、行政和司法三个委员会。但是，作为立法机关的“议政委员会”，由行政和司法各“委员长”、各部“部长”以及特别市（北平和天津）“市长”构成，与所谓的民意机关毫无关系。⑤“临时政府”中的政府要人大部分是由以“行政委员长”王克敏为首的北洋军阀时代的政客、对国民党不满的人组成的。他们是“在中国近代的革命过程中，被历史否定了的、被遗弃的、过时的人”⑥。地方制度也回归到军阀时代，被废除了的省县之间的道又得以复

① 東亞同文会編：『新支那現勢要覧』，1938年，第465頁。

② 日本防衛庁防衛研修所戦史室：『北支の治安戦』（1），朝雲新聞社，1968年，第75頁。

③ 防衛庁防衛研修所戦史室：『北支の治安戦』（1），朝雲新闻社，1968年，第56頁。

④ 防衛庁防衛研修所戦史室：『北支の治安戦』（1），第118頁。

⑤ 東亞同文会編：『新支那現勢要覽』，1938年，第465頁。

⑥ 安井三吉：「日本帝国主義とカイライ政権」『講座 中国近現代史』6，東京大学出版会，1978年。

活，其首脑为“道尹”。

上述“临时政府”的特征，在作为“民众组织”的“中华民国新民会”中同样可见。1937 年 12 月 24 日在北京成立的“新民会”，是华北方面军特务部组织的“代替国民党的思想团体”。与未录用日本官员的“临时政府”不一样，“新民会”的特点是其中有许多日本人。“新民会”的重要成员中，中国人和日本人大致各占半数。而且，它替代三民主义思想的“新民主义”是一种以儒教道德为基础的、封建的、反动性质的理论。由于这种陈腐的理论无法使华北占领区的政治经济安定下来，制定“新民会”政策的原“满洲国协和会”的小泽开作等日方干部，以“与其做观念的思想工作，不如以民众的日常生活的安定为目标”的想法，将经济工作作为重点。① 1939 年 9 月后，日军对“新民会”的控制进一步加强，强化实际上管制“大日本新民会”的性格。而且，到 1940 年 3 月，“新民会”与日军“宣抚班”合并改组为“大新民会”，实际上是日军的附属组织。②

（二）日军的治安政策与抗日根据地

华北方面军在占领华北主要地区之后，为与华中派遣军协同进行徐州会战和武汉会战，多数兵力转移了。因此，占领区内的“警备力量”不足，但华北方面军指挥部并未充分认识到这一情况将导致的深刻影响。1937 年 12 月 22 日，华北方面军司令部发布《军占据地域治安维持实施要领》③，计划恢复维持“治安”。其中提到，“对匪帮团体的讨伐，重点指向共匪，特别是对共产地区，努力尽早将其摧毁”。这显示出华北方面军对共产党的威胁有相当的认识。但是，《要领》中有关“治安维持”的基本方针表示，“目前的治安凭借在地区内各要冲分驻日本军队的威力，但尽快恢复民众长期以来自然发展而成的自卫能力，指导中国机关自行维持治安”。可见，华北方面军对华北的“治安维持”还抱着极为“乐观”的看法。

---

① 八卷佳子：「中華民国新民会の成立と初期工作状況」，『一九三〇年代中国の研究』，アジア經濟研究所，1975 年，第 361、372—373 頁。

② 岡田春生編：『新民会外史　黄土に挺身した人達の歴史』後編，五稜出版社，1987 年，第 3—10 頁。

③ 防衛庁防衛研修所戦史室：『戦史丛书・北支の治安戦』（1），朝雲新聞社，1968 年，第 53—57 頁。

“临时政府”设有“治安部”，由原直系军阀齐燮元担任总长。但起初“治安部”的作用是以“警察局”“保卫局”的名义整顿北京、天津、青岛三市和河北、河南、山东、山西四省的警察和保安团队，确保日军占领区的“治安”，并未预计进行军队建设。①

故此，日军在战争初期的“治安对策”并不完备，中国共产党的势力在日军占领区急速扩大。1937 年 8 月 22 日，华北红军约三万人改编为国民革命军第八路军，奔赴华北前线。8 月 22 日到 25 日召开的中央政治局扩大会议（即洛川会议）确立了在日军后方实行独立自主的游击战、建立抗日根据地的重要方针。② 根据洛川会议的这一决定，首先在山西、河北两省建立根据地。1938 年 1 月，在日军后方最早建立的抗日根据地基础上，成立了晋察冀边区。此后，八路军在山西省西北与绥远省的大青山地区、山西省东南的太行山地区、河北省南部、冀鲁豫三省交界处、山东省等处建立了多个抗日根据地。华中的新四军也在长江南北开辟了抗日根据地。因而，到 1938 年底，日军的后方已经建立大大小小十几个根据地和游击区，总人口达到 5000 万人以上。

抗日根据地的发展开始威胁日军在华北的统治。对于 1938 年秋华北的“治安状况”，当时的华北方面军副参谋长武藤章曾这样说，“我军在占领区的军事警备力量仅能配置在铁路和主要交通沿线，也就是说控制点和线。因此，距此一步之遥的内地即为蒋系军队的游击区和共产党军队的势力范围”。他尤其回忆起共产党军队组织的扩大及其“扰乱治安”的显著效果。③ 为了应对这种状况，华北方面军通过“临时政府”开始制定“治安立法”与伪军建设的真正配合。

“治安立法”方面，1938 年 4 月 1 日，“临时政府”颁布了《惩治盗匪暂行条例》。其中规定“公然占据城市、村镇、铁路、港湾、机场或军用地者”“有强夺意图、煽动暴动、扰乱治安者”等“判处死刑”④。4 月 8 日，《治安警察法》公布，规定凡有关制造、贩卖、运输、私藏武器和爆

① 马重韬：《齐燮元与华北伪军》，中国人民政治协商会议北京市委员会文史资料研究委员会编：《日伪统治下的北平》，北京出版社 1987 年版，第 222—223 页。

② 宍戸寛：『中国八路軍・新四軍史』，河出書房新社，1989 年，第19—21頁。

③ 防衛庁防衛研修所戦史室：『戦史叢書・北支の治安戦』（1），朝雲新聞社，1968 年，第 66—67 頁。

④ 東亜同文会編：『新支那現勢要覧』，1938 年，第 453—455 頁。

炸物，政治结社、室外集会、街头宣传、工人集会和罢工等，都可以行使“治安警察权”。另外，禁止军人、官员、小学教员、学生参与政治结社。①

伪军建设是从9月30日永津佐比重少将就任“治安部”最高军事顾问后正式开始的。12月1日，华北方面军军事顾问部成立，由永津佐比重担任第一任部长，除指导宪兵和警察外，伪军建设工作也正式开始。② 在此之前，5月28日，为培养排级军官的伪陆军军官学校已经开学。此校学习年限为一年半，主要招收初中毕业的青年入学，接受步兵科的教育。另外，8月设立了伪宪兵学校，10月设立了以培育班级干部（班长）为目标的伪军士教导团。1939年初，还设立了针对退役军人再教育的伪军官队，大致使军事教育组织得以整顿充实。③

武汉会战结束后，军事动员力量已经达到极限的日军将作战方针转向持久战。1938年12月6日，日军中央制定了《昭和十三年秋季以降对支处理方策》，提出目前“第一要义是恢复治安”，“不应企图扩大占领区”。换而言之，要将占领区区分为“治安区”和“作战区”。前者包括河北省北部、包头以东的蒙疆地区、正太线以北的山西省、山东省的主要部分（胶济铁路沿线地区）、沪宁杭三角地带，是确立“治安”的地区。后者（武汉、广州一带）是压制抗日势力的“作战”地区。④ 因而，华北方面军的任务是确保华北占领区的“安定”，为此，日军调动了三个师团的兵力前往华北。⑤ 其后，为替换这一编制，华北方面军的兵力在1939年春改为四个师团、五个独立混成旅团。⑥

华北方面军根据大本营的上述命令制定了“治安肃正方针”，提出“通过讨伐作战，全部摧毁匪军根据地，同时彻底地进行高度分散的兵力

---

① 東亜同文会編：『新支那現勢要覧』，第455—460頁。

② 『北顧回想録』，北顧会，1973年，第8—9頁。“北顾”是华北方面军司令部军事顾问部的简称。

③ 马重韬：《齐燮元与华北伪军》，《日伪统治下的北平》，北京出版社1987年版，第223—227页。军官学校入学人数第一期约400人，第二期、第三期约1000人，第四期、第五期约400人。另外，军士教导团定员约1000人。

④ 「昭和十三年秋季以降対支処理方案」，『現代史資料』9，みすず書房，1964年，第553頁。

⑤ 堀場一雄：『支那事変戦争指導史』，時事出版社，1962年，第234頁。

⑥ 防衛庁防衛研修所戦史室：『戦史叢書・北支の治安戦』（1），朝雲新聞社，1968年，第113頁。

部署”，以这些分散据点为基地，进行反复的“机敏神速的讨伐”，“使残存匪团无喘息时间和安身之地”。并且提出，“不要陷入一时的宣抚，重点在永久获得民众”，“培植和整顿亲日的武装团体，指导它们成为维持局部地区治安的核心力量”①。

对日军而言，培植亲日武装团体是一个重要课题。单靠日军维持广大占领区的“治安”是不可能的。而且，解除指挥、联络、教育和训练等方面都困难的高度分散部署体制，集结兵力，就不得不利用中国方面的武装团体。1938 年 12 月，大本营陆军部制定了《占领区内中国方面武装团体指导纲要》，表示“武装团体以警备军和警察为主，归属于新政权”，但“在日军的统制下进行治安维持工作”，并决定“将来考虑建设国防军队”②。

华北方面军整顿的武装团体有乡村的“自卫团”“县警备队”“铁路警务机关”“水路警备队”“公路警备队”、重要的“工业企业警备队”“治安军”。③ 华北方面军军事顾问部指导的“治安军”，在 1939 年 10 月首次完成建制。其编制由三个集团、八个步兵团组成，将校和下级士官来自前述各军事教育机关的毕业生。一个团的编制包括三个营，定员 1370 人，团级和营级都设有一名日本教官。④ 另外，华北方面军还扩充了保甲制度，强化了乡村的自卫能力。1939 年 7 月 26 日，公布了《保甲条例》，规定在“县知事”和“警察局”的指挥下，民众按保、甲组织起来，让居民互相监视。居民“通匪与以便宜或隐匿匪徒令逃脱时”，除本人依法受到处罚外，还要对甲内各户长处以连坐罚金。此外，“保甲内年十八岁以上，四十岁以下男子，均行编为自卫团……令担任保甲内之自卫事项”⑤。

华北方面军的“肃正作战”，分为三期实施。第一期为 1939 年 1 月至 5 月，第二期为 6 月至 9 月，第三期为 10 月至 1940 年 3 月。这一“肃正作战”给华北残留的国民政府军队和地方杂牌军以极大的打击。然而，日军过去没有经历过八路军开展的人民战争，未能打败他们。比如，参加

① 防衛庁防衛研修所戦史室：『戦史叢書・北支の治安戦』（1），第 116 頁。

② 「占領地域内支那側武装団体指導要綱」：『现代史資料』9，第 405 頁。

③ 防衛庁防衛研修所戦史室：『戦史叢書・北支の治安戦』（1），第 126 頁。

④ 马重韬：《齐燮元与华北伪军》，《日伪统治下的北平》，北京出版社 1987 年版，第 229 页。

⑤ 東亞同文會編：『新支那現勢要覽』第二回，1938 年，第 705—710 頁。

1939年5—6月间五台作战的第36师团参谋回忆："作战开始后，完全搞不清敌情，是如坠云雾、捉摸不透的作战。尽管采用了在满洲实施过的分进合击的治安讨伐方式，但由于共产党方面的情报活动周密巧妙，我方扑了个空，毫无结果。"① 日军的"满洲经验"对八路军根本没有起到什么效果。因而，在"肃正作战"的过程中，八路军的发展反而渐趋显著。特别是在第三期"肃正作战"时，八路军占领了被日军讨伐歼灭的国民政府军和杂牌军的地盘，其势力变得极为强大。

对八路军的"肃正作战"未能获得效果的一个原因是日军对共产党领导的人民战争了解不充分。华北方面军的高级参谋曾回忆，"当时也未必重视中共军队，我们把抗日匪团与占领区内残留的蒋系残部等大致等同程度看待，轻视地认为他们早晚都会被歼灭，没有什么大不了的"②。这种肤浅的认识，到1940年后确实有了改变。3月的兵团参谋长会议上传达的《昭和十五年度第一期肃正建设》要纲中表示，"讨伐肃正……的重点在于剿灭共产匪团"③。但是，在这一阶段，日军仍然轻视八路军，实施的对策仍不彻底。

二　"扫荡战"与"反扫荡战"

（一）华北抗日根据地的危机

1940年是日军在华北统治发生大转变的一年。首先，从政治方面来看，3月30日汪精卫为首的"中华民国政府"在南京成立。结果，"临时政府"取消，取而代之的是"华北政务委员会"的建立。此前，1939年9月12日，日本设立了中国派遣军总司令部（支那派遣军总司令部），华北方面军受其统辖。

"华北政务委员会"是日本与汪精卫方面交涉、要求维持华北既成事实而设立的。1939年12月30日，日本与汪精卫政权订立《日支新关系调

① 防衛庁防衛研修所戦史室：『戦史叢書・北支の治安戦』(1)，朝雲新聞社，1968年，第159頁。

② 防衛庁防衛研修所戦史室：『戦史叢書・北支の治安戦』(1)，第128頁。

③「昭和十五年度第一期粛正建設」，防衛庁防衛研修所戦史室：『戦史叢書・北支の治安戦』(1)，第267頁。

整纲要》① 有关于华北和蒙疆的条文，约定“华北及蒙疆在国防上并经济上设定日支强度之结合地带”。为共同“防共”，“日本所要之军队，驻屯于华北及蒙疆之要地”，华北、蒙疆的特定资源由“中日协力”开发，并与日本以特别之便利。在附属的秘密谅解事项中，规定“废止临时政府之名称，由华北政务委员会继承其政务”，并决定在“华北政务委员会”设立日本顾问。②

如《日支新关系调整纲要》的内容所明示，“临时政府”的废止和“华北政务委员会”的设置并未给华北方面军在华北的统治带来什么基本的变化。方面军司令部在1940年11月30日日本政府承认汪精卫政权后，发布了《华北政务及经济的现况》（1941年1月13日），表示“国民政府的承认，方面军的实策方面并未引起什么丝毫变化，不如说重新认识华北的特殊性、实现华北的明朗是顺应新事态的最佳方策”③。尽管日本设立了统辖方面军的中国派遣军，但作为中央政府组成的汪精卫政府对方面军的华北统治却是一个相当重要的制约因素。

1940年日军在军事方面的转变，是由于八路军的百团大战引起的。百团大战是八路军据说共动员了115个团、共40万兵力对华北日军发起的一次大攻击战。这一攻击战从8月20日开始，持续到12月5日。八路军首先进攻华北的主要铁路干线，进而进攻交通线两侧和深入根据地内的敌方据点。此次攻击战攻击的是日军分散部署体制的弱点，八路军破坏了主要攻击目标的正太线和井陉煤矿，给日军以重创。但是，八路军也对日军的坚固据点发动人海战术，死伤为日军的数倍。而且，八路军的实力暴露于日军面前。

到1941年，因百团大战而改变了对中国共产党看法的日军，着手对抗日根据地进行彻底的“围剿”，从华中调动两个师团到华北。另一方面，

---

① 译者注：《日支新关系调整纲要》，即“日汪秘约”。其主要内容为：（1）割让东北给日本，定蒙疆（包括绥远、察哈尔两省和山西北部）、华北、长江下游和华南岛屿为“日支强度结合地带”，由日军长期占领；（2）伪政权自中央政府至地方政府，由日本顾问或职员监督；（3）伪军和伪警察，由日本供给武器并加训练；（4）伪政府的财政经济政策和工农交通事业，由日本控制，资源由日本任意开发；（5）禁止一切抗日活动。参见龚古今、恽修编《第一次世界大战以来帝国主义侵华文件选辑》，生活·读书·新知三联书店1958年版，第213—220页。

② 堀场一雄：『支那事変戦争指導史』，時事出版社，1962年，第326—344頁。

③ 「北支政務並経済の現況」，『現代史資料』9，みすず書房，1964年，第705頁。

《昭和十六年度肃正建设计划》将“肃正”的重点放在“剿共”上，决定为此要“统合军官民的总力”①。

并且，同年夏，华北方面军出台了长期的《肃正建设三年计划》。这一计划将日军占领区分为“治安区”（译者注：即日伪占领区）、“准治安区”（译者注：即抗日游击区）、“未治安区”（译者注：即抗日根据地）三个区域，计划将“未治安区”顺序转变为“准治安区”“治安区”。换言之，在“治安区”，直至乡村，都设立伪华北政权的行政机关，以中国方面的伪警备力量承担“治安”任务；在“准治安区”，日军不断地进行“扫荡”，同时提高中国方面的政治和军事力量，使其过渡到“治安区”；在“未治安区”，则计划进行反复的“讨伐”作战，不久将共产党的抗日根据地变为“准治安区”。根据这个三年计划，从当时的1941年7月到1943年，“治安区”从10%提高到70%，“未治安区”从30%减少到10%。②

华北方面军的这种新“治安”政策的一大特征是将政治和经济的诸多措施与军事措施相结合，将中国方面的伪行政机关、“治安军”“乡村自卫组织”“新民会”一起动员起来进行“剿共”。

在军事方面，方面军针对抗日根据地实施了广为人知的“三光作战”（杀光、抢光、烧光）这一彻底“肃正作战”。方面军之所以对抗日根据地采取这种彻底的“烬灭扫荡”作战，是因为对根据地有这样一种认识，即“应当将全体民众都看作是有敌意的人，只靠宣抚工作分开匪民是很困难的”③。从反击百团大战而实行的“晋中作战”已经可看出这种“三光”作战的残酷，此后方面军在华北各地展开的“肃正作战”也是如此。④

对“准治安区”，方面军部署了固定的主力部队，用“分区扫荡”的方式“肃清”共产党的势力、封锁其活动，使其力量减退。另外，为阻止

---

① 「昭和十六年肃正建設上の主要着意事項」，防衛庁防衛研修所戦史室：『戦史叢書・北支の治安戦』（1），朝雲新聞社，1968年，第467—468頁。

② 「肃正建設三ヵ年計画」（1941年夏），防衛庁防衛研修所戦史室：『戦史叢書・北支の治安戦』（1），第528—537頁。

③ 「北支那方面軍参謀部第二課調整資料」，防衛庁防衛研修所戦史室：『戦史叢書・北支の治安戦』（2），第154頁。

④ 有关“三光”政策可参见江口圭一：「中国戦線の日本軍」，《十五年戦争史》2，青木書店，1988年。

八路军进入“准治安区”，方面军还在“准治安区”与“未治安区”之间修筑截断壕和小碉堡或制造无人区。①

由于第二次世界大战的爆发和日美关系的恶化，国际情势发生剧变。对日军而言，为应对在华兵力减退的局势变化而协助强化中国方面的伪武装团体，这成了一个必不可少的任务。1940 年 10 月，“治安军”（1939 年 10 月建成后，进行为期一年的训练），被日军部署在河北省的 10 个县和山东省的两个县，在日军的“支援”下进行实践训练（同时，“华北政务委员会”成立，“临时政府”的“治安部”改称“绥靖总署”，齐燮元任督办兼总司令。“治安军”改为“绥靖军”）。并且，11 月实行了“治安军”的第二次编制，重新编成了 4 个集团（8 个团）、6 个独立团，并开始了为期一年的教育训练。②

对“治安军”等中国方面的伪武装团体的利用问题，大本营陆军部在 1941 年1 月30 日发布的《中国方面武装团体整备和指导纲要》中指示，“中国方面的武装团体目前主要应协助我占据区内的治安肃正”，将来“在日本军队的后方支援下独立而担任治安的维持，要是有可能，对日军的作战协力”。另外，《纲要》将中国方面的伪武装部队区分为正规军（包括：“国民政府”直辖军队，其中华中方面约 10 万以内，华南方面约 1 万以内；华北“治安军”，约 10 万以内；蒙军，不到 1 万）和正规军之外的其他武装，规定“治安肃正”方面的重要事项由日军指挥官指挥。具体来说，遵照华北方面军司令部的命令，“治安军”等属于“华北政务委员会”的武装团体，“由各该军所属顾问、教官等指导之”③。

从 1938 年开始扶植中国方面的伪武装部队的华北派遣军，遵照大本营陆军部的这一指示，进一步利用“治安军”进行“肃正作战”。方面军的《昭和十六年度肃正建设计划》的“主要注意事项”中提出，让“治安军”的主力逐渐向“冀东道”方向集结，使其确保该地区的“治安”。方面军希望通过提高“治安军”等的实力，“减轻日军的负担，从而让其取

---

① 有关无人区的问题可参见，姫田光義・陳平『もうひとつの三光作戦』，青木書房，1989 年。

② 『北顧回想录』，北顧会，1973 年，第 16—19 頁。马重韬：《齐燮元与华北伪军》，《日伪统治下的北平》，北京出版社 1987 年版，第 230—232 页。

③ 大本営陸軍部「支那側武装団体整備並指導要綱」，防衛庁防衛研修所戦史室：『戦史叢書・北支の治安戦』(1)，第 455—456 頁。

代日军"①。1941年4月，"治安军"6个团集结于冀东，在驻天津的华北方面军第27师团指挥下，从事当地的"治安战"。②

另外，华北方面军还计划将"华北政务委员会"纳入"治安战"之中。从1941年到1942年，共进行了五次"治安强化"运动。"治安强化"运动表面上是"华北政务委员会"积极自主地开展、以王揖唐"委员长"（1940年6月6日接替王克敏就任）为首的"政务委员会"要人为首而推进的。但是，这一运动的拟定者和指导者仍然是华北方面军。1941年2月15日，方面军参谋部制定了《治安强化运动实施计划》，其目的是"加强华北政务委员会的政治统治力量，以期扩大华北政务机关的政治统治范围"，指示各地的日军"指导中国方面，使其主动积极地对强化治安做出贡献"。另外，《实施计划》提出，运动内容有：（1）扩大、加强和训练"自治自卫"组织；（2）扩大、加强民众组织；（3）"治安军""警备队"等的"讨伐""示威""行军"；（4）普及和宣传"东亚新秩序"的观念及"日满华条约"的内容。③

1940年3月30日到4月3日，实行了第一次"治安强化"运动。为保持运动的"成果"，方面军督促"华北政务委员会"从7月7日开始实施第二次"治安强化"运动。这一工作的重点是"通过实行剿共巩固治安"，其完成期限大幅度延长到9月8日。第三次"治安强化"运动从11月1日到12月25日，此次运动的重点是在军事行动的同时，实行彻底的经济封锁、促进重要物资的生产和供应为内容的"强力经济战"。第四次"治安强化"运动从1942年3月30日持续到6月中旬，提出"剿共自卫、勤俭增产"等目标。第五次"治安强化"运动从10月8日到12月10日，目的是"灭共、确保农业生产、降低物价、革新生活"④。

这种军事、政治、经济相结合，有计划并长期进行的"治安战"，必然给中国共产党和抗日根据地造成严重威胁和打击。1941年11月1日的

---

① 北支那方面軍「昭和十六年度粛正建設計画」，防衛庁防衛研修所戦史室：『戦史叢書・北支の治安戦』（1），第469頁。

② 马重韬：《齐燮元与华北伪军》，《日伪统治下的北平》，第235页。

③ 「北支那方面軍『治安強化運動』実施計画」，防衛庁防衛研修所戦史室：『戦史叢書・北支の治安戦』（1），第495—496頁。

④ 防衛庁防衛研修所戦史室：『戦史叢書・北支の治安戦』（2），第132—133、258—262頁。

中共北方局扩大会议上，八路军副总指挥彭德怀对这次日军攻势的特点及对中共方面的基本方针作了详细报告。彭德怀指出，“治安强化”运动的内容是以政治为中心，强化伪军、伪政权和保甲制度，强制与利诱青年组织“新民会”。另外，日军在军事指导方面，改变了一直以来的短期、分散或长驱直入、分进合击的战略，采用长期的、集中优势兵力、步步为营和铁壁合围的方式。由于两期的“治安强化”运动的影响，抗日根据地面积缩小了，部分青年知识分子被收买为汉奸，日本的策略取得了相当的“成绩”。彭德怀指示，为对付日军的新攻势，要开展对伪军、伪政权和伪组织的工作，开展敌占区、接敌区的群众工作，坚持根据地工作（武装建设、政权建设、党与群众工作的三大任务）。①

彭德怀的这个报告正确地把握了日本以“治安强化”运动为代表的新政策的特征及敌我双方关系，密切注意到伪军、伪组织的两面性及对群众工作的合法和非合法的斗争方式，提出了“团结一切中国人，保卫一切中国人的利益”的民族统一战线的立场。

而且，1941 年 11 月 7 日，中共中央军事委员会作出《关于抗日根据地军事建设的指示》，提出将主力部队地方化，加强地方军和民兵，主力部队、地方部队和民兵三者密切配合，发展广泛的游击战的方针。② 此外，中共中央还实行了减租减息、大生产运动、三三制、精兵简政等政策，建设能够抵御日军“扫荡”的有力的根据地。③ 因而，在华北，日军与中共、抗日根据地展开了殊死斗争。

（二）日军在华北统治的崩溃

1941—1942 年日军彻底的“扫荡作战”，加上国民党的包围和封锁，给抗日根据地带来深重的危机。尽管有八路军和根据地人民的合力抵抗，华北抗日根据地的面积还是缩小了六分之一，根据地的人口从 4000 万减少到 2500 万。根据华北方面军的资料，到 1941 年底，在总共的 398 个县中，

① 彭德怀：《敌寇治安强化运动下的阴谋与我们的基本任务》，《晋察冀抗日根据地史料选编》下，河北人民出版社 1983 年版，第 134—156 页。

② 宍户宽：『中国八路軍・新四軍史』，河出書房新社，1989 年，第 143—145 頁。

③ 对根据地的这些政策，可参照西村成雄「中国抗日根拠地」，『岩波講座 近代日本と植民地』第 6 卷，岩波書店，1993 年。

“华北政务委员会”控制了县城并向周边渗透其统治的已达366个。① 日军在华北的统治看起来似乎取得了成功。

然而，日军在华北的统治外表上看似坚固，其根基却很脆弱。之所以如此，第一个原因是日军扶植的伪政权和伪军仍然软弱无力。日军期望在其幕后指导下，中国方面的伪行政机关可以自主活动，但“华北政务委员会”和省县级政府的实际状态却与日军的期待相去甚远。“治安军”的教育和训练极其不足，缺乏独立战斗的能力。如前章所述，将校都是旧式军人，其下属的部队也是仅仅接受了一年教育的人。普通的士兵，“来自日占区的村庄，虽然根据日军的指令参加了军队，事实上却是根据村里的指配，被征募来的”，“结果，汇集的士兵多半是贫苦的农家子弟，或者是没吃没喝、无家可归的流浪者”。因而，这些人在进入军队后，逃亡者甚多。② 故此，日军宁可重视县警备队的势力。县警备队到1941年底，总数约为9.5万人（每县平均253人），虽属“治安总署”统辖，但却由驻各县的日军负责指导。③

“新民会”的会员人数在1941—1942年的两年间激增了5.4倍。到1942年底，会员人数达到364万人，有13490个分会。④ 但是，这种急剧膨胀是通过把“新民会”变为完全“官方团体”而实现的。最高顾问铃木美通（预备役中将）1942年8月在东京对日本记者团表示，“新民会与华北政务委员会为一体的关系，有着像日本的大政翼赞会与翼赞政治会相结合在一起这样的性质”。这一言论表述了“新民会”的性质。⑤

其次，日军的“治安战”本身激发了中国民众的愤怒，因而使日军华北统治的基础变得脆弱。比如，“三光作战”中，甚至连日军也承认由于“彻底毁灭敌性物资”，普通民众遭受了惨重的损失，“如果不采取只处置确属敌方物资的方法，将使民心叛离，带来很坏的影响”⑥。因修筑壕沟和岗楼而动员数十万民众，给农作物的收获带来很大损失。设置无人区及以

① 防衛庁防衛研修所戦史室：『戦史叢書・北支の治安戦』（2），第60頁。
② 北顧会：『北顧回想录』，北顧会，1972年，第119、379頁。
③ 防衛庁防衛研修所戦史室：『戦史叢書・北支の治安戦』（2），第72頁。
④ 防衛庁防衛研修所戦史室：『戦史叢書・北支の治安戦』（2），第257頁。
⑤ 防衛庁防衛研修所戦史室：『戦史叢書・北支の治安戦』（2），第256頁。
⑥ 防衛庁防衛研修所戦史室：『戦史叢書・北支の治安戦』（2），第42—43頁。

武力强迫居民搬离，使居民对此怨声载道。①

日军在华北统治动摇的另一个原因是国际因素。1941 年 12 月 8 日，日本对英美开战，从而使其占领区的民众在思想上发生很大变化。在开战后的 12 月 17 日，兴亚院华北联络部向兴亚院报告华北民众的动向时推测说，对日本持积极协力态度或表赞同的约占 20%，对“中日合作”表示不关心的约占 40%，民族意识旺盛、反对日本的约占 40%。而且，还表示，“对战争结局的看法，大部分人在内心抱着‘日军初战虽占优势，但在长期战中不可能取胜’的顽固观念”②。

对于太平洋战争给华北民心带来的影响，中共也认为，“太平洋战争爆发后，敌军、伪军、伪组织与敌占区人民在思想以至政治上都起了很大的变化，这是我们开展对敌政治攻势的有利时机”。也就是说，出现了这种状况：尽管伪军与伪组织发生异常动摇，各地伪军不断反正，并与共产党建立了许多关系，但敌占区的人民希望日本侵略者速败，他们最不相信日本侵略者的宣传。③

不过，在太平洋战争的初期，由于日军在东南亚和太平洋的军事行动进展顺利，对中国战线的影响还比较小。开始出现对中国战场的直接影响，是在瓜达尔卡纳尔岛战局发生重大变化的 1942 年秋之后。

起初，日本政府和军部让汪精卫政权参加日本对英美的战争，企图以此打开“中日战争”的局面。1943 年 1 月 9 日，汪伪政权对英美两国宣战。1942 年 12 月 21 日的御前会议决定“帝国尽量避免干涉国民政府，极力促进其自发的活动”④。根据这一决定，日本的中国派遣军一心一意地进行作战警备。1943 年 2 月 27 日，《中国派遣军工作任务的改定》被批准，禁止中国派遣军总司令官、华北方面军总司令官及各军司令官统率管辖占领区的行政。⑤ 华北方面军的特务机关也改称为陆军联络部，表面上完全

① 防衛庁防衛研修所戦史室：『戦史叢書・北支の治安戦』（2），第 234 頁。

② 防衛庁防衛研修所戦史室：『戦史叢書・北支の治安戦』（2），第 91 頁。

③ 《中共中央北方分局关于开展第二期对敌政治攻势的指示》，《晋察冀抗日根据地》第一册（文献选编）下，中央党史资料出版社 1989 年版，第 623—626 页。

④ 「大東亜戦争完遂ノ為ノ対支処理根本方針」，防衛庁防衛研修所戦史室：《戦史叢書・大本営陸軍部》（5），1973 年，第 497 頁。

⑤ 「支那派遣各軍勤務令ノ改定」，『戦史叢書・大本営陸軍部』（6），朝雲新聞社，1973 年，第 164 頁。

取消了对中国方面行政机关的“幕后指导”，撤销了县联络员。① 而且，方面军确立了由高度分散部署逐渐集结兵力，尽力整顿分队以下的分驻、扩大中国方面的警备区的方针。② 连“新民会”也为促进中国方面的自主活动，日方职员仅保留最低限度的联络要员，其他一律撤出。③ 但是，这些措施并没有使伪组织强化起来，结果使得日本占领区的统治弱化了。

对日军的华北统治来说，更具重要意义的是，伴随着太平洋（战场）战局的恶化，华北方面军所属的许多部队调离中国，日军在华北的军事力量转弱。1943 年 1 月初，华北方面军的兵力由 9 个师团、10 个独立混成旅团、1 个骑兵旅团、1 个战车师团构成。但是，大本营将其中的 7 个主力师团调到南方等地，编成以独立混成旅团为基干的新师团，而且还新设了独立步兵旅团。然而，这些兵团大部分都是没有炮兵和辎重连队的“治安”兵团，尤其是独立步兵旅团的兵员素质和部队装备都不佳，战斗力低下，使华北日军的战斗力大幅下降。④

中共准确地把握住了这种状况，1943 年起，开始逐渐转向反攻。在军事方面，共产党一方面继续开展游击战，另一方面特别重视对伪组织和伪军的工作。1 月 10 日，晋察冀军区政治部作出了 1943 年政治工作方针的指示，提出“进一步开展敌伪军工作”。这一指示还表示，“在伪军伪组织工作中，应加强争取与瓦解工作，对死心汉奸应坚决打击之，以影响伪军伪组织的动摇份子”⑤。进而，1944 年 1 月 20 日，中共中央晋察冀分局的《关于一九四四年工作方针及任务的指示》分析了伪军伪组织人员日益动摇及厌日反日、日军战斗力低下、伪军增多的客观有利条件，要求加强对伪军、伪组织的工作。⑥

共产党把伪军、伪组织问题抓住民族矛盾，灵活处理伪军。八路军野

---

① 防衛庁防衛研修所戦史室：『戦史叢書・北支の治安戦』(2)，第 314 頁。

② 「昭和十八年度北支那方面軍作戦警備要綱」，防衛庁防衛研修所戦史室：『戦史叢書・北支の治安戦』(2)，第 337 頁。

③ 冈田春生：『新民会外史』后编，第 200 頁。

④ 『戦史叢書・大本営陸軍部』(7)，第 124—126、545—547 頁；『戦史叢書・北支の治安戦』(2)，第 494—495、505 頁。

⑤ 《晋察冀军区政治部关于军区部队一九四三年的政治工作方针》（1943 年 1 月 10 日），《晋察冀抗日根据地史料选编》下，河北人民出版社 1983 年版，第 281—290 页。

⑥ 《中共中央晋察冀分局关于一九四四年工作方针及任务的指示》，《晋察冀抗日根据地史料选编》下，第 400—407 页。

战政治部对这一问题表示："我们进行伪军工作主要的条件是由于民族矛盾，中国人甘心情愿当亡国奴做汉奸的，无论如何是极其少数的，大多数人还是有或多或少的民族意识，对敌人有的积极的反抗，有的消极的心中不满。"①

1944 年 4 月，日军开始"打通大陆线作战"（译者注：即豫湘桂战役，日本也称为"一号作战"）。由于华北方面军的力量也投入其中，华北的统治体制因而更加恶化。八路军开始局部反攻，实行对日军分屯队的袭击战和对交通线的破坏战。并且，进一步开展伪军的瓦解工作。日军撤退后的地方都在八路军控制下。同年秋，华北方面军管辖的 400 个县中，"治安良好的"只不过 1.4%，共产党控制下的县占 31.5%，还有约三分之二的中间地区"大部分是以县城为中心，只将兵力分驻几个乡村，民心多倾向共产党"②。

1943 年 9 月，华北方面军为"侦谍剔抉"中共的秘密活动，以宪兵队中"特别关系人员为骨干"，编成"华北特别警备队"，但一直以城市为活动中心的宪兵部队，在山岳、平原地带却无力发挥。③ 宪兵部队的创设，是日军华北统治波动不稳的阶段的开始，以暴力统治其他民族的本质更明显地显示出来。1944 年 9 月上旬，华北方面军作出《华北警备革新计划》，转换成为战略物资的收集和运输，而"必须确保重要地区和铁路两侧的治安"的方针。④ 另外，不能依靠伪军的华北方面军竟然不得不与关东军协商，采取将"满洲国军"引入华北的办法（1945 年 1 月，"满洲国军"被派往冀东）。⑤ 1945 年，在华日本军被派遣到其他地区的情况更加常见。5 月，作为预备队的在华各部队的调动者与当地应征的人编成独立警备队。6 月，方面军进一步提出缩小作战范围，"坚守济南、石门、京津地区"⑥。

因而，方面军在华北的统治到 1945 年中时，从文字上而言，已经后撤

① 《第十八集团军野战政治部关于晋察冀地方对敌伪军工作的意见》，《晋察冀抗日根据地》第一册（文献选编）下，第 730—736 页。

② 防衛庁防衛研修所戦史室：『戦史叢書・北支の治安戦』（2），第 536 頁。

③ 防衛庁防衛研修所戦史室：『戦史叢書・北支の治安戦』（2），第 432—478 頁。

④ 防衛庁防衛研修所戦史室：『戦史叢書・北支の治安戦』（2），朝雲新聞社，1971 年，第 534—535 頁。

⑤ 防衛庁防衛研修所戦史室：『戦史叢書・北支の治安戦』（2），第 538 頁。

⑥ 防衛庁防衛研修所戦史室：『戦史叢書・北支の治安戦』（2），1971 年，第 550—551 頁。

到“点与线的控制”（城市与交通线的控制）。在日本投降前，日军在华北的统治实际上已经处于崩溃状态。

结语　“满洲”与华北

日军在华北占领区的统治长达近8年。在此期间，1941—1942年是日本统治的强化期，这一统治发展到最后所谓的“点与线的控制”基本上是无法避免的。在华北，说日军是败在中国人民的抵抗面前，并不夸张（同样的状况在中国其他地方也或多或少地存在）。

与“满洲”相比较，日军在华北统治的失败，可以说从下面这一点明确地表现出来。在华北，日军没能制造出像“满洲国”和“满洲国军”这样程度的伪政权和伪军。“临时政府”被评价为是个“极其脆弱，甚至连当局者都是消极的”“一点都不主动的官僚集团”①。为同强劲的八路军对抗而建成的“治安军”，过于软弱无力。因此，日军未能利用伪军接替他们担任维持“治安”的任务，不得不解散高度分散的部署体制。1943年以后，日军虽解散了分散部署体制、集结军队，这是由于太平洋战局恶化而导致的主力转移，是华北日军战斗力变弱的情况下不得已而为之的措施。

因此，从以下几点来思考日军在华北统治失败的理由吧。

第一，从日本的方面来看，日本的对华政策和占领区的政策没有一贯性。无论是政府军队还是军队内部，其应对都是凌乱无序的（华北方面军与华中方面军围绕“临时政府”与“维新政府”相互对立，华北派遣军与中国派遣军在汪伪政权的对应上的对立等）。

这一点与从一开始就是关东军制订计划并负责建立“满洲国”的情况形成对照。在“满洲”，关东军炮制了所谓的“五族协和”的假象，形成日本人作为“满洲国”的构成民族并担任“满洲国”政府要职的情况，从而能够控制伪政府。“满洲国军”也大量采用了日本军官来巩固要职，因而能加固其战斗力。然而，在关内，日本没能形成“满洲”所具有的那种虚假，在所谓的主义之前，中国的机关就已经存在。因而，日本对伪政权

---

① 「漢口陥落を契機とする北支建設要領」，『現代史資料』9，みすず書房，1964年，第613頁。

和伪军不得不采取所谓“日本顾问指导”的形式。因此，伪政权和伪军的“强化”程度十分有限。

其二，日军的残暴行为和掠夺到底的政策招致了中国民众的强烈憎恨。1938年6月，华北方面军参谋长冈部直三郎向各部队发表通牒，说“军人及军队的不法行为招致了民众的怨恨，激起了他们的反抗意识，为共产党抗日分子提供了煽动民众的口实，给治安工作带来重大的恶劣影响”，表示“各地日军强奸事件普遍传播，的确酿成了意料外的反日情绪”①。日本的“三光政策”给中国民众心理带来的影响已如前所述。毛泽东在《论持久战》中论证，日本的野蛮政策“激怒了一切阶层的中国人”“形成了绝对的敌对”，因此一部分亡国论者“大势所趋，是降不了的”②。的确，日本的战争的“退步性、野蛮性”成为日本无法利用有能力的中国人组织起伪组织的主要原因之一。

其三，从中国方面看，华北的斗争并非孤立的。这一点非常重要。这与“满洲国”范围内的抗日武装斗争看起来是相对孤立的情况很不一样。

首先，尽管国民政府一直坚持抗战到底，对华北抗日根据地的形成和发展仍具有重要意义。如前所述，到百团大战之前，日军一直将国民政府看作主要敌手，对共产党的抗战认识不足。因而，日军主要关心的是与国民党军队之间的战争，共产党从而建立了根据地并发展起游击战。抗战初期是共产党熟悉根据地建设方法和游击战战术的宝贵时间。百团大战后，华北方面军的政策重点是对共产党实行彻底的“肃正作战”，日军全体仍然将国民政府视为主要敌人。尽管，据说日本陆军中央从1943年初起，将共产党的延安政权作为与重庆政权对立的半独立政权而予以重视，但日军还是认为，中国大陆的主要敌人第一是重庆政权，第二是延安政权。③ 国共关系在1939年后恶化，武力冲突频发。1940年秋，国民政府停止了对八路军的军事援助。但是，国共关系并没有完全断绝。对华北根据地的存

① 「軍人軍隊の對住民行爲する注意の件通牒」，『朝日新聞闻』，1992年7月15日。

② 『中国共産党史資料集』9，勁草書房，1974年，第200—201頁。

③ 防衛庁防衛研修所戦史室：『戦史叢書・北支の治安戦』(2)，第523頁。

续和发展而言，半数以上的日军困于华中和华南①，其意义重大。

从宏观的国际上来说，华北的斗争也不是孤立的。美国政府和美军出于对中国共产党关注的增加，在1944年派遣了军事视察团前往延安。不过，如前所述，由于太平洋战局的恶化，日军从中国大陆抽出精锐部队，这极大地拯救了华北抗日根据地。假如太平洋战争未爆发、日军将全力集中在对华战争的解决，抗日根据地陷入更危急的状况也未可知。

其四，毋庸待言，运用上述条件与日军的残酷“扫荡”进行对决的中国共产党和根据地人民的战斗，是导致日本在占领区统治崩溃的决定性因素。在这一点上，华北的斗争比起“满洲”来说更为有利。延安是日军竟然没能得手的神圣地带。由于共产党保住延安，因而能继续进行对日军作战的稳定指导。

“满洲”与华北大不一样，1931年也远不同于1937年。20世纪30年代中期过后，日本殖民地统治的国际环境和中日两国的状况都发生了巨大变化。

（原文：「中国占領地の軍事支配」，載『岩波講座 近代日本と植民地』第2巻，岩波書店，1992年。本文翻译初稿，由易丙兰博士提供。由李秉奎译校、修改，石岛纪之教授审校。）

① 1940年末，华北方面军的兵力有9个师团和12个旅团，共25万人，华中的第11军（武汉）有8个师团和2个旅团，共21.8万人，第13军（上海）有4个师团和4个旅团，共7.8万人，华南的第21军（广东）有3个师团和3个旅团，共16.6万人。1941年2月，中国派遣军在华北的兵力不足，从第11军和第13军各补充1个师团调到华北（防衛庁防衛研修所戦史室：『支那事変陸軍戦』3，1975年版，第320、333—334頁）。不用说，第13军的主要敌人是新四军。

全面抗日战争的冲击：中国的国民统一和社会结构

一 前言

本文要研究的问题是，“太平洋战争对中国的冲击及影响”。自不待言，其中包括1937年开始的全面抗日战争，而太平洋战争对于中国来讲只是抗日战争的一部分。另外，有些学者阐述了对1931年“九·一八”事件（“满洲”事变）以来，中国与日本已经面临“战争状态”的看法。[①] 因而，本报告虽着眼于“九·一八”事变到卢沟桥事变之间的状况，但也对1937年抗日战争全面爆发给中国带来的冲击和战争影响问题进行研讨。

抗日战争对于中国来说，第一，从“九·一八”事变开始算，有14年的时间；从卢沟桥事变开始算，是8年时间的长期战争。第二，这是中国人民保卫国土的卫国战争，也是摆脱殖民地半殖民地统治的民族解放战争。第三，这是作为“弱国”的中国抵抗强大日本帝国主义的战争。因此，抗日战争给中国带来非常强大持续的冲击，促进了中国社会结构的变化。如果抛开全面抗日战争带给中国社会的变动，就无法思考为什么抗日战争结束后仅4年时间，就发生了国民政府的瓦解与中华人民共和国的成立。

本报告提出的问题，涉及抗日战争对中国的民族主义和国民统一的影

---

① 西村成雄:「概論　中国ナショナリズムとしての『抗日救亡論』」，池田誠編著『抗日戦争と中国民衆』，法律文化社，1987年。

响、抗日战争时期中国社会结构的变化这两个方面。对于后者来讲，则是以国民政府统治区域为中心进行考察。

二　民族主义的深化和民国统一的发展

中国近代史上的民族主义，是以摆脱帝国主义统治，取得民族独立和民族统一为目标的思想与运动。研究民族主义的发展，抓住了中国革命的一个侧面。中国民族主义随着时代的发展，其基础不断扩大和深化。

辛亥革命后，中国诞生了亚洲最早的共和制国家。但是，辛亥革命的性质，是推翻清朝异族统治和汉族种族光复的革命。其反帝国主义的性质并不明确。从运动的倡导方来看，以革命知识分子（革命派）为主，民族主义对民众的影响力是较弱的。20 世纪 20 年代的国民革命，其反帝反封建的任务变得明确起来，其运动参与主体为资产阶级、小资产阶级、无产阶级，也有湖南等地的许多农民参加运动。但是，全国范围来看，仍是以城市为中心的运动，地域间的差异很大。加上南京政府对民众统治的加强，使得群众运动衰退，阻碍了民族主义思想对民众影响的扩大。

即使到 20 世纪 30 年代，民族主义思想对农村地区的影响依然很弱。下面的例子可以充分说明。1936 年，北京周边地区农村还可见“仍有农民认为现在还是大清朝”状况的存在。① 即使是抗日战争全面爆发后，在湖南省岳阳（洞庭湖附近地区），还存在“宁可过着前清时代的生活，享受太平。他们只想着过平稳日子，至于眼下是谁带来的国难及担忧毫不关心”的民众。②

抗日战争的全面爆发促使上述状况发生了很大变化。之所以如此，第一，是战争的长期化及向农村地区的扩大；第二，是日本军队的野蛮侵略行径、日本政府及其资本在政治上和经济上的入侵，广大民众不得不起来抵抗日本侵略；第三，是中国方面（国民政府及中国共产党领导的抗日根据地），为持久抗战，不得不致力于其政治、经济、军事建设，乃至社会的变革。（上述）这样的结果是，随着民族主义思想在曾经与全国运动几

① 王孝凤：《北平学运的扩大》，《大众生活》第一卷，第 12 期（1936 年 2 月 1 日）

② 外務省情報部編：『支那事変と民衆』，1937 年 2 月，第 24 頁。

乎无关的内陆农村地区的传播，其基础逐渐扩大。

下面来看抗日战争期间中国国民统一的进程。南京政府成立时，它的统治范围大约仅限于江苏、浙江等长江下游各省份，其他广大地域都在地方军阀控制之下。民国政府此后用了10年时间推进了中国的统一进程。对于国民政府来说，有两个外在因素起了作用。一是，中国共产党苏维埃革命的发展，（国民政府）为与之对抗，其统治阶级的统一变得非常必要。另一个因素是，日本对中国侵略范围的扩大，全民族统一抗日的要求对国民政府形成巨大压力。

抗日战争全面爆发前的国民统一，从政治方面来看，第一点是提升了西南地区中央化。在四川省，受到红军“威胁”的四川军阀首领刘湘提出救援。蒋介石趁此机会亲自督战，于1935年实行废止防区制度、消减军队、财政改革、货币改革等一系列省内政治改革。另一方面，这些改革也让刘湘的政治态度倾向抗日。这是全面战争爆发之后的事情，刘湘对沿海工厂迁移至四川过程中的运输、获取工厂用地等方面，都给予了很多的便利。①

贵州省方面。1935年3月，为追击红军长征，蒋介石进驻贵州，并任命吴忠信代替军阀王家烈为贵州省主席。至此，（贵州省）军阀统治时代终结。1936年初，基于西南各省的统一进程，蒋介石发表“西南地区是奠定我们国家生存基础和民族复兴的大后方”的讲话。② 实际上，西南地区的中央化，意味着西南地区被确立为抗日基地，这具有极其重要的意义。广东、广西两省经过1936年6月到7月间的两广事件，也被中央化。

第二点，不言而喻是抗日民族统一战线的成立。由于1927年国共合作分裂而引起群众运动的分裂。“九·一八”事变后，特别是1935年后，逐渐被抵抗日本侵略扩大的抗日民族运动的发展所克服；中国民族主义，历经周折再度朝着统一的方向迈进。日本侵略范围的扩大，促进了抗日民族运动的统一。这一事实即使在1936年成立的全国各界救国运动联合会的政治纲领中，也会被明确提到。

---

① 李紫翔：《抗战以来四川之工业》，《四川经济季刊》第一卷，第1期（1943年3月15日），第27页。

② 蒋介石：《政府与人民共同救国之要道》，《中华民国重要史料初编——对日抗战时期续编》（一），中国国民党中央党史委员会1981年版，第745页。

到此为止，关于取得革命（民族革命）成功应该采取的方法，各方面的意见也不尽相同。就是这种不同的意见，造成了以往民族运动的不幸分裂。面临日本野蛮侵略的危险，即使有不同的意见，也会趋于统一的方向。认识上的统一，必然将会促进民族战线的再度统一。①

众所周知，6 个月后的西安事变，快速促进了抗日民族战线的形成。第二次国共合作，于中日全面战争爆发后的 1937 年 9 月达成。

国民统一的发展，在经济方面，以币制改革的成功为标志。1935 年 11 月 3 日，币制改革实施，法币统一改变了以前（货币）极度混乱、膨胀的通货局面。比如广东、广西两省，两广事件解决后，实施了废止地方通用货币，使用法币的币制改革。即使在云南省，也从 1937 年 7 月起开始使用法币。在华北地区，日本军队的破坏也未能抑制法币的渗透。全面战争爆发后，法币有力地对抗了日本发行的联银券、储蓄券，这是日本在货币战争、物资掠夺战争中不能战胜中国的原因。

即使抗日战争全面爆发后，虽然中国近四分之一领土（东北除外）被日本占领，我们依然可以看到中国国民统一在许多方面的发展。面对日本的侵略，中国民众的民族主义意识前所未有的高涨起来，并且其（民族主义）相关部分也得到发展。战争的前半期，作为抗战的象征和民族统一的象征，蒋介石的声望越来越高，国民政府的地位也提高了。另外，国民政府于 1939 年秋天实施的“新县制”，加强了对基层政权的控制。并且，从 1941 年以后，（国民政府）将曾经是地方政府财政收入组成部分的田赋划归中央，并实行田赋征实。上述这些措施，使许多遭受日军打击的军阀势力进一步被弱化。另一方面，中国共产党在日本占领的广大农村地区建立了抗日根据地，带给农民民族主义的意识觉醒及对社会变革的期待。以实现民族独立和民主主义为宗旨的知识分子运动，也逐渐发展起来。1944 年，他们的统一组织——中国民主同盟成立了。通过抗日战争，中国开始展望战后统一的民主国家的建立。

---

① 全国各界救国連和会：「抗日救国の初步的政治綱領」，日本国際問題研究所中国部会编：『中国共產党史資料集』8，勁草書房，1974 年，第 175 頁。

三　社会结构的变化

全面抗日战争时期，中国分为日军占领区、国民政府统治区及中国共产党领导的抗日根据地三大区域。这三个区域构成紧密的关系，各地域之间事实上又存在着相对的独立性。因此，要研究战争对中国社会结构带来的持续变化，有必要对各个地区分别进行考察。

本文对国民政府统治区的研究，着重以西南地区为中心来论述。这里是指四川、西康、贵州、云南、广西五省。其中以在抗日战争中具有相当重要地位的四川省为主要考察对象。

"西南地区的发展"

战前的西南地区，是政治、经济、文化等方面都很落后的地区。政治方面，长期被以封建地主为基础的军阀所统治。经济方面，以自然经济为主体，商品经济还没有发展起来。工业方面，符合民国政府登记条件的工厂有237家，只不过占全国的6%，至于其工厂资本总值只占全国不到1%，劳动人数只占全国的4%。① 即使在经济最发达的四川省，大部分只是轻工业工厂，其中的多数也没有实现机械化，还停留在手工制造业的阶段。② 交通方面，公路运输处于刚刚起步的阶段，还依赖传统的水运、原始的马力或者人力的陆路运输为主。文化方面也是如此。比如战前，大学等高等教育机关多数集中分布在东南沿海、沿江流域，西南地区几乎没有。

抗日全面战争的爆发，使上述现状发生了极大的改变。1937年2月，国民政府决定将四川省的重庆市定为临时首都。1938年8月份开始，当时设立在武汉的政府机关、军事机构陆续迁到重庆。此后，一直到1946年5月还都南京前，重庆成为全国的政治、军事、经济、文化中心。西南各省

① 周天豹、凌承学主编：《抗日战争时期西南地区经济发展概述》，西南师范大学出版社1988年版，第4—5页。

② 李紫翔：《抗战以来四川之工业》，《四川经济季刊》第一卷，第1期（1943年3月15日），第19—20页。

因而也设置了政治、军事体制，其经济得到发展，文化水平得到提高。①

让我们首先从经济方面来看上述变化。战争爆发后，从1937年8月份开始，国民政府陆续将沿海的工业迁移至内陆，采取了稳定金融及外汇的紧急措施。第二年3月召开的国民党临时代表大会，确定了在大后方建立新的军事工业及重工业、援助民营工业、谋求经济结构大调整的统制经济政策。太平洋战争爆发后，1942年颁布《全国总动员法》，贯彻实施统制经济政策。在国民政府重视工业建设的政策和民众的热情支持下，西南地区的工业取得了令人瞩目的发展。如表Ⅲ-1所示，内迁的工厂大约为450家。由于国民政府积极推进国营、省营企业的建设，新建民营工厂也大幅增加。到1942年，后方的民营工厂已高达3082家。②

表Ⅲ-1　　　　各省内迁工厂统计

	内迁工厂数				内迁技术工人数（人）			
省别	1938年前	1939年	1940年	小计	1938年	1939年	1940年	小计
四川	134	89	31	254	1532	6156	417	8105
湖南	118	4	0	122	148	2413	216	2777
广西	21	2	0	23	55	469	8	532
陕西	20	7	0	27	58	294	80	432
其他地区	11	12	0	23	0	288	30	318
总计	304	114	31	449	1793	9620	751	12164

资料来源：陈真等：《中国近代工业史资料》Ⅰ，生活·读书·新知三联书店1957年版，第88页。

① 对于抗战时期国民党采取的政策，中国（大陆）的历史学家以前大部分都给予全面否定的评价。最近，开始有了肯定的评价，特别是以经济为中心的肯定评价。具有代表性的评价，除存在于上述周天豹、凌承学所编的著作中，还存在于“抗日战争时期国民政府财政经济研究课题组”编写的《抗日战争时期国民政府财政经济战略措施研究》（西南财经大学出版社1988年版）、丁日初、沈祖炜「抗日戦争時期における中国の国家資本」『近きに在りて』第10号（1986年11月）。日本方面的研究，有拙稿「国民党政権の対日抗戦力」，『講座中国近現代史6』（東京大学出版会1978年）、菊池一龙「重慶政権戦時経済建設」『歴史学研究別冊特集』（青木書店，1981年）、『国民政府による“抗戦建国”路線の展開』，以及上述『抗日戦争と中国民衆』（译者注：本文有不少类似“上述”“前揭书”之类的内容，有的可以补充。有的缺乏相关信息）。

② 丁日初、沈祖炜：「抗日戦争時期における中国の国家資本」，『近きに在りて』第10号（1986年11月），第15頁。

表Ⅲ-2　　抗战时期西南地区建成的大中型工厂

	冶金	金属	机械	水力发电	电器	化学	建筑	食品	纺织	其他	小计
四川	79	82	480	29	72	471	25	221	295	251	2005
西康	1			2		4			2	1	10
贵州	7	3	12	1	2	101		9	31	4	170
云南	14	4	14	7	4	39	3	9	25	7	125
广西	2	38	18	3	14	58	9	30	19	51	242
总计	103	127	524	42	92	673	37	269	371	314	2552

资料来源：周天豹、凌承学主编：《抗日战争时期西南经济发展概述》，西南师范大学出版社 1988 年版，第 146 页。

工业建设得到如此的发展，中国工业呈现出崭新的面貌。第一，打破了战前工业集中于沿海、沿江的状况。西南地区成为新的工业地带，尤其四川的工业得到显著发展。据 1944 年的统计，四川的工厂数约占全部大后方工业的 45%（重庆约占 29%）。① 第二，西南地区的工业结构，开始出现由轻工业为中心转向以重工业为中心的很大变化。战前，中国工业以轻工业为中心，即使在四川，83% 的工厂也是纺织业。② 但是到了战争期间，如表Ⅲ-2 所示（1942 年的数字），在西南地区，全部工厂的 26% 是化工工业，位居第一；21% 的工厂是机械工业，位居第二；纺织工业工厂数退居第三位，占全部工厂数的 12%。重庆重工业的发展尤为显著，重工业与轻工业工厂数目之比由 1938 年的 1∶2 变为 1944 年的 4∶1。③ 这种情况虽然还尚属地区性的现象，但在中国工业史上是具有划时代意义的。

农业上，国民政府采取政策的重点，在于改善农村金融和实施农业改良政策。前一政策，总的来说，通过国家银行和农本局扩大对农村的贷款，推行建立合作社、合作金库等形式以充实基层金融机关。通过这些丰

① 李紫翔：《四川经济统计》，《四川经济季刊》第二卷第一期（1946 年 1 月 1 日），第 202 页。

② 李紫翔：《抗战以来四川之工业》，《四川经济季刊》第二卷第一期（1946 年 1 月 1 日），第 19 页。

③ 周勇主编：《重庆》，重庆出版社 1989 年版，第 333 页

富的资金和低利息，缓解农村资金匮乏的状况，对维持农业生产发挥了一定的作用。后一政策比较成功的改良了小麦和棉花，提高了土地的利用率，并且在病虫害防治、农具改良、水利事业等方面也取得不小的成果。①

西南地区交通的进步，也是显而易见的。铁路由战前的454公里增加到1942年的1675公里；公路全长到1943年增加到战前五倍之多（17348公里）；水运也得到发展。在重庆，战前只有56艘汽船，运输能力约2万吨。到1941年，达到226艘，运输能力约64033吨；航空方面，中国航空公司迁到重庆，欧亚航空公司迁至昆明。以这两地为中心，1945年的航线全程达到20130公里，建设了18个军民两用飞机场。②

教育、文化方面的发展，我们使用高等教育机关内迁的例子来阐述。

抗日战争期间，迁至四川、云南、贵州的大学等高等教育机构高达56所。其中，迁至重庆的高校18所、迁至成都的6所、迁至昆明的4所。列举有名的大学的话，北京的北京大学、清华大学以及天津的南开大学联合迁至昆明，改为国立西南联合大学；还有南京的国立中央大学、上海复旦大学、北京的燕京大学均迁至成都。③

抗日战争时期，西南地区最大的变化之一，是主要城市的扩大和发展。政府机关的内迁、工业的发展，也产生了城市膨胀和新的城市问题。特别是临时首都重庆的发展令人瞠目。从表Ⅲ-3可知，1938年重庆的人口数量突破了1934年的约1.9倍。1939年、1940年，为疏散人口，人口数量暂时减少。1941年又大增约2.5倍，1945年增加约3.7倍，膨胀为100万人口的大城市。这些人口的一半以上，是从其他地区迁移而来。④ 而且，人口男女比例平均为1.6:1。这充分显示出重庆作为临时政治、军事、经济中心的城市功能（成都的男女比例为1.3—1.4:1）。⑤ 从职业类别的构

① 丁日初、沈祖焯：「抗日戦争時期における中国の国家資本」，『近きに在りて』第10号（1986年11月），第13—14頁；周天豹、凌承学主编：《抗日战争时期西南地区经济发展概述》，西南师范大学出版社1988年版，第173—201页。

② 周天豹、凌承学主编：《抗日战争时期西南地区经济发展概述》，第221—246页。

③ 中国人民政治协商会议西南地区文史资料协会编：《抗日时期内迁西南的高等院校》，贵州民族出版社1988年，附表。

④ 周勇主编：《重庆》，重庆出版社1989年版，第283页。

⑤ 周勇主编：《重庆》，第279页。国民政府社会部统计处编：《成都市社会概括调查》，《社会调查与统计》第4号，1944年7月，第18页。

成来看，1942 年的时候，工矿业从业人员数量增长了约 14.8%、商业从业人员增长了约 14.7%，① 这些数据说明其作为工业城市快速发展起来。

表Ⅲ-3　　重庆、成都的人口变化　　（单位：人）

	1934	1937	1938	1939	1940	1941	1942	1943	1944	1945
重庆	281968	473904	528793	401074	417379	702387	781772	890000	920500	1049470
成都	440856	463154	458476	309104	366376	394371	404046	505192	620302	701143

资料来源：1934 年的重庆和成都人口变化，来自张肖梅编著的《四川经济参考资料》（中国国民研究所 1939 年版）第 23—24 页所记载的同年 10 月份数据。1937 年之后重庆和成都的数据，分别依据周勇主编的《重庆》（重庆出版社 1989 年版）第 279 页和李先（光?）治《成都市米价变动的研究》（《四川经济季刊》第 4 卷 2、3、4 期合刊，1947 年 10 月 1 日）第 32 页。

重庆作为抗战时期的中心城市，随着人口增长、城市规模扩大，其基础设施也得以增强。城市建设区在战争爆发前夕只有 12 平方公里，到了 1938 年末，扩大到了 30 平方公里，1945 年进一步扩大到 45 平方公里。还有，城市所管辖区域，也由 20 世纪 30 年代初的 93 平方公里扩大至 300 平方公里。城市中心区域的道路得以扩宽和装备，尤其是都市建设区域道路干线的建设得到发展。随着道路网的整备，城市的中心也由以前的下半城（沿江地势较低的地区）转移至上半城（高地）。交通设施有了发展，水运出现增加，公交车也投入使用。② 重庆附近区域的城市化也在发展。即使重庆北郊的北碚，在 1939 年重庆遭受日军大轰炸之后，政府机关、学校等转移过来。建设了工厂，人口由 1936 年的约 65000 人增加到 1942 年的约 87000 人，工矿业从业人员占总人口的 34.7%。③

但是，重庆的城市规模是在战争特殊条件下发展起来的，也产生出严重的城市问题。市中心的人口密度每平方公里 9 万人，交通干道拥堵，道路数量绝对不足。城市卫生设备极其薄弱，没有完整的下水道系统，垃圾

① 周勇主编：《重庆》，第 280 页。

② 周勇主编：《重庆》，第 277—285 页。

③ 国民政府社会部统计处编：《北碚社会概括调查》，《社会调查与统计》第 2 号，1943 年 7 月，第 12、34、35 页。

散落街头，医院数量不敷使用。还有许多用竹子筑造的建筑物很不结实，用砖砌的房屋还很少。这样恶劣的城市环境，是由于重庆没有做好发展前的准备和策划，在物资不足的情况下，快速且无秩序地进行发展。因此，抗战时期产生的城市问题，对重庆的影响一直持续到战后。直至今天，依然制约着重庆的城市建设。①

"西南地区民众状况"

抗战时期西南地区的上述变化，对当地的民众会带来什么样的影响呢？让我们首先看一下对城市居民的影响。

如前所述，抗日战争爆发以来，重庆等城市人口持续增长。四川与沿海、沿江地区相比，物产丰富，价格低廉，依靠农业的耕作，物价也比较平稳。城市居民的生活没有太大的困难。然而，1940 年，受恶劣天气影响，粮食价格高涨，加上物资匮乏，通货膨胀以迅猛之势发展起来，民众的生活状况开始急剧恶化。太平洋战争爆发后，随着日军经济封锁的加强，物资匮乏更加严重。如表Ⅲ-4 所示，1941 年以后，除部分特权阶层外，城市居民生活整体逐年下降。格外引人注目的是，大学教师、士兵、公务员的收入极低，民众的平均生活水平自然更低。由于这一统计只是表明一般的趋势，要想了解民众具体的生活状况，则必须进一步分别对各阶级、各阶层进行研究。

首先，看看工人的情况。西南地区在抗日战争期出现较大的变化是，在以前手工业者为主的地区，其产业工人人数已经占据了相当大的比例。比如，战前西南地区工人数（登记在册工厂的工人数）只有 19775 人而已。到 1940 年，仅四川一地就激增为 154403 人（比战前四川工人数 13019 人增加了大约 12 倍）。其中，重庆占了 89630 人。② 如果加上军工厂的工人③，仅重庆就超过 11 万人。工人（每天）的工作时间为 12—14 个小时。④ 长时间从事劳动，获得的报酬却很少，而且还逐年下降。表Ⅲ－4

---

① 周勇主编：《重庆》，重庆出版社 1989 年版，第 281、284—285 页。

② 李紫翔：《抗战以来四川之工业》，《四川经济季刊》，第一卷第一期，1943 年 12 月 15 日，第 20—21 页；李紫翔：《四川经济统计》，《四川经济季刊》，第三卷第一期，1946 年 1 月 1 日，第 208 页。

③ 根据黄淑君主编：《重庆工人运动史》（西南工业大学出版社 1986 年版，第 181 页），重庆军工厂工人有 23000 人。

④ 黄淑君主编：《重庆工人运动史》，第 234 页。

揭示了工人工资的大致趋势。直到1940年3月，随着工业的发展，而劳动力不足，实际工资才维持在高于战前的水平。但是在1940年，粮食价格急剧上涨。同年4月开始，实际工资又开始下降。到1941年2月之后，从这一时期来看，实际工资还不到战前的一半（最低为1945年3月，是战前的38.8%）。① 只能拿到如此低的工资，他们被迫在最低水平之下生活。根据重庆情况的调查，1941年到1942年间，每个工人家庭，只有全部家庭成员都工作，才能勉强维持生活；支出的90%为食物费用及燃料费用（食物费用占79%）。而且，这些食物所提供的能量只占标准水平的78%。其中，衣物类支出仅占4%。按照1937年上半年的币值换算，其支出总额只是战前上海工人的十分之一而已。②

抗日战争时期，由于大量人口和物资的涌入及城市的发展，新增了杂行从业者。增加的职业种类有：人力车夫、货车车夫、驳船水手、码头工人等交通运输类的工人；石匠、木匠、泥瓦匠等建筑工人；理发师、送水工、轿夫等服务行业工人。这些职业的从业人数，目前尚不清楚是否有统计数字。但是，人力车夫人数，据说1945年在重庆有22500人，成都有5000人。③ 根据表格Ⅲ-4的统计，他们的实际工资比产业工人高。按照职业类别来分析，建筑工人和人力车夫的工资跟战前相比并没有那么低。而码头苦力、送水工、轿夫的工资，1944年的下降幅度超过40%，和产业工人（工资趋势）也没有很大的区别。④ 不过，杂行从业者没有像产业工人一样，能取得来自工厂的米、燃料、住房等供应，他们中大部分人的生活条件极其恶劣。⑤ 在关于重庆贫民窟街的调查记录中有这样一段话：“斗室之内，方丈之间，常有合住二家以上者，每日有仅进一餐或二餐稀饭者，更有啼饥号寒，家人相对哭泣者，倘非身历其境，殊难信现代城市之中，

---

① 国民政府社会部统计处编：《全国各重要市县工资指数》（1942年7月—1945年12月）。

② 国民政府社会部统计处编：《重庆工人家庭生活程度》，《社会调查与统计》第5号，1945年7月，第22、31、32、66、96。

③ 齐武：《抗日战争时期中国工人运动史稿》，人民出版社1986年版，第207页。但是也有记录称，重庆的人力车夫有两万人之多（国民政府社会部统计处编：《成都市社会概括调查》，第22页）。

④ 国民政府社会部统计处编：《全国各重要市县工资指数》（1942年7月—1945年12月）。

⑤ 国民政府社会部统计处编：《重庆工人家庭生活程度》，《社会调查与统计》第5号，1945年7月，第49、84、93页

尚有如此贫苦之劳工！"① 可以肯定，这一描述是贴合大多数杂行从业者真实生活状况的。

表Ⅲ-4　实际收入指数，国民政府统治

（大学教师、士兵、公务员：1937＝100；工人：1937年1—6月＝100）

	大学教师	士兵	公务员	重庆产业工人	重庆杂行从业者
1937	100	100	100	102	101
1938	95	95	77	155	145
1939	64	64	49	118	183
1940	25	29	21	80	144
1941	15	22	16	55	92
1942	12	10	11	50	83
1943	14	6	10	43	74
1944	11	_	—	44	68
1945	12	_	—	39	97

资料来源：大学教师、士兵、公务员的数据，依据 Lloyd E. Eastman, *China under Nationalist Rule Urban*, 1981, p. 178. 产业工人和杂行从业者，依据国民政府社会部统计处编《全国各重要城市县工资指数》而制作。

下面让我们看一看商人的状况。如前所述，在重庆，1942年从事商业的人员为14.7%（约111900人）；在以消费之都为更显著特征的成都，1941年从事商业的人员占23.0%（约58600人）。② 他们其中大部分是小商人。1940年夏天以后，由于通货膨胀愈演愈烈，物资匮乏、投机盛行，正常经营受到威胁，生活水平逐年下降。例如，1941年到1942年间成都小商人的实际收入，比1937年下降了88%。他们的支出下降至战前的77%，才能勉勉强强地维持住生意。为此，支出中饮食费用上升到68%（1937年为34%），包括教育费用及医药费用等杂项费用下降至9.6%

① 国民政府社会部统计处编：《成都皇城坝劳工家庭调查结果之分析》，《社会调查与统计》第6号，1945年10月，第1页。

② 国民政府社会部统计处：《成都市社会概况调查》，第20页。

（1937 年为 32.5%）。[1]“因此，小商人和中小商人屡次成为投机的牺牲者……绝大多数的商人中，有一半以上破产；贫者愈贫，富者愈富，财富更加集中。”[2] 像这样的状况在西南各城市普遍存在。

知识分子、公务员，他们的生活水平与战前相比，也出现大幅下降（参照表格Ⅲ-4）。以成都为例，由于名义收入[3]的增加远远落后于物价的上涨幅度，1941 年到 1942 年的两年时间内，他们的购买力下降到战前的 52%。他们的家庭总收入，集中分布在 4000—10000 元，低于手工业者收入的 8000—10000 元。他们的支出与战前相比，食物费用的比重从 31.7% 上升至 59.5%，教育费、医药费、娱乐费等杂项类费用比例下降幅度很大，从 38.6% 下降至 14%。[4] 知识分子迫不得已寻找本职工作之外的收入途径。在公务员之间，贪污渎职现象以空前的规模蔓延。不言而喻，这更加剧了学生的贫困化和学习条件的恶化。[5]

在国民党如此统治下的城市，从抗日战争中期开始到后期，大多数居民的生活条件日趋恶化。取得飞跃发展的工业，也在 1942 年之后，进入了衰退期；许多民营企业，被迫关闭或破产。与此相反，从表Ⅲ-5 中可见，一部分特权官僚、大商人、大地主，工商业垄断者及投机者都暴富起来。这种社会不公正现象的扩大、政治上独裁统治的加强、腐败的蔓延、战况的恶化等结合起来，反对国民政府的不满情绪不断加深，从而出现了 1942 年开始的民主化运动高潮。

---

① 汪荫元：〈成都战时物价之变迁及其对社会所发生的影响〉，《四川经济季刊》第二卷第四期（1945 年 10 月 1 日），第 123 页—124 页。

② 刘丙吉：《四川商业现状及其危机》，《四川经济季刊》第二卷第一期（1945 年 1 月 1 日），第 115 页—116 页。

③ 译者注：“名义收入（nominal income）”，是指人们以货币的形式获得的工资、租金、利息或利润等收入。而“实际收入（real income）”，则要考虑通货膨胀的影响。衡量实际收入时，是以名义收入所能购买的商品和劳务数量为标准的。1976 年获得诺贝尔经济学奖的米尔顿·弗里德曼，对此曾有专门的论述。参见徐则荣：《弗里德曼经济思想研究》，首都经济贸易大学出版社 2012 年版。

④ 汪荫元：《成都战时物价之变迁及其对社会所发生的影响》，《四川经济季刊》第二卷第四期（1945 年 10 月 1 日），第 122—124 页。

⑤ Lloyd E. Eastman, *China under Nationalist Rule Urban* 1981, pp. 177—179.

表Ⅲ-5　重庆各类经济活动从业人员（个人）的实际收益指数

（1938 年 = 100）

	农业	制造业	零售业	投机活动	美元证券交易
1937		59	105	29	—
1938	100	100	100	100	100
1039	61	106	111	397	180
1940	92	85	112	808	512
1941	109	71	119	119	1373
1942	132	76	120	720	3951
1943	124	69	124	263	10260

资料来源：周勇主编《重庆》，重庆出版社 1989 年版，第 376 页。

表Ⅲ-6　粮食生产指标数：四川省

（1931—1937 年平均 = 100）

		1938	1939	1940	1941	1942	1943	1944	1945
米	栽培面积	103	92	75	75	81	77	75	83
	产量	109	105	62	63	64	57	67	75
	*平均产量	105	113	82	83	79	73	89	90
小麦	栽培面积	119	115	114	122	145	148	110	126
	产量	136	115	109	61	153	118	73	110
	*平均产量	89	82	79	41	87	64	54	71
玉米	栽培面积	104	128	117	137	136	125	134	126
	产量	114	111	94	94	103	137	100	107
	*平均产量	90	87	80	69	76	110	75	86

资料来源：刘秋篁：《战时四川粮食生产》，《四川经济季刊》第二卷第 4 期（1945 年 10 月1 日）制作此表。

【注】标有“*”指“每亩产量”。

表Ⅲ-7　　土地集中的发展：四川省　　（单位：%）

	1937	1938	1941
大地主	7.3	8.9	9.6
中地主	29.5	29.9	31.0
小地主	63.2	61.2	59.4

资料来源：刘秋篁：《战时四川粮食生产》，《四川经济季刊》第二卷第4期（1945年10月1日），第153页。

表Ⅲ-8　　农民阶层分化的发展：四川省　　（单位：%）

	自耕农	半自耕农	小耕农（佃农）
战前	23.7	20.4	55.9
战后	20.9	18.1	61.1

资料来源：赵宗明：《四川的租佃问题》，《四川经济季刊》第四卷第2、3、4期合刊，第48页。

抗日战争时期，社会矛盾在大后方农村也激化起来。虽然有国民政府积极的农业振兴政策，但生产力反而呈现出逐年下降的趋势。表Ⅲ-6所列的是四川省最重要的粮食大米、小麦和玉米的栽培面积、年产量及每亩平均产量的指数。正如此表所示，大米在1940年后，全部指数都比战前低；小麦和玉米的栽培面积及年产量虽然比战前增加了，但是每亩平均产量却比战前低很多。造成生产力下降的主要原因，是商业资本及官僚资本对土地兼并的空前发展，这导致地主与佃农关系的恶化及佃农因负担过重而更加贫困。据说，当时的经济学者也认识到这些事实。①

关于四川省土地兼并和农民阶层分化的急速发展，相关的统计数字各不相同，但是大量的资料可予以证实。例如，农产促进委员会的调查显示，大中地主逐年增加的同时，小地主在减少（表Ⅲ-7），不到10%的大

① 比如刘秋篁：《战时四川粮食生产》，《四川经济季刊》第二卷第四期（1945年10月1日）；赵宗明：《四川的租佃问题》，《四川经济季刊》第四卷第2、3、4期合刊（1947年10月1日）。

中地主却拥有约63%的土地。① 也有统计显示，1946年的四川，佃农的耕地面积是81.3%。② 这些大中地主中，不仅有地主，也有一般军阀、官僚或者商人。当然，农民阶层的分化也在进行。一方面是自耕农、半自耕农的减少，另一方面是佃农的增加（表Ⅲ-8）。在种植商品作物盛行的城市近郊农村，土地集中和农民阶层分化的现象尤为显著。比如，1946年，在成都平原土地集中严重的成都市近郊新都县，佃农的比例为75.2%，他们耕种的土地已经占到88.8%。③

地主对佃农的榨取也增多了。据调查，1941年以前，四川的佃租按照收成的60%以上上缴。而到了1946年，在川东地区各县，肥沃土地的佃租达收成的90%。川南、川北各县的佃租，也在60%—70%以上。④ 这是由于地主把田赋征实制所增加的负担转嫁给佃农，而佃农的增加引起佃农之间竞争激烈而导致的。雇农的实际收入，设定1937年为100，1940年则为66，1943年下降至60。⑤ 并且，战争也增加了农民的负担。据调查，成都平原的佃农，以现金征收的（税费）有壮丁费、冬装税、航空税、难民救济费等。劳役方面的负担，建筑飞机场、道路、防空设施等，共费时45天。特别是残酷的征兵（任务），都压在农民身上。据说产生了“征兵多在农忙时节，而一般有被拉为壮丁的可能的人，东逃西躲的现象”。⑥

这样一来，在农村，从自耕农到佃农、雇农，农民的贫困化程度加剧，小地主和佃农没落。农村社会变得不安定，各地的农民暴动不断发生。

---

① 刘秋篑：《战时四川粮食生产》，《四川经济季刊》第二卷第四期（1945年10月1日），第154页。

② 赵宗明：《四川的租佃问题》，《四川经济季刊》第四卷第2、3、4期合刊（1947年10月1日），第51页。

③ 赵宗明：《四川的租佃问题》，《四川经济季刊》第四卷第2、3、4期合刊（1947年10月1日），第47、50页。

④ 赵宗明：《四川的租佃问题》，《四川经济季刊》第四卷第2、3、4期合刊（1947年10月1日），第52页。

⑤ 汪荫元：《四川战时农工问题》，《四川经济季刊》第一卷第三期（1945年7月1日），第107页。

⑥ 刘秋篑：《战时四川粮食生产》，《四川经济季刊》第二卷第四期（1945年10月1日），第155—156页。

结　语

长期的战争，给中国带来巨大的破坏。另一方面，通过抵抗日本的侵略，也促进了中国民众的民族主义思想水平，尤其是它在农村地区的渗透及中国国家、民族的统一。抗战过程中，中国社会结构也发生了变化。在国民政府统治区，出现了工业化尤其是重工业化的发展及城市的发展。但是，在国统区，除部分特权官僚、大商人、大地主外，不管是城市还是农村，大部分民众生活贫困化，有的甚至没落、破产。政治方面，抗战初期出现的民主化运动慢慢衰退，国民党加强了独裁统治。这种经济政治方面的不良状况，在军事上面也有所体现。在抗日战争后期的1944年，国民政府军吃了大败仗，丢了河南、湖南、广西、福建等省的大部分地区及贵州省的少部分地区。

与此相反，中国共产党领导下的抗日根据地和国民政府统治区却有不同的景象。在以经济落后的农村地区为基础，并且被日军特别是国民政府军严密封锁的抗日根据地，只能在比国民政府统治区更困难的条件下进行建设。可是，在抗日根据地，我们看到大生产运动带来的农业生产和小规模生产，扩大了工业生产，创建了自给体制。特别重要的是，通过实行统一累进税等手段谋求根据地纳税负担均等化的同时，实行减租减息政策，农村地区封建剥削的减轻得以实现。这样的结果如表Ⅲ-9、表Ⅲ-10所示，根据地的土地所有关系发生了很大变化，地主的土地拥有量大幅减少的同时，贫农、雇农逐步中农化。而且，随着农民政治参与的扩大、减租减息运动等大众运动的开展，抗日根据地农村的权力结构也发生了改变，农村社会中旧统治阶层的权力被推翻。

表Ⅲ-9　　各阶级户数的变化（陕甘宁边区绥德县）

	1937年		1942年	
	户数	百分比	户数	百分比
地　主	14	0.5	4	0.1
富　农	65	2.5	21	0.7

续表

	1937 年		1942 年	
	户数	百分比	户数	百分比
中　农	352	13.5	1813	60.9
贫　农	1855	71.2	1026	34.5
雇　农	311	11.9	108	3.6
其　他	10	0.4	5	0.2

资料来源：弘永松：《试论抗战时期陕甘宁边区的特殊土地政策》，《中国抗日根据地史国际学术讨论会论文集》，档案出版社 1985 年版，第 390 页。

表Ⅲ-10　　土地所有情况变化（晋绥边区）

	户 数（%）		拥有土地（%）		户均拥有土地（亩）	
	1940	1945	1940	1945	1940	1945
地　主	3.8	2.4	30.4	9.0	—	—
富　农	10.8	8.3	24.8	17.5	595	250
中　农	25.8	44.0	27.5	49.0	218	185
贫　农	53.4	42.0	16.3	23.5	102	125
雇　农	5.2	2.0	0.9	0.4	29	50
其他	1.0	1.3	0.3	0.6	16	24

资料来源：李成瑞：《中华人民共和国农业税史稿》，中国财政经济出版社 1962 年版，第 59 页（川村嘉夫訳：『現代中国の農業税制度』，アジア経済研究所，1968 年，第 59 頁）。

479　当然，由共产党一元化领导而发展起来的根据地，是在封闭的农村地区进行建设的。国民政府统治区是广大的区域，而且是在与利益不同的各势力之间相互纠葛与妥协之下发展起来的。二者之间的建设，不能一概而论。关于抗日根据地，也有研究指出，其早期的财政部分来自于国民政府等外部援助、共产党领导的贯彻、对毛泽东的个人崇拜，从以前单纯的正面评价到后来的批判性研究不断出现。① 不过，国民党统治区没有着手社

① 参阅井上久士「辺区（抗日根拠地）的形成と発展」；上述『抗日戦争と中国民衆』；拙稿「抗日戦争と中国民主主義」，载藤元章、荒井信一編『現代史における戦争責任』（青木書店，1990 年）等等。

会变革，反而使农村和城市地区的不公平不断扩大，这与通过把建设和社会变革相结合、对旧社会改造取得一定成绩的抗日根据地相比，我们不得不说还是有很大差距的。国民政府与根据地在抗战期间形成的这种差距，对战后中国的政治进程也带来了决定性的影响。

综上所述，抗日战争对于中国来说有“建设”的一面，也有“变革”的一面。尽管日本占领经济先进地区，主要做的只是破坏和掠夺，仅仅这一点就败给了中国。① 本文论述的，只是中国建设和变革的一部分。战后的中国，尤其是中华人民共和国接受了抗日战争的影响，建设得到了发展。因此，全面研究抗日战争时期建设和变革的成果及不足，对于理解当今的中国也具有启发意义。

【附注】有关本文论题之一的中国民族主义问题，参照西村成雄的『中国ナショナリズムと民主主義』（研文出版，1992 年）。西村先生把 20 世纪的中国政治史视作（中国）民族的社会的统一、国家建设的政治统一及多民族国家的形成史。

（原文：「日中全面戦争の衝撃——中国の国民統合と社会構造」，载『太平洋戦争』東京大学出版会，1993 年。本文的翻译初稿，由李兰芳女士提供。经李秉奎译校、修改，石岛纪之教授审校。）

① 本文未能涉及日本占领区的状况，在浅田乔二编的『日本帝国主義下の中国』（乐游書店 1981 年），中村隆英『戦時日本の華北経済支配』（山川出版社，1983 年），拙著「中国占領地の軍事支配」，『岩波講座 近代日本と植民地』2（岩波書店，1992 年）等书中有相关论述。

抗日战争时期中国的工业工人
——以昆明的一家国营工厂为例

前　言

1937年7月，抗日战争全面爆发。这成为中国工业史上的一个重大转折点。其一，中国的近代工业，以前一直集中在沿海、沿江地区。但是，抗战期间的西南、西北①却成为新的工业中心。不言而喻，由于日军占领了沿海、沿江地区，国民政府以重庆等内陆地区为抗战大后方。其二，此前的中国工业以轻工业为中心，但是，抗日战争的爆发成为中国工业向重工业、化学工业为中心转变的契机。其原因在于，日军的封锁使得中国不得不自力更生，自己生产战争所必需的重要工业品和化工业产品。

从第一点来说，与工业处于发展中的西南地区相比，西北地区在抗战前达到国民政府登记标准的工厂仅有237个，占全国的比例不到6%，占全国资本额的比例不到1%，工人总数只占全国的4%。② 不过，抗战爆发后，从沿海、沿江地区向内地转移的工厂约有600个，技师和工人约1.2万多人。而且，新建私营企业的数量也增加了。到1942年，后方各种私营工厂已经达到3082家。国民政府出于抗战的需要，积极致力于国营、省营企业的建设。因而，据1942年经济部的统计，西南地区的工厂数量达到

① 当时对西南地区的划分并没有定论，本文以四川、西康、贵州、云南、广西五省定为西南。西北地区包括山西、甘肃、新疆等省。

② 周天豹、凌承学主编：《抗日战争时期西南经济发展概述》，西南师范大学出版社1988年版，第4—5页。

2167 家，工人总数也飞跃性地增加到 147257 人。[1]

从第二点来说，关于工厂的构成。战前内陆的工业，大部分是轻工业。但是，1942 年，西南地区的化工厂占全国工厂数量的 26%，跃居首位。其次是机械工业，占 21%。第三是纺织工业，占 15%。这说明，重工业和化工业占据优势地位。[2]

在中国工业史上，尤其是在内地的工业发展史上，抗日战争时期是一个划时代的历史阶段。然而，内地一直缺乏工业基础，又在战时的恶劣条件下进行工业建设，因而不得不面临许多难题。这些难题包括，资本和机器不足、原料缺乏且昂贵等。但是，留住并培育技术人员和工人，也是一个极其严重的问题。另外，还存在技术人员和熟练工人的绝对不足、内地工人的招募问题、沿海和沿江地方迁徙来的工人与内地工人间的矛盾等问题。

1940 年，云南大学社会学系（学部）的史国衡，为研究抗日战争时期内地工业工人的相关问题，对经济部资源委员会在云南省昆明市设立的下属国营工厂——中央电工器材厂（以下简称为中电厂）进行了调查。8 月 25 日到 11 月 10 日，他调查了该国营工厂的第三厂，并撰写了报告书。在两个半月左右的时间里，他投宿于工人宿舍中进行调查。最终写成的报告书，是了解当时中国工人实际状况极其珍贵的史料。[3] 本文部分取材于该

---

① 陈真编：《中国近代工业史资料》，生活·读书·新知三联书店 1957 年版，第 88 页；丁日初、沈祖炜：「抗日戦争時期における中国の国家資本」，『近きにありて』第 10 号，1986 年 11 月，第 15 頁；周天豹、凌承学主编：《抗日战争时期西南经济发展概述》，第 152 页。

② 周天豹主编；《抗日战争时期西南经济发展概述》，第 146 页。

③ 此报告有三个版本。第一个是 1944 年在美国根据史国衡《昆厂劳工》商务印书馆 1946 年版译出的 Kuo-Heng Shih, *China Enters the Machine Age*: *a study of labor in Chinese war industry*（《中国进入机械时代》），（Greenwood Press，1968）。第二个是 1946 年中文出版的《昆厂劳工》（商务印书馆）。第三个是云南大学社会学系研究室印刷的报告书草稿（中国社会科学院经济研究所藏）。三个版本的内容大致相同，部分有差异。本文以《昆厂劳工》为基础，以 Kuo-Heng Shih, *China Enters the Machine Age* 和草稿版为补充。另外，本报告还收录于田汝康的《内地女工》一书中。其中，工厂名为“昆厂”或“Kunming Factory”，实际名称不明。但从报告书的内容可以确定，该报告来自于中央电工器材厂。根据《昆厂劳工》可以看出，该工厂是 1939 年设立的资源委员会的下属大企业。共有三个分厂，工人总数约 500 人，主要生产发动机、开关、电线、电话机等（第 5、20、51 页）。据 Kuo-Heng Shih, *China Enters the Machine Age* 还可得知，该厂另有中央管理事务所及制造电器产品的四分厂。其中事务所和三厂，在昆明的同一个地方（第 XXII 页）。抗日战争时期，资源委员会（经济部下属的主要管理重工业的机构）虽然在昆明设立了云南铜铁工厂、中央无线电器材厂（分厂，总厂在桂林）、中央电工器材厂、中央机械厂、昆明电气冶金厂等，但其中仅中央电工器材厂与报告书的内容吻合。1939 年 7 月，该厂在昆明设立。昆明有三个厂，桂林和重庆各一个，生产电线、真空管、电球、电话机、变压器、开关等（郑友揆等：《旧中国的资源委员会》，上海社会科学院出版社 1991 年版，第 57—58 页）。史国衡调查的分厂标记为“丙分厂”或“Shop C”，本文采用第三厂的名称。

报告有关工人的构成和劳动条件等，同时介绍其重点内容，通过考察工人来探讨当时内地近代工业存在的问题。①

一　工人的构成

在史国衡调查之时，第三厂的工人共有144人。按照工厂方面的规定，其内部构成分为技工（技术工人）、帮工（半技术工人）、小工（见习工人）。调查时，三者分别为63人、40人、41人。其中，帮工进厂之后，要在工厂内实习6个月，然后才能晋升为三等技工。小工是技工的助手，在工厂内承担杂活。虽然工人分成三个等级，实际上，主要区分为熟练工（技工）与非熟练工（帮工和小工）两个阶层。②

从工人的籍贯来看，技工的原籍大多数在外省（云南省以外的各省），并且来自江浙两省的占了三分之二，云南省仅有3人（参见表Ⅳ-1）。

表Ⅳ-1　　工人的原籍　　（各省、县、市的人数）

技工		帮工	
江苏省 无锡8，上海5，常州3，浦东1，镇江1，江阴1，扬州1，南京1，吴江1，宝山1	23	云南省 昆明8，楚雄3，宣威3，大理2，宜良2，陆良2，嵩明2，路南1，易门1，安宁1，蒙自1，呈贡1，武定1，禄豊1，姚安1，弥勒1	31
浙江省 宁波6，绍兴4，杭州3，定海2，余杭1，奉化1	17	四川省 遂宁2，重庆1，叙府1，铜梁1，安岳1	6
湖北省 汉阳6，黄陂1，沙市1	8	贵州省　贵阳	1

① 利用该报告书进行的研究有佐伯有一的「中国の労働者についての覚書」（『東洋文化』第18、19号，1955年）。不过，佐伯关注的问题主要是工人意识的成长，与本文从工人这一侧面探讨抗战时内陆工业及国民政府经济建设实态的视角不同。

② 史国衡：《昆厂劳工》，第9—11页；Kuo-Heng Shih, *China Enters the Machine Age*, pp. 7—8. 后者将工人分为三个等级：skilled（熟练的），semi-skilled（半熟练的），unskilled（非熟练的）。

续表

技　工		帮　工	
湖南省 长沙3，湘潭1	4	湖北省　宜昌	1
		湖南省　常德	1
广东省 三水1，中山1，广州1，开平1	4	共计	40
		小工	
云南省 宣威1，河西1，江川1	3	云南省 富民12，元谋6，玉溪3，寻甸2，禄丰2，易门1，宜良1，呈贡1，宣威1，嵩明1，武定1，晋宁1，开化1	33
安徽省　芜湖	1	四川省 安岳3，重庆1	4
河北省　保定	1	西康省　西昌	2
河南省　巩县	1	湖北省　汉口	1
四川省　成都	1	浙江省　奉贤	1
共计	63	共计	41

资料来源：史国衡：《昆厂劳工》，第10—11页；史国衡：《昆厂劳工——内地新工业中人的因素》，国立云南大学社会学系研究室，出版年月不详，第9—10页；Kuo-Heng Shih, *China Enters the Machine Age*, p. 6。

另外，技工在中电厂就业前，约有半数是居住在上海的。其余的则是来自于其他沿海、沿江城市（表Ⅳ-2）。并且，昆明有3人可能是从其他工厂改行而来的。帮工和小工中，约80%原籍为云南省，其他的多来自于四川省等西南地区。他们因而具有强烈的同乡意识。在就业于中电厂前，他们约有三分之二住在昆明，其他则住在昆明附近各县。

从工人的籍贯来看，熟练工与非熟练工之间明显不一样。同时，工人的技术水平和工厂内的身份上也显示出这种地域性的差别。工人们对这种区别非常敏感，这是二者之间产生歧视、被歧视意识的原因之一。①

① 史国衡：《昆厂劳工》，第8—14页；Kuo-Heng Shih, *China Enters the Machine Age*, pp. 5—12. 工人的同乡意识之强，可以第2技工宿舍（主要是3等技工和帮工居住。另外还有1等技工和小工宿舍）为例，36个人中有24人来自云南，而且同县同村的人的床位都紧相邻。

表Ⅳ-2　　　　　　工人在就业中电厂前的居住地

（各省、县、市的人数）

技　工		帮　工	
江苏省 上海30，无锡4，南京4，常州1	39	云南省 昆明32，安宁1，楚雄1，嵩明1，宜良1，宣威1，武定1，一平浪1	39
浙江省 杭州2，绍兴1，宁波1	4	四川省　叙府　1	
湖北省 汉口3，沙市1	4	共　计	40
湖南省 长沙3，株洲1	4	小　工	
云南省　昆明	3	云南省 昆明21，富民12，元谋2，易门1，晋宁1，宣威1，蒙自1，下关1，个旧1	41
安徽省　芜湖	2		
河南省 巩县1，南阳1	2	共计	41
广东省　广州	2		
香　港	2		
四川省　成都	1		
共计	63		

资料来源：史国衡：《昆厂劳工》第11—12页；草稿版，第11页；Kuo-Heng Shih, *China Enters the Machine Age*, P. 7。

（一）熟练工

下面看看中电厂熟练工就业的经过。1937年8月，淞沪会战爆发后，许多工人从战区逃难到内地，同时不少工厂带着熟练工向内地迁徙。这是第一批从沿海地区内迁的工人。但是，日本加强占领区的统治以后，大量向内地的人口迁徙停止了。剩下的方法，只有利用从上海经香港、海防这条海路。经由这条路线前往内地的工人，无须自己负担费用，而由内地的工厂提供旅费和通行手续费。

中电厂在上海设有招募工人的特别机构，工人可以通过它们前往内地。但是，在被日本和傀儡政权包围的上海租界，不能公开用中电厂的名义招募工人，只能以相关个人和团体的介绍而依存下来。因此，由于工人的来源受到限制，其水平势必下降。1939 年下半年到 1940 年上半年，一个熟练工从上海抵达昆明，其费用平均在 400 元左右。日军进占印度后，滇越公路无法使用，这种费用因此就更高了。结果，熟练工的内迁越发困难，最终从沿海地区招募工人的活动被迫停止。①

内地工厂还有其他招募熟练工的方法。自发逃到国统区的工人、随其他工厂撤退或其他工厂向外招来的工人等，都可以成为招募对象。不过，内地工业的熟练工普遍缺乏，各工厂争相用高价挖抢其他工厂的工人，最终有可能会因工资高涨而两败俱伤。因而，在能从上海招募工人之时，内地各工厂内部缔结了禁止争抢熟练工的协定。外部招募来的工人，与工厂缔结 2 年的雇用合同。如果期满前工厂中止合同，需要赔偿招募工人的全部费用。但因内地与外部交通断绝，熟练工严重不足，遵守雇用合同和工厂之间的谅解也就烟消云散，各工厂的工资一再高升，并没有什么能束缚工人的办法。②

从中电厂第三厂来看，在 63 名技工中间，该工厂从上海直接招来的工人有 17 人，随工厂内迁而来的有 5 人，二者共计不过 22 人（35%）。除此之外，其他或是从别的工厂转行而来，或是自发从日军占领区撤退而来（表Ⅳ-3）。

① 史国衡：《昆厂劳工》，第 19—22 页；Kuo-Heng Shih, *China Enters the Machine Age*, pp. 18—21.

② 史国衡：《昆厂劳工》，第 22 页；Kuo-Heng Shih, *China Enters the Machine Age*, pp. 21—22.

表Ⅳ-3　技工的内迁及其就业于中电厂的方式

内迁方式	人数	就业方式	人数
中电厂直接从上海招募的	17	在上海招募的	17
从战区随其他工厂内迁的	17	个别由当地介绍的	8
		在重庆招募的	6
		在桂林招募的	3
从日军占领区自发撤退的	10	个别由当地介绍的	10
原来在后方而内迁的	8	个别由当地介绍的	8
跟随中电厂内迁的	5	在工厂成立前就与之有关系的	5
原籍为西南地区的	4	个别由当地介绍的	4
其他工厂直接在上海招募的	1	个别由当地介绍的	1
自南洋归国的	1	个别由当地介绍的	1
共计	63	共计	63

资料来源：史国衡《昆厂劳工》，第23—24页。

技工的教育水平，29岁以下的相当高，如表Ⅳ-4所见，第三厂的技工中，文盲仅有1人，中学毕业的有9人。30岁以上的技工中，文盲有11人，中学毕业的一个都没有。① 教育水平的问题，在考察国民政府时代工人素质方面非常重要。当时，29岁的人，小学毕业是在1923年左右。此前一年，即1922年，中国实行了“六三制”的新学制。国民政府时代，教育的普及取得了更大进展。1930年，小学生总数达到1000万人，中学生人数有50万人。② 因此，在沿海的大中城市，青少年的教育应是得到相当程度的普及，工人素质也有极大的提高。

① 青年工人的教育水平之高和家庭负担之轻，也深刻地反映在他们对政治问题的关注上。他们批评中年工人对政治问题关心较少、缺乏爱国心。史国衡：《昆厂劳工》，第24—32页；Kuo-Heng Shih, *China Enters the Machine Age*, pp. 23—32.

② 华东师范大学教育系教科所编：《中国现代教育史》，华东师范大学出版社1983年版，第215—216页。

表Ⅳ-4　　技工的婚姻状况与教育水平

年龄	未婚				已婚				总计
	中学毕业	小学毕业	文盲	共计	中学毕业	小学毕业	文盲	共计	
15—19岁	1			1		1		1	2
20—24岁		12		12	2	4		6	18
25—29岁	5	1		6	1	6	1	8	14
30—34岁						13	3	16	16
35—39岁						3	4	7	7
40—44岁						2	1	3	3
45—49岁							3	3	3
合计	6	13	0	19	3	29	12	44	63

资料来源：史国衡《昆厂劳工》，第29页；Kuo-Heng Shih, *China Enters the Machine Age*, p. 30.

（二）非熟练工

如上所述，非熟练工原籍约80%来自于云南省，并且是出身于昆明市周边、交通比较便利的县。他们原来的职业，40名帮工中，未就业者（学徒）15人（38%），农民9人（23%），手艺人和警察各5人（13%），商人4人（10%），无职的2人（2%）。41个小工中，农民19人（46%），未就业和手艺人各6人（各15%），商人5人（12%），无职3人（7%）。农民的比例在帮工和小工中合计占35%。当时的内陆地区，由于农民占总人口的80%，农民出身的工人比例相对很低。而且，帮工和小工中，由农民直接到工厂就业的合计不过6人（7%），大多数是中途在某种职业就业、以后进入工厂的。他们在来工厂前，已经住在昆明了。①

其次，从非熟练工进入工厂的动机来看，躲避兵役者超过了半数，为56%；以经济目的为动机的为20%，寻求社会地位和躲避社会纠纷的原因各占12%。农民中，占89%的动机是逃避兵役（表Ⅳ-5）。

① 史国衡：《昆厂劳工》，第34—39页；Kuo-Heng Shih, *China Enters the Machine Age*, pp. 34—38.

首先，谈谈躲避兵役者。他们中的大部分人，将工厂作为暂时的避难所。比如，虽说是农民，但他们大多数是富农或小地主子弟。除工厂的工资外，他们还接受从家里汇寄过来的补贴。据史国衡的分析，贫农躲避兵役者很少有在工厂工作的，他们多从事高价出卖劳力的工作，即搬运、土木、开垦等工作。

62

表Ⅳ－5　　内陆工人在工厂就业的动机

放弃原来职业的动机（括号内是原来的职业）	
逃避兵役 （农民25，未就业（学徒）12，商人3，无职业3，手艺人3）	46人
经济动机 （警官5，手艺人5，农民3，未就业2，失业1）	16人
提高社会地位 （未就业6，无职2，公务员1，手艺人1）	10人
躲避社会纠纷 （商人6，手艺人3，未就业1）	10人

资料来源：史国衡《昆厂劳工》，第41—42页。Kuo-Heng Shih, *China Enters the Machine Age*, p. 38。

由于逃避兵役的人进工厂做工并没有什么特别目的，他们难以接受技术和训练。一旦作为外部压力的兵役消失，他们离开工厂回家的可能性就很大。①

为寻求社会地位而进中电厂就职的人，误以为国营工厂的工人相当于政府机构的公务员，可得到掌权者的支持。不过，由于非熟练工几乎没有机会晋升为技工、尤其是中上级的职员或技师，他们不知能否找到别的工作，只得每天都抱着强烈的不满度日。与躲避兵役者一样，因借钱或违反

① 史国衡：《昆厂劳工》，第39—43页；Kuo-Heng Shih, *China Enters the Machine Age*, pp. 39—42.

法律、风俗等社会纠纷而到工厂就业的人，也把工厂作为暂时的避难所。①

结果，除仅有五分之一是因经济动机而就业的人外，内地出身的、作为工业工人而稳定下来的人寥寥无几。其中一个原因，是工厂的工资并不比农村的工钱高。特别是小工的工资，比云南农村劳力的工钱还少。田赋实施实物征收前，谷物价格猛涨，农民的实际收入比战前更高。而且，由于兵役的推进，农村劳动力减少。结果，农工的工钱也相对上升了。②

关于贫苦农民出身工人较少的原因，必须提到当时云南省农村的落后。在史国衡调查中电厂的同时，以费孝通为中心的云南大学社会学系，对云南省的农村实际状况进行了调查。其调查报告书记录了典型内陆农村的面貌，如商业和工业的不发达，主要产业是农业，村民或是小地主、或是没有土地的农业劳动力。内地农村结构的“特色是在众多人口挤在一狭小的地面上，用着简单的农业技术，靠土地的生产来维持很低的生计”。过半的村民或是没有土地，或是只有少量土地。但是，由于工商业不振、离城市较远，他们仍然被土地所束缚，没有离开农村前往城市的机会。一方面，城市近郊的农村，商业发达，增加了雇用机会，同时也促进了土地集中，扩大了贫富差距。另一方面，地主们住在城里，普通村民成了佃农。费孝通等调查了玉溪市附近的玉村，这里已经显示出不在村地主制的开端迹象。玉村虽然有许多离开农村前往城市的贫农，但多数农民仍滞留于农村，转变成少数大地主的佃农。③

20 世纪 10 年代以来，在沿海、沿江的农村，由于农村经济的崩溃，大量农民离开农村、流入城市的现象随处可见。但是，在云南等内陆地区，即使到了 20 世纪 30 年代，这样的资本原始积累过程仍然进展不大。农民不太容易被新工业吸引，其中的原因之一，“是由于农人根本上不大愿意离开他的土地作职业上的冒险”④。1940 年秋，中电厂在昆明公开招

---

① 史国衡：《昆厂劳工》，第 44—47 页；Kuo-Heng Shih，*China Enters the Machine Age*，pp. 43—46.

② 史国衡：《昆厂劳工》，第 48 页；Kuo-Heng Shih，*China Enters the Machine Age*，p. 46—47.

③ Hsiao-tung Fei（费孝通），*Earthbound China*，*Routledge and Kegan Paul Limited* 1948，pp. 19，204—206，266—267，291—296.；费孝通、张之毅：《云南三村》，天津人民出版社 1990 年版，第 12—13 页。

④ 史国衡：《昆厂劳工》，第 37 页。

募40名帮工，结果应征者仅8人。①

二　工人的素质和工作条件

如前所述，中电厂的工人中，来自沿海、沿江地区的（技工）与出生于内陆的（帮工和小工）之间存在明显差异，这是由于他们极其不同的工作态度和工作条件而导致的。本节从他们的工作态度、工作效率以及工资和生计方面考察该国营工厂存在的问题。

（一）工作态度与工作效率

首先，从非熟练工来看中电厂工人的工作态度。小工未显示出对工作本身的关注。他们的工作是搬运行李和机器、打扫卫生等杂活，没有学习技术的机会和晋升的希望。他们虽然是工厂内最底层的工人，但史国衡认为，“他们对工作和生活所希冀的并不多，所以也最易感到满足”②。

与小工不一样，帮工抱着在工厂就业的希望。他们预先接受考试，在工厂6个月后方可准许晋升为三等技工。他们到工厂就业，就怀有掌握电气制造技术的想法。但是，一分配到车间，他们的希望立即变成了失望。他们的工作简单枯燥，不需要有什么技术。机器的装备和修理由技师和管理员来做，他们无施展能力的地方。

帮工们失望的原因还在于，他们缺乏对近代机械工业的了解。他们的愿望是大致精通技术，不久后自己开店，或者成为流动工匠。也就是说，他们还是手工业体系的思想，与近代分工体系格格不入。

另外，以往的地位和身份也反映在他们的工作态度中。有的人没能实现进入军官学校或当县政府文书的目标，不得已才到工厂就业。他们对在工厂的地位和工作抱有强烈的不满。其他的警官、雇农、矿工、干杂活的等，他们出身的社会地位比较低，对现状较为满足，对工作本身也没有什么怨言。③

技工的工作态度也有问题。他们有一定的技术基础，不打算回家，也

① 史国衡：《昆厂劳工》，第48页；Kuo-Heng Shih, *China Enters the Machine Age*, p. 47.

② 史国衡：《昆厂劳工》，第50页；Kuo-Heng Shih, *China Enters the Machine Age*, p. 50.

③ 史国衡：《昆厂劳工》，第50—54页；Kuo - Heng Shih, *China Enters the Machine Age*, pp. 50—55.

不打算换工作。另一方面，他们喜欢卖弄自己的技术，对学习提高技术不重视，抗拒新的、有效率的工作方式。他们自尊心非常强。

技工们以前工作的工厂与新式的国营工厂很不一样，这也影响了他们的工作态度。从上海等地的公营、私营工厂招募来的技工，受过的训练也各不一样。特别是在民间小作坊里工作的工人，他们很难融入大工厂的工作与生活。他们认为，过去跟着师傅学习技术一切都好，喜欢少数工人互相接触、显示自己机会较多的小工厂。对于技工的这种工作态度和生活习惯，史国衡认为，"外来技工虽然是学的新式技术，但并未脱掉旧式工业的传统"①。

工人的上述工作态度，对工作效率自然有很大影响。工人和管理职员都认为，工人的效率非常低。有工人说，中电厂工作比上海工厂的工作要轻松三分之二。中电厂的每天工作时间为 9 个小时，但据说通常其中至少有两个小时被浪费掉了。②

内地来的工人（非熟练工），因对工作内容的失望和对将来不抱什么希望，所以没有什么工作积极性。而且，刚进厂工作的工人缺乏时间观念，这是妨碍工作效率提高的一个因素。中电厂采取出勤卡的制度，迟到、早退要算请假或旷工。帮工们责难工厂方面过于严格和刁难，这也反映出他们工厂制度的不理解。③

技工们的工作效率低，还因为职员的态度不亲切，他们对工厂方面的回应不满。工厂方面对技工们的态度不好，技工们则普遍采取消极怠工的报复手段，他们利用团体控制的方式不许别人多做工。④

因此，工人们不求提高工作效率是普遍的倾向。不过，中电厂的效率也并不是特别低，在国统区的国营工厂中，该厂是成绩最佳者之一。⑤

（二）厂采取按劳动时间计工资的制度

也就是说，工人上班按小时定工资水平的高低，根据每个月的工作时

---

① 史国衡：《昆厂劳工》，第 54—58 页；Kuo - Heng Shih，*China Enters the Machine Age*，pp. 55—60.

② 史国衡：《昆厂劳工》，第 58 页；Kuo - Heng Shih，*China Enters the Machine Age*，p. 60.

③ 史国衡：《昆厂劳工》，第 59—60 页。

④ 史国衡：《昆厂劳工》，第 60—61 页。

⑤ 史国衡：《昆厂劳工》，第 61—62 页。

间核算出每人本月的工资。技工与非熟练工之间的工资相差2倍多，但帮工和小工之间的工资差距却不显著。①

不过，同类工人每个人的工资也有很大差异。中电厂在工资方面并没有客观的标准，由招募工人的负责人和管理者酌情处理。而且，工人们并没有参与劳资谈判的权力。特别是在沿海地区招工时，负责人为招到工人，会尽可能地满足工人的要求。因而，合同约定的工资过高，工人们到工厂后，工厂的人事科不得不进行调整。这成为招致工人不满的原因之一。②

如前所述，中电厂实行9小时工作制。这一规定的工作时间乘以1个月的工资比率，就是每个人的基本工资。另外，在工厂还有加班工资和奖金制度。加班的话，3个小时的一个晚班，按4个半小时计算。每两周加一个星期天的班，当作两天计算，可以增加工资。之所以实行这种加班补贴制度，一是因为工人的闲暇时间难以打发，可以避免他们闹事；二是因为国营工厂不得随意提高工资标准，为与民营企业竞争，不得不设立这一制度。

另外，因生病等请假缺勤的话，不发工资。擅自缺勤，要扣掉两倍缺勤时间的工资额。此外，在支付工资时要扣掉单身工人的伙食费、有眷属的工人的房租和燃料费等。③

此外，工厂还向工人发米价补贴。这是由于工资的增加跟不上物价的上涨，地区物价差异很大。资源委员会下属企业的工资，只有一个共同的支付标准，有必要对此加以补正。从1939年6月到1940年7月，尽管中电厂技工的基本工资增加了1.8倍，帮工和小工的基本工资增加了2.1倍，④ 但是，同一时期昆明的批发物价指数上升了3.1倍。⑤ 因而，实际工

---

① 史国衡：《昆厂劳工》，第64—65页；Kuo - Heng Shih, *China Enters the Machine Age*, p. 65. 例如，1940年1月，技工的平均工资率是2.8，帮工和小工是1.2。

② 史国衡：《昆厂劳工》，第65—67页；Kuo - Heng Shih, *China Enters the Machine Age*, pp. 65—68.

③ 史国衡：《昆厂劳工》，第70—75页；Kuo - Heng Shih, *China Enters the Machine Age*, pp. 65—68. 中电厂还有健康保险制度，病假的话，如果有医生的证明，可以发给相当于工资的70%的保险金（史国衡：《昆厂劳工》，第102页）。

④ 史国衡：《昆厂劳工》，第74页；Kuo - Heng Shih, *China Enters the Machine Age*, P. 77.

⑤ 中央银行经济研究处物价组编：《战时物价特辑》，第80—81页。

资是下降的。米价补贴，一开始不管工厂内有无家属都同等金额支付，但后来改成技工在工厂内有家属则发给5元（内陆的工人在工厂内都没有家属）。①

1940年7月，工资和补贴加起来，技工的平均收入为113元，帮工和小工为70元。同一时期，昆明附近乡间的农工工资，除掉伙食费外，在农忙期大概为每天3元，农闲期为每天1—1.5元。另外，工人的伙食费每个月为40元左右，因而技工的月收入比不上农忙时期农工的收入，帮工和小工的月收入仅与农闲时期农工的收入相当。因而，这是内地的工业难以吸收劳动力的原因之一。农民到工厂工作的动机并非出于经济方面的考虑。②

（三）工人的生计

关于工厂工人生活的实际状态，史国衡在1940年9月有关支出的调查中，分别用3个表格列举了24个案例。第1类是带家属的外来工人，第2类是未带家属的外来工人，第3类是4个帮工、3个小工和1个内陆出身的技工。③

先看第1类工人的生活，平均伙食费占74.1%，服装费占5.3%，房租占2.5%，灯光燃料费占7.1%，杂费占10.8%。与战前的上海工人相比，伙食费比率更高，服装费、房租和杂费比率稍微偏低。这显示出战时民众的生活水平大幅下降。

不过，在伙食费上，工人从工厂得到一定的便利。按工厂的规定，带家属的工人每月可按每斗（1斗为10升）6元的价格购买5斗公米。因当时的米价是1斗9元，每家因此在支出上可以节省15元。

服装费方面，史国衡调查的家庭中，除去2对新婚夫妻外，没有家庭新制成人服装。至多只为小孩买一两套衣料。有的家庭，将大人的衣服修改后给小孩穿。房租消费的百分比较低，因为工厂方面以每月2元将住宅出租给工人。工人住宅不足，则借住工厂外的民房，工厂负担部分房租。

① 史国衡：《昆厂劳工》，第75—76页；Kuo－Heng Shih, *China Enters the Machine Age*, pp. 75—76.

② 史国衡：《昆厂劳工》，第77页；Kuo－Heng Shih, *China Enters the Machine Age*, p. 76.

③ 史国衡：《昆厂劳工》，第78—79页；Kuo－Heng Shih, *China Enters the Machine Age*, pp. 78—79.

灯光费方面，因为使用的电灯是由工厂安装、收费的，所以比较省钱。燃料因为用烧柴，费用稍微高一些。杂费包含理发、洗衣、教育、医药、抽烟、送礼、娱乐等，但工厂内有理发室、医药室、小学，还有一些娱乐设施，因而这一类的支出并不高。①

第2类工人的消费情况，因籍贯、有无家属而相差很大。未婚及完全离家的技工，为消遣而自由开支买衣服。他们穿皮鞋、西服，经常周末在昆明与朋友一起看电影等。但也有人由于与家庭隔绝而产生精神压力，故而打麻将、赌博或抽鸦片。而必须给家里寄钱的工人，其状况则大为不同。部分人牺牲自己的生活给家里寄钱，金额每个月50元到100元不等。但也有人因为以前的习惯和自制力弱而染上鸦片，对寄钱很不上心。②

根据工人自己的经验，家属在工厂与家属在沦陷区的相比较，1940年以前，家庭留在上海还较合算。首先，这是因为，一个人在工厂，能享受如住宿免费、食堂吃饭便宜等便利条件。其次，内陆的工资比上海更高，物价比上海更低。因此，从纯粹经济的角度看，从内地赚的工资再给上海寄钱比较有利。不过，到后来，沦陷区的物价、尤其是米价比内陆地区涨得更高，尤其是上海的公共租界被占领、滇越公路被封锁后，从内陆向上海寄钱很困难。这自然也影响到家属在沦陷区的工人们的士气。③

内地工人的消费生活与他们家庭的经济联系密切相关。许多内地工人不仅不需要给家里寄钱，甚至还接受家里的补贴。史国衡调查的8个工人中，有4人接受家里的补贴。与此相反，给家里寄钱的仅有1人。另有4人虽未给家里寄钱，但也没有要家里的补贴。因而，内地工人仿照技工，拿着工资新制衣服，或周日去昆明看电影等。在三厂工作的内地工人中，有5人吸食鸦片。总之，内地工人到近代工厂工作并没有给他们传统的家

① 史国衡：《昆厂劳工》，第79—83页；Kuo-Heng Shih, *China Enters the Machine Age*, pp. 79—81. 战前上海的工人，伙食费占53.2%，服装费为24.6%，住宿费为8.3%，燃料费为6.4%，杂费为24.6%。另外，Kuo-Heng Shih, *China Enters the Machine Age* 中，米的购入单位为picul（担）。

② 史国衡：《昆厂劳工》，第83—89页；Kuo - Heng Shih, *China Enters the Machine Age*, pp. 81—88.

③ 史国衡：《昆厂劳工》，第89页；Kuo - Heng Shih, *China Enters the Machine Age*, pp. 88—89.

庭经济带来积极的影响。①

三　国营工厂的性质与工人的稳定性

（一）官僚主义

按史国衡的观点来说，中电厂这样的内地国营工厂尽管不存在欧美那样的劳资对立，但存在着工人与职员间的对立。职员是从总经理、厂长、主任、技师、科长到书记、实习生等所有人的总称。换言之，这些都是从事非体力劳动、负责管理其他人的工作的，这一阶层是工人批评的对象。到工厂最久的工人们异口同声地说，职员与工人之间有一条鸿沟，而且这条鸿沟越来越大。②

职员与工人间，事实上存在着待遇上的具体差别。比如，职员的米价补贴按家属人数比例而增加，但带家属的工人却只给5元。职员的宿舍是一间一间地分隔开来的，比多人住一间的工人宿舍要好得多。在购买车票方面，同样是职员才有优先权。甚至诊所的医生的态度，以及职员对工人直呼姓名，都引起工人们的愤懑。

而且，在工人与职员间彼此存在着成见。职员认为，工人知识水平低，行为粗暴。工人认为，职员傲慢，目无工人。事实上，有些职员认为没必要对工人有礼貌和劝告，只有以强力约束，如有越轨行动即以武力惩处。③

史国衡发现，这种成见产生的一个原因是工人与职员的学历间有差距。职员大多受过中等以上的教育，尤其是工厂内与工人发生接触的人，有的在大学毕业后留学欧美，因而见识到那里的工业发展情况。他们精通技术，想引入先进国家的人事管理制度，但有意无意之间忽略了中国的环

---

① 史国衡：《昆厂劳工》，第89—93页；Kuo - Heng Shih, *China Enters the Machine Age*, pp. 89—93.

② 史国衡：《昆厂劳工》，第111—112页；Kuo - Heng Shih, *China Enters the Machine Age*, pp. 116—117. 在史国衡逗留期间，工人们唯一自然发生的一起短期罢工也是以职员的对立开头的（史国衡：《昆厂劳工》，第109—111页，Kuo - Heng Shih, *China Enters the Machine Age*, pp. 112—116）。

③ 史国衡：《昆厂劳工》，第112—114页；Kuo - Heng Shih, *China Enters the Machine Age*, pp. 117—119.

境、工人的出身和心理。另外，工人认为自己与工厂休戚无关，只有全权管理工厂的职员是工厂的主体，工厂的法规是为了职员而设的。因而，在许多工人看来，国营工厂不过是一个政府机关而已。①

例如，工人们将私营工厂与国营工厂的人事关系相比，认为国营工厂的职员带着官僚习气。与私人企业的那种职员与工人间彬彬有礼、没有歧视的特征相比较，国营工厂则有形式主义和官僚气。

工人们认为，国营工厂的特征是官僚主义的机构和人事、工作散漫和效率低下、资材损耗、重形式而轻实际。而且，工人们还认为，工作手续烦琐、效率低下、不管谁都糟蹋公物等都是官僚习气的证据。②

内地出身的工人将工厂视为一个政府机构，而非企业。工厂之所以得到政府的支持，是因为这里的工作可以扩张威势、提升地位、避免兵役。对他们来说，职员就是官员。③

（二）工人的流动

抗日战争时期，工人稳定性不高成为内地工业的一大问题。在第三厂，从1940年1月到7月，技工的流动率为10.4%，帮工和小工为17.9%。也就是说，每个月100个熟练工中有10人、100个非熟练工中有18人离职，工厂因而不得不补充人员。一般来说，帮工的流动性比技工高，小工的流动性比帮工高。离职工人在工厂的工作时间，技工未满半年的占半数；半年以上的帮工、小工，一个都没有。④

如前所述，帮工和小工流动率这么高，是因为他们在近代工厂中工作能挣到长期生活所需的收入少了。而且，在9月和10月的农忙期，离职的帮工和小工还会增加。他们有的要回家，有的要去当农工，从事农业劳动。⑤

---

① 史国衡：《昆厂劳工》，第114—116页；Kuo - Heng Shih, *China Enters the Machine Age*, pp. 119—123.

② 史国衡：《昆厂劳工》，第117—118页。

③ 史国衡：《昆厂劳工》，第120页。

④ 史国衡：《昆厂劳工》，第131—132页；Kuo - Heng Shih, *China Enters the Machine Age*, pp. 133—135.

⑤ 史国衡：《昆厂劳工》，第132—133页；Kuo - Heng Shih, *China Enters the Machine Age*, pp. 135—136.

技工离开工厂的原因与帮工和小工有所不同。他们在内地工作，心情急躁、生活不安，而且对工厂的负责人又缺乏情感上的维系，因此赌气而离开工厂。好在技工缺乏，他们不用担心失业。虽然这种技工流动的主要原因是精神上的问题，但工厂管理者认为，工人唯一的愿望是增加工资，忽视工人的心理和精神因素。①

离开工厂的工人，都从事什么工作呢？史国衡追踪调查了40人，其中有13人脱离了近代工业，27人去了其他的工业企业求职。这40人中，技工占26人，其中有5人（即19%）换了行业。1940年1月到7月，第三厂的工人总数为114人，离开工厂的技工有38人。按照上述比例，有7人换了行业，占全部技工中的6%。他们大部分都是在沿海、沿江地区接受过训练的熟练工，他们的转行当然是近代工业的极大损失。同一时期81个帮工和小工中有29人离职，完全非熟练工中，有20%换了行业。这一数字并不很高。但考虑到他们原来的职业与中电厂工作的不安定性，可以预料到长期下去，非熟练工在近代工业中的稳定性是非常低的。②

其次，从转行工人从事的行业来看，5个技工中，有1人做运输，1人当驾驶员，另外3人成了工具店的店主。对于要受到职员的管制和被大机器生产埋没个性而不满的技工来说，当店主的吸引力非常大。8个小工和帮工从事与近代工业完全无关系的职业。有的去茶馆做服务员，有的去卖蔬菜了，也有人做露天摊贩，或者是回了农村。如上所述，他们中的多数人原本就不想做工人。而且，由于受到过去其他职业传统经济机构的习惯影响，他们对近代工业也没有什么憧憬。③

结　语

综上所述，抗日战争时期内地发展起来的近代工业，在确保工人方面

① 史国衡：《昆厂劳工》，第133—136页；Kuo－Heng Shih, *China Enters the Machine Age*, pp. 136—139.

② 史国衡：《昆厂劳工》，第137—138页；Kuo－Heng Shih, *China Enters the Machine Age*, pp. 140—141. 报告书中对技工和非熟练工中转行者的比例计算数字不一致，本文予以了订正。

③ 史国衡：《昆厂劳工》，第138—139页；Kuo－Heng Shih, *China Enters the Machine Age*, pp. 141—143.

存在极大的问题。熟练工不得不依赖从上海等沿海、沿江地区内迁来的工人，他们人数有限。内地出身的工人中，农民较少，因经济原因而成为工厂工人的比较少。熟练工与非熟练工间有着严重的歧视障碍，后者成为前者的可能性极小。而且，熟练工在特定工厂的稳定性很差。这是因为他们原来多数是私营的、小规模工厂的工人，对这种大规模的近代重工业工厂感到不适应。内地熟练工缺乏，因而他们很容易转移到形势好的工厂，也有成为小店主的可能。

内地工业关于工人方面的矛盾，从以下几点可以说明：

第一，中国与日本的长期战争，是内陆近代工业勃兴的一个基本条件。但反过来，这一条件也制约着内陆工业的进一步发展。由于日军在中国占领区的扩大和封锁的强化，沿海沿江地区的熟练工向内陆的转移一年比一年困难。而且，农村的成年人口虽多，但首先被征兵，因而农村劳动人口减少，前往城市当工人的更少。例如，云南省玉溪县，从 1939 年到 1940 年的两年间，虽有 75 人离开农村，但多数当了兵，其次是做手艺人或杂役。其中，无一人成为近代工业的工人。①

第二，中电厂这样的国营、公营工厂是战时内陆近代工业的推动力量。但这些企业官僚主义盛行，妨碍了工人的工作积极性。中电厂所见的职员与工人的对立是内地国营和公营工厂的普遍现象。

第三，内地落后的经济和社会等条件是阻碍近代工人产生的原因之一。农村阶级分化不充分，农民被土地束缚。因而，农村流入城市的劳动人口及向工人的转化（资本的原始积累过程），仍旧只有部分发展。而且，内陆出身的工人在进入工厂前，与机械及机械生活毫无关联②，因而难以转变成熟练工人。

史国衡认为，熟练工的不足或许是内陆工业发展的瓶颈（bottle-neck）。③ 实际上，1943 年以后，国统区出现的急剧通货膨胀和工业衰退，工人的生活更苦，熟练工的流动现象更严重。熟练工中，出现放弃工业转

---

① 史国衡：《昆厂劳工》，第 146 页。

② Kuo－Heng Shih, *China Enters the Machine Age*, p. 15.

③ Kuo－Heng Shih, *China Enters the Machine Age*, p. XⅧ.

业为畸形繁荣商业的现象。① 另外，非熟练工的教育、训练的有效手段问题，直到最后也没有解决。②

结果，从工人这一点来看，抗战时期内地工业发展的根基不能不说很浅。因而，抗战结束后，内地的大企业向沿海沿江地区转移，内地工业衰退，其内部构成也退回到以轻工业为中心的状态。③

（原文：「抗日戦争時期中国の工業労働者——昆明の一国営工場について」，『茨城大学政経学会雑誌』第61号、1993年。本文的翻译初稿，由易丙兰博士提供。经李秉奎译校、修改，石岛纪之教授审校。）

---

① 齐武：《抗日战争时期中国工人运动史稿》，人民出版社1986年版，第212页。

② 中电厂有学徒培训制度，有两个来自云南省及湖南省的小组接受培训。但是，学徒的培训和管理并不与近代工业的要求相吻合。年长的熟练工用手工作业方式进行技术指导，军人用军事方式管理培训工（史国衡：《昆厂劳工》，商务印书馆1946年版，第151—154页）。另外，据Kuo - Heng Shih，*China Enters the Machine Age*，学徒向熟练工学习技术令人不满意，学习态度也不好，因而工厂方面从第三个小组开始，采取了切断他们与外部的接触、进行彻底训练的体系，1942年，据说有将近一半的熟练工作是由这些学徒承担的（第148—150页）。不过，史国衡《昆厂劳工》（商务印书馆1946年版）未记载这一新的训练方式。

③ 在重庆，工业生产额中重工业的比重从1945年的81.4%锐减到1949年25.7%（周勇编：《重庆》，重庆出版社1989年版，第391页）。然而，尽管有这样的局限性，抗战时期是内陆工业的发展的出发点，这是被今日西南地区人民不能忘记的事实。

参考文献

报纸

1. 《大公报》（重庆版）。

2. 《新华日报》。

3. 《新华日报》（华北版）。

4. 《新华日报》（太行版）。

资料集

日　　语

1. 日本国際問題研究所中国部会編：『中国共産党史資料集』，第9—11卷（勁草書房，1974—1974年）。

2. 上海特別市警察局：『警察月報』（上海市档案馆，卷宗号R—36）。

汉　　语

1. 重庆市档案馆、重庆师范大学编：《中华民国战时首都档案》，第三卷，"战时社会"，重庆出版社2010年版。

2. 河北省社会科学院历史研究所、河北省档案馆等编：《晋察冀抗日根据地史料选编》下，河北人民出版社1983年版。

3. 《晋察冀抗日根据地》史料丛书编审委员会：《晋察冀抗日根据地》第一册（文献选编）下，中央党史资料出版社1989年版。

4. 晋冀鲁豫边区财政经济史编辑组，山西、河北、山东、河南省档案馆：《抗日战争时期晋冀鲁豫边区财政经济史资料选编》全二册，中国财政经济出版社1990年版。

5. 刘明达、唐玉良主编：《中国近代工人阶级和工人运动》，第10册，中央党校出版社2000年版。

6. 山西大学晋冀鲁豫边区史研究组：《晋冀鲁豫边区史料选编》，第一辑，1980年。

7. 山西省档案馆：《太行党史资料汇编》全七卷，山西人民出版社1989—2000年版。

8. 上海市档案馆编：《日伪上海市政府》，档案出版社1986年版。

9. 太行革命根据地史总编委会编：《太行革命根据地史料丛书》（第二卷党的建设、第三卷地方武装斗争，第四卷政权建设，第五卷土地问题，第六卷财政经济建设，第七卷群众运动，第八卷文化事业，第九卷公安保卫工作，第十二卷交通邮政），山西人民出版社1987—1995年版。

10. 张肖梅编著：《四川经济参考资料》，中国国民经济研究所1939年版。

11. 中共山西省委组织部、中共山西省委党史研究室、山西省档案局：《中国共产党山西省组织史资料（1924. 夏—1949. 9）》，山西人民出版社1994年版。

12. 中国人民政治协商会议北京市委员会文史资料研究委员会编：《日伪统治下的北平》，北京出版社1987年版。

13. 中国社会科学院近代史研究所中华民国史研究室主编《救国会》，中国社会科学出版社1981年版。

14. 中国史学会、中国社会科学院近代史研究所编：《抗日战争》第五卷，“国民政府与大后方经济”，四川大学出版社1997年版。

15. 中央档案馆编：《中共中央文件选集》第11—14册，中共中央党校出版社1991—1992年版。

日语著作、论文

1. ウー，オドリック：「河南省における食糧欠乏と日本の穀物徴発活動」，姫田光義、山田辰雄編：『中国の地域政権と日本の統治』，慶應義塾大学出版会，2006年。

2. ジョンソン，チャルマーズ，田中文蔵訳：『中国革命の源流——中国農民の成長と共産政権』，弘文堂新社，1967年。

3. セルデン，マーク，小林弘二ほか訳：『延安革命——第三世界解放の原点』，筑摩書房，1976年。

4. ベルデン，ジャック，安藤彦太郎ほか訳：『中国は世界をゆるがす』上，青木書店，1965年。

5. 安井三吉：「日本帝国主義とカイライ政権」，『講座　中国近現代史』6，東京大学出版会，1978年。

6. 奥村哲：『中国の現代史——戦争と社会主義』，青木書店，1999年。

7. 八巻佳子：「中華民国新民会の成立と初期工作状況」，『一九三〇年代中国の研究』，アジア経済研究所，1975年。

8. 坂井田夕起子：「抗日戦争時期における河南省の新県制——抗戦体制構築と国民政府の県政」，『史学研究』213号，1996年。

9. 北顧会：『北顧回想録』，北顧会，1973年。

10. 北京市政協文史資料研究委員会編，大沼正博訳：『北京の日の丸—体験者が綴る占領下の日々』，岩波書店1991年。（原书，中国人民政治协商会议北京市委员会文史资料研究委员会编：《日伪统治下的北平》，北京出版社1987年版）。

11. 弁納才一：「なぜ食べるものがないのか——汪精衛政権下中国における食糧事情」，弁納才一、鶴園裕編：『東アジア共生の歴史的基礎』，御茶の水書房，2008年。

12. 蔡徳金編，村田忠禧ほか訳：『周仏海日記』，みすず書房，1992年。（原书，蔡德金编注：《周佛海日记》，中国社会科学出版社1986年版）。

13. 丁日初、沈祖炜：「抗日戦争時期における中国の国家資本」，『近きにありて』第10号，1986年11月。

14. 東亜同文会編：『新支那現勢要覧』，1938年。

15. 段瑞聡：「抗戦，建国と動員——重慶市動員委員会を事例として」，高橋伸夫編著：『救国，動員，秩序』，慶應義塾大学出版会，2010年。

16. 防衛庁防衛研修所戦史室：『戦史叢書・北支の治安戦』1、2，朝雲新聞社，1968，1971年。

17. 防衛庁防衛研修所戦史室:『戦史叢書・大本営陸軍部』(5),朝雲新聞社,1973 年。

18. 防衛庁防衛研修所戦史室:『戦史叢書・支那事変陸軍作戦』(3),朝雲新聞社,1975 年。

19. 福士由紀:『近代上海と公衆衛生——防疫の都市社会史』,御茶の水書房,2010 年。

20. 岡部牧夫:『満州国』,三省堂,1978 年。

21. 岡部直三郎:『岡部直三郎大将の日記』,芙蓉書房,1982 年。

22. 岡田春生編:『新民会外史』後編,五稜出版社,1987 年。

23. 高橋伸夫:『党と農民——中国農民革命の再検討』,研文出版,2006 年。

24. 高橋孝助、古厩忠夫編:『上海史——巨大都市の形成と人々の営み』,東方書店,1995 年。

25. 古島和雄:「旧中国における土地所有とその性格」,山本秀夫、野間清編:『中国農村革命の展開』,アジア経済研究所,1972 年。

26. 古厩忠夫:『日中戦争と上海,そして私——古厩忠夫中国近現代史論集』,研文出版,2004 年。

27. 古厩忠夫:「『漢奸』の諸相」,『岩波講座　近代日本と植民地』第 6 巻,岩波書店,1993 年。

28. 黒川みどり:「地域、疎開、配給—『都市と農村』再考」,『岩波講座アジア、太平洋戦争 6 日常生活の中の総力戦』,岩波書店,2006 年。

29. 黄東蘭:『近代中国の地方自治と明治日本』,汲古書院,2005 年。

30. 黄東蘭:「革命,戦争と村——日中戦争期山西省黎城県の事例から」,平野健一郎編:『日中戦争期の中国における社会と文化変容』,財団法人東洋文庫,2007 年。

31. 姫田光義:「国民精神総動員体制下における国民月会」,石島紀之、久保亨編:『重慶国民政府史の研究』,東京大学出版会,2004 年。

32. 姫田光義・陳平:『もうひとつの三光作戦』,青木書房,1989 年。

33. 吉田裕:「軍事支配(1)満州事変期」浅田喬二、小林英夫編:

『日本帝国主義の満州支配』，時潮社，1986 年。

34. 江口圭一：「中国戦線の日本軍」，『十五年戦争史』2，青木書店，1988 年。

35. 江沛：「華北『治安強化運動』期における集合心性——一九四一—一九四二年」，エズラ、ヴォーゲル，平野健一郎編：『日中戦争期中国の社会と文化』，慶應義塾大学出版会，2010 年。

36. 江上幸子：「抗戦期の辺区における中国共産党の女性運動とその方針転換——雑誌『中国婦女』を中心に」，『中国の伝統社会と家族』汲古書院，1993 年。

37. 今井駿：「抗日根拠地の形成過程についての一考察——冀南根拠地を中心に」，『史潮』108 号，1971 年。

38. 井上久士：「陝甘寧辺区の財政と対外交易」，『中嶋敏先生古希記念論集』下，汲古書院，1981 年。

39. 井上久士：「辺区（抗日根拠地）の形成と発展」，池田誠編著：『抗日戦争と中国民衆』，法律文化社，1987 年。

40. 菊池一隆：「重慶政権戦時経済建設」，『歴史学研究別冊特集』，青木書店，1981 年。

41. 菊池一隆：「国民政府による『抗戦建国』路線の展開」，池田誠編著：『抗日戦争と中国民衆』，法律文化社，1987 年。

42. 菊池一隆：『中国抗日軍事史——一九三七—一九四五』，有志舎，2009 年。

43. 堀場一雄：『支那事変戦争指導史』，時事出版社，1962 年。

44. 堀井弘一郎：『汪兆銘政権と新国民運動——動員される民衆』，創土社，2011 年。

45. ホワイト，セオドア，堀たおる訳：『歴史の探求』上，サイマル出版会，1978 年。

46. 李壮，田所竹彦訳：『抗日戦争と私——元人民日報編集長の回想録』，日本僑報社，2013 年（原书，李壮：《难得清醒》，人民日报出版社，1999 年）。

47. 笠原十九司：『日本軍の治安戦——日中戦争の実相』，岩波書店，

2010年。

48. 鈴木隆史：「満州協和会試論」，『季刊現代史』，第2、5号，1973、1974年。

49. 劉大年、白介夫編，曽田三郎ほか訳：『中国抗日戦争史——中国復興への路』，桜井書店，2002年（原书，中国抗日战争史学会、中国人民抗日战争纪念馆编：《中国复兴枢纽——抗日战争八年》，北京出版社，1997年）。

50. 劉震雲，劉燕子訳：『温故　一九四二』，中国書店，2006年（原书，刘震云：《温故　一九四二》，人民出版社，2009年）。

51. 内田知行：「犠牲救国同盟会と山西新軍」，宍戸寛ほか：『中国八路軍　新四軍史』，河出書房新社，1989年。

52. 内田知行：『抗日戦争と民衆運動』，創土社，2002年。

53. 内田知行：「戦時首都重慶市居住者の籍貫構成と職業構成」，『現代中国』84号，2010年。

54. 彭徳懐，田島淳訳：『彭徳懐自述——中国革命とともに』，サイマル出版会，1984年（原书，“彭德怀自述”编辑委员会：《彭德怀自述》，人民出版社，1981年）。

55. 浅田喬二：「日本帝国主義下の中国食糧問題——太平洋戦争期」，湯沢誠編：『農業問題の市場論的研究』，御茶の水書房，1979年。

56. 浅田喬二：「日本帝国主義による中国農業資源の収奪過程」，浅田喬二編：『日本帝国主義下の中国』，楽游書房，1981年。

57. 宍戸寛：『中国八路軍・新四軍史』，河出書房新社，1989年。

58. 三品英憲：「毛沢東期の中国における支配の正統性論理と社会」，『歴史評論』746号，2012年。

59. 山本真：「抗日戦争時期国民政府の『扶植自耕農政策』——四川省北碚管理局の例を中心にして」，『史潮』新40号，1996年。

60. 山本真：「土地改革、大衆運動と村指導層の変遷——外来移民の役割に着目して」，三谷孝編著：『中国内陸における農村変革と地域社会』，御茶の水書房，2011年。

61. 山田朗：「軍事支配（2）日中戦争、太平洋戦争期」，浅田喬二、小林英夫编：『日本帝国主義の満州支配』，時潮社，1986 年。

62. 石井弓：『記憶としての日中戦争——インタビューによる他者理解の可能性』，研文出版，2013 年。

63. 笹川裕史：『中華民国期農村土地行政史の研究—国家—農村社会間関係の構造と変容』，汲古書院，2002 年。

64. 笹川裕史、奥村哲：『銃後の中国社会——日中戦争下の総動員と農村』，岩波書店 2007 年。

65. 粟屋憲太郎編：『中国山西省における日本軍の毒ガス戦』，大月書店，2002 年。

66. 天野祐子：「日中戦争期における国民政府の新県制——四川省の事例から」，平野健一郎編：『日中戦争期の中国における社会と文化変容』，財団法人東洋文庫，2007 年。

67. 田原史起：『中国農村の権力構造——建国初期のエリート再編』，御茶の水書房，2004 年。

68. 田原史起：『二十世紀中国の革命と農村』，山川出版社，2008 年。

69. 田中恭子：『土地と権力——中国の農村革命』（名古屋大学出版会，一九九六年）。

70. 外務省编：『日本外交年表竝主要文書』（下），原書房，1965 年。

71. 外務省情報部編：『支那事変と民衆』，1937 年 2 月。

72. 丸田孝志：「抗日戦争期における中国共産党の鋤奸政策」，『史学研究』第 199 号，1993 年。

73. 丸田孝志：『革命の儀礼——中国共産党根拠地の政治動員と民俗』，汲古書院，2013 年。

74. 王秀鑫、郭徳宏，石島紀之監訳，「抗日戦争史」翻訳刊行会訳『中華民族抗日戦争史（一九三一——九四五）』，八朔社，2012 年（原书，王秀鑫、郭德宏主编、中共中央党史研究室第一研究部编著：《中华民族抗日战争史》，中共党史出版社、浙江科学技术出版社，1995 年）。

75. 呉毅、呉帆：「伝統の転換と再転換——新解放区の土地改革における農民の心性の構築と歴史論理」，奥村哲編：『変革期の基層社会』，創土社，2013 年。

76. 西村成雄：「中国抗日根拠地」，『岩波講座　近代日本と植民地』第6卷，岩波書店1993年。

77. 西村成雄：「概論　中国ナショナリズムとしての『抗日救亡論』」，池田成編著：『抗日戦争と中国民衆』，法律文化社，1987年。

78. 小浜正子：「日中戦争期上海の難民救済問題」，高綱博文編：『戦時上海』，研文出版，2005年。

79. 小林英夫、林道生：『日中戦争史論——汪精衛政権と中国占領地』，御茶の水書房，2005年。

80. 岩間一弘：『上海近代のホワイトカラー——揺れる新中間層の形成』，研文出版，2011年。

81. 一谷和郎：「革命の財政学——財政的側面からみた日中戦争期の共産党支配」，高橋伸夫編著：『救国，動員，秩序』，慶應義塾大学出版会，2010年。

82. 伊香俊哉：『満州事変から日中全面戦争へ』，吉川弘文館，2007年。

83. 戦争と空爆問題研究会：『重慶爆撃とは何だったのか——もうひとつの日中戦争』，高文研，2009年。

84. 鄭振鐸，安藤彦太郎、斎藤秋男訳：『書物を焼くの記』，岩波新書，1954年（原书，郑振铎：《蛰居散记》，上海出版社，1951年）。

85. 中村隆英：『戦時日本の華北経済支配』，山川出版社，1983年。

86. 中華全国婦女連合会編著，中国女性史研究会編訳：『中国女性運動史　一九一九—四九』，論創社，1994年（原书，中国全国妇女联合会编：《中国妇女运动史——新民主主义时期》，春秋出版社1989年版）。

87. 佐伯有一：「中国の労働者についての覚書」，『东洋文化』第18、19号，1955年。

汉语著作、论文

1. 薄一波：《七十年奋斗与思考》，中共党史出版社1996年版。

2. 陈传海、徐有礼：《河南现代史》，河南大学出版社1992年版。

3. 陈达：《我国抗日战争时期市镇工人生活》，中国劳动出版社1993年版。

4. 陈雷：《抗战时期国民政府粮食统制》，《抗日战争研究》2010 年第 1 期。

5. 陈廷煊：《抗日根据地经济史》，社会科学文献出版社 2007 年版。

6. 陈真编：《中国近代工业史资料》，生活·读书·新知三联书店 1957 年版。

7. 重庆抗战丛书编纂委员会编：《抗战时期重庆的经济》，重庆出版社 1995 年版。

8. 《邓小平文选》第一卷，人民出版社 1989 年版。

9. 樊吉厚、李茂盛、马生怀：《华北抗日战争史》上中下，山西人民出版社 2005 年版。

10. 费孝通、张之毅：《云南三村》，天津人民出版社 1990 年版。

11. 国民政府社会部统计处编：《成都市社会概括调查》，《社会调查与统计》第 4 号，1944 年 7 月。

12. 国民政府社会部统计处编：《北碚社会概括调查》，《社会调查与统计》第 2 号，1943 年 7 月。

13. 国民政府社会部统计处编：《重庆工人家庭生活程度》，《社会调查与统计》第 5 号，1945 年 7 月。

14. 国民政府社会部统计处编：《成都皇城壩劳工家庭调查结果之分析》，《社会调查与统计》第 6 号，1945 年 10 月。

15. 国民政府社会部统计处编：《重庆工人家庭生活程度》，《社会调查与统计》第 5 号，1945 年 7 月。

16. 国民政府社会部统计处编：《全国各重要市县工资指数》（1942 年 7 月—1945 年 12 月）。

17. 河南地方史志编纂委员会编纂：《河南省志》第十一篇《人口志、民族志、宗教志》，河南人民出版社 1994 年版。

18. 弘永松：《试论抗战时期陕甘宁边区的特殊土地政策》，《中国抗日根据地史国际学术讨论会论文集》，档案出版社 1985 年版。

19. 华东师范大学教育系教科所编：《中国现代教育史》，华东师范大学出版社 1983 年版 。

20. 黄绍竑：《五十回忆》，《民国丛书》第五编八二，上海书店 1996

年版。

21. 黄淑君主编:《重庆工人运动史》，西南师范大学出版社 1986 年版。

22. 江沛:《日伪“治安强化运动”研究》，南开大学出版社 2006 年版。

23. 江沛、迟晓静:《国内抗战时期社会史研究的回顾与展望》，《抗日战争研究》2008 年第 2 期。

24. 江沛:《华北“治运”时期群体心态考察:1941—1942》，杨天石、黄道炫编《中日战争国际共同研究之三　战时中国的社会与文化》，社会科学文献出版社 2009 年版。

25. 蒋介石:《政府与人民共同救国之要道》，《中华民国重要史料初编——对日抗战时期绪编》(一)，中国国民党中央党史委员会 1981 年版。

26. 金普森、李分建:《论抗日战争时期国民政府的粮食管理政策》，《抗日战争研究》1996 年第 2 期。

27. 景占魁:《阎锡山传》，中国社会出版社 2008 年版。

28. 抗日战争时期国民政府财政经济战略措施研究课题组编:《抗日战争时期国民政府财政经济战略措施研究》，西南财经大学出版社 1988 年版。

29. 李秉奎:《太行抗日根据地中共农村党组织研究》，中共党史出版社 2011 年版。

30. 李成瑞:《中华人民共和国农业税史稿》，中国财政经济出版社 1962 年版。

31. 李峻:《日伪统治上海实态研究——1937—1945》，中央编译出版社 2004 年版。

32. 李光治:《十年来成都市米价变动之研究》，《四川经济季刊》第四卷第 2、3、4 期，1947 年 10 月。

33. 李雪峰:《李雪峰回忆录(上)——太行十年》，中共党史出版社 1998 年版。

34. 李紫翔:《抗战以来四川之工业》，《四川经济季刊》第一卷第 1 期(1943 年 3 月 15 日)。

35. 李紫翔:《四川经济统计》，《四川经济季刊》第二卷第 1 期

（1946年1月1日）。

36. 李宗杰：《日军轰炸重庆和四川各地的主要形式》，《给世界以和平——重庆大轰炸暨日军侵华暴行国际学术讨论会论文集》，重庆出版社2008年版。

37. 林美莉：《日汪政权的米粮统制与粮政机关的变迁》，《“中央”研究院近代史研究所集刊》第37期，2002年。

38. 刘丙吉：《四川商业现状及其危机》，《四川经济季刊》第二卷第1期（1945年1月1日）。

39. 刘惠吾主编：《上海近代史》（下），华东师范大学出版社1987年版。

40. 刘秋篁：《战时四川粮食生产》，《四川经济季刊》第二卷第4期（1945年10月1日）。

41. 刘志英：《抗战时期上海的米粮市场》，《档案与史学》1999年第2期。

42. 马俊亚：《抗战时期江南农村经济的衰变》，《抗日战争研究》2003年第4期。

43. 马重韬：《齐燮元与华北伪军》，中国人民政治协商会议北京市委员会文史资料研究委员会编：《日伪统治下的北平》，北京出版社1987年版。

44. 孟磊、关国锋、郭小阳等编著：《一九四二饥饿中国》，中华书局2012年版。

45. 内田知行：《论抗战时期重庆市的人口变迁》，《中日学者抗战文史研究论文集》，重庆出版社2009年版。

46. 彭真：《关于晋察冀边区党的工作和具体政策报告》，中共中央党校出版社1981年版。

47. 浦安修：《五年来华北抗日民主根据地妇女运动的初步总结》1943年7月16日，《中国妇女运动历史资料》第四册，中国妇女出版社1991年版。

48. 齐峰、李雪枫：《山西革命根据地出版史》，山西教育出版社2010年版。

49. 齐武：《抗日战争时期中国工人运动史稿》，人民出版社 1986 年版。

50. 齐武：《晋冀鲁豫边区史》，当代中国出版社 1995 年版。

51. 齐武编著：《一个革命根据地的成长——抗日战争和解放战争时期的晋冀鲁豫边区概况》，人民出版社 1957 年版。

52. 山西省武乡县县志编纂委员会编：《武乡县志》，山西人民出版社 1986 年版。

53. 史国衡：《昆厂劳工——内地新工业中人的因素》，国立云南大学社会学系研究室，出版年月不详。

54. 史国衡：《昆厂劳工》，商务印书馆 1946 年版。

55. 四川省人民政府参事室、四川省文史研究馆：《抗日战争时期四川大事记》，华夏出版社 1987 年版。

56. 太行革命根据地史总编委会：《太行革命根据地史稿》，山西人民出版社 1987 年版。

57. 陶菊隐：《大上海的孤岛岁月》（原著名为《孤岛见闻》），中华书局 2005 年版。

58. 汪荫元：《成都战时物价之变迁及其对于社会所发生的影响》，《四川经济季刊》第二卷第 4 期，1945 年 10 月）。

59. 汪荫元：《四川战时农工问题》，《四川经济季刊》第一卷第 3 期（1945 年 7 月 1 日）。

60. 王孝风：《北平学运的扩大》，《大众生活》第一卷，第 12 期。

61. 王友明：《革命与乡村：解放区土地改革研究：1941—1948》，上海社会科学院出版社 2006 年版。

62. 魏宏运主编：《晋察冀抗日根据地财政经济史稿》，档案出版社 1990 年版。

63. 魏宏运主编：《二十世纪三四十年代太行山地区社会调查与研究》，人民出版社 2003 年版。

64. 岳谦厚：《战时日军对山西社会生态之破坏》，社会科学文献出版社 2008 年版。

65. 张成德、孙丽萍主编：《山西抗战口述史》全三册，山西人民出版社 2005 年版。

66. 张根福、岳钦韬：《抗战时期浙江省社会变迁研究》，上海人民出版社 2009 年版。

67. 张其昀主编：《抗日战史》，“国防研究院”、中华大典编印会 1966 年版。

68. 张瑞德：《战争与工人文化——抗战时期大后方工人的认同问题》，《军事组织与战争》“中央研究院”近代史研究所 2002 年版。

69. 张瑞德：《在轰炸的阴影下——抗战时期重庆民众对空袭的心理反应》，《给世界以和平——重庆大轰炸暨日军侵华暴行国际学术讨论会论文集》，重庆出版社 2008 年版。

70. 张肖梅编著：《四川经济参考资料》，中国国民研究所 1939 年版。

71. 张忠民：《战时上海的米粮统制》，《近代中国》第四辑，上海社会科学院出版社 1994 年版。

72. 赵宗明：《四川的租佃问题》《四川经济季刊》第四卷第 2、3、4 期合刊。

73. 中共武乡县委党史研究室：《中共武乡简史》，1990 年版。

74. 中国人民政治协商会议西南地区文史资料协作会议编：《抗日时期内迁西南的高等院校》，贵州民族出版社 1988 年版。

75. 周天豹、凌承学主编：《抗日战争时期西南地区经济发展概述》，西南师范大学出版社 1988 年版。

76. 周勇主编：《重庆——一个内陆城市的崛起》，重庆出版社 1989 年版。

英语文献

1. Chen Yung－fa, *Making Revolution*: *The Communist Movement in Eastern and Central China*, 1937—1945, *Barkley*: University of California Press, 1986.

2. Eastman, Lloyd, *China under Nationalist Rule*, Illinois University Press, 1981.

3. Esherick, J. W. ed. *Lost Chance in China*, Random House, 1974.

4. Goodman, David. *Social and Political Change in Revolutionary China*,

Rowman and Little field Publishers, 2000.

5. Hartford, Kathleen, *Step by Step: Reform, Resistance, and Revolution in Chin-Cha-Chi Border Region*, 1937—1945, Stanford University, 1980.

6. Hsiao-tung Fei, *Earthbound China*, Routledge and Kegan Paul Limited, 1948.

7. Kuo-Heng Shih, *China Enters the Machine Age : a study of labor in Chinese war industry*, Greenwood Press, 1968.

石岛纪之教授主要著述

著　作

1. 『中国抗日戦争史』，青木書店，1984 年（中译本《中国抗日战争史》，吉林教育出版社 1990 年版）。

2. 『南京事件資料集』第 2 巻（共同編著），青木書店，1992 年。

3. 『上海史——巨大都市の形成と人々の歩み』（合著），東方書店，1995 年。

4. 『雲南と近代中国——“周辺”の視点から』，青木書店，2004 年。

5. 『重慶国民政府史の研究』（共同編著），東京大学出版会，2004 年。

6. 『重慶爆撃とは何だったのか——もう一つの日中戦争』（合著），高文研，2009 年。

7. 『国際関係のなかの日中戦争』（共同編著），慶應義塾大学出版会，2011 年。

8. 『中国民衆にとっての日中戦争』，研文出版，2014 年。

论　文

1. 「抗日民族統一戦線と知識人——『満州事変』時期の鄒韜奮と『生活』週刊をめぐって」，載『歴史評論』第 256，269 号，1971 年 11 月号，1972 年 2 月号。

2.「南京政権の経済建設についての一試論」，載『茨城大学人文学部紀要』第11号，1978年。

3.「国民党政権の対日抗戦力——重工業建設を中心に」，載『講座中国近現代史』第6卷，東京大学出版会，1978年版（中译本《国民党政权的抗日力量——以重工业建设为中心》载《中国近代经济史研究资料》第2辑，上海社会科学出版社1984年版）。

4.「抗日戦争」，載『体系・日本現代史』，日本評論社，1979年。

5.「第二次大戦末期の中国戦線」，載『歴史学研究別冊特集』，1979年（中译本《第二次世界大战末期的中国战线》，载《国外中国近代史研究》第1辑，中国社会科学出版社1980年版）。

6.「中国の対外関係と経済建設」，載『中国の幣制改革と国際関係』，東京大学出版会，1981年。

7.「南京事件をめぐる新たな論争点」，載『日本史研究』第281号，1986年1月号。

8.《关于抗日根据地的发展和它的国内国外条件》，载《中国抗日根据地史国际学术讨论会论文集》，档案出版社1986年版。

9.「国民政府の『安内攘外』政策とその破産」，載『抗日戦争と中国民衆』法律文化社，1987年版（中译本《国民政府的“安内攘外”政策及其破产》，载《抗日战争与中国民众》，求实出版社1989年版。

10.《国民党政府的“统一化”政策和抗日战争》，载《民国档案与民国史学术讨论会论文集》，档案出版社1988年版。

11.「中国占領地の軍事支配」，載『岩波講座　近代日本と植民地』第2卷，1992年。

12.「抗日戦争時期中国の工業労働者——昆明の一国営工場について」，載『茨城大学政経学会雑誌』第61号，1993年。

13.「日中全面戦争の衝撃——中国の国民統合と社会構造」，載『太平洋戦争』，東京大学出版会，1993年。

14.「中国の抗戦体制と対外関係」，載『講座　世界史』第8卷，東京大学出版会，1996年。

15.「重慶の都市行政と都市建設」，載『中国近代の国家と社会』，日本上海史研究会，1999年。

16.「戦略爆撃にたいする重慶のたたかい」，載『歴史評論』第616号，2001年8月号。

17.「中国雲南省における少数民族の文化変容」，載『異文化接触と文化・言語・コミュニケーションの受容・変容に関する基礎的研究』，フェリス女学院大学文学部，2003年。

18.《近代云南的地域史》，载《读书》三联书店，2006年4月号。

19.「ナショナル・ヒストリーを超える日中戦争史をめざして」，載『歴史評論』第689号，2007年9月号。

20.「保甲制度から居民委員会へ——上海基層社会の転換」載『建国前後の上海』，研文出版，2009年。

21.「雲南省経由の援華ルートをめぐる国際関係」，載『日中戦争の国際共同研究4　国際関係のなかの日中戦争』，慶應義塾大学出版会，2011年（中译本《围绕经由云南省的援华路线展开的国际关系问题——以日本方面应对为中心》，载《中日战争国际共同研究之四——战事国际关系》，社会科学文献出版社2011年版）。

译　著

王秀鑫・郭德宏『中華民族抗日戦争史（1931—1945）』，八朔社，2012年（原书，王秀鑫，郭德宏主编、中共中央党史研究室第一研究部编著：《中华民族抗日战争史（1931—1945）》，中共党史出版社1995年版）。

日文版后记

战后的中日关系，据说现在已经恶化到最坏的时期。无论是在日本，还是在中国，调查中“不喜欢”对方国家的人远超过“喜欢”对方国家的人。这种情况产生的原因在于日中双方。但是日本人对距今七八十年前长达八年的“日中全面战争”（译者注：即“侵华战争”与“抗日战争”），不能表现出无知或忘却。

那场战争，不是在日本或在第三国作战的战争，它是在中国作战的战争。因此，许多地区的中国民众直接暴露在战火之下。在日本傀儡政权统治的地域，接受以日军为军事背景的压迫统治和掠夺。在中国的非沦陷区，为支持抗战的顺利进行，民众要忍受超过正常范围的繁重人事动员和物质负担。城市和乡村的每个地区都出现生活必需品不足，特别是食品极度缺乏的状况。另外，日本国内的民众直接体验到战争的灾难，是在日本受美国攻击的太平洋战争末期，如冲绳战役、突袭本土、原子弹轰炸。关于食品方面，从 1941 年开始，日本在米等粮食供应上实施了配给制。战争末期，城市的粮食短缺也很严重。不过，农村的粮食供应还较宽裕，城市还有到农村采购粮食的可能。① 即在日中战争中，日本始终是加害者，中国始终是受害者。希望读者能够通过阅读本书，加深理解“日中战争”的“这个基本性质”。

由今天上溯三十年前，我想研究抗日战争时期中国民众的想法日益强烈。1984 年，我出版《中国抗日战争史》后，好友古厩忠夫先生为该书撰

---

① 黒川みどり：「地域・疎開・配給—『都市と農村』再考」，『岩波講座アジア・太平洋戦争 6 日常生活の中の総力戦』，岩波書店，2006 年，第 32—33 页。

写了超越友情的书评。他在书评中提出几个问题，特别是我在“序”中“依照事实研究民众的苦难与成长的形象”方面，“感觉让人觉得耳目一新的地方很少”①。自此以后，研究“中国民众与战争的关系”便成为我未了的心事。

这本书是我多年以来的研究总结。但是，中国幅员辽阔，居住在那里的居民多种多样。这本书涉及的内容，只是抗日战争时期中国民众的一部分而已。期待以后能有研究该时期整体中国民众实相和心性的著述问世，也期待着中国近现代基层社会问题的研究能有进展。

本书在重庆、上海、太原等地收集史料时，得到不少中国学者的关照。特别是受到上海的老友陈祖恩先生的援助。2010 年 9 月，参加调查山西省日军性暴力活动的访华旅行，到晋察冀边区的盂县和太行根据地的武乡访问，这些见闻为研究日军和中国民众的关系积累了经验。

日本的丸田孝志先生、内田知行先生、江上幸子先生，为我提供了宝贵的史料。特别使用了丸田先生收集的《太行革命根据地史料丛书》和《太行党史资料汇编》。没有他的支持，本书的第二部分就难以完成。对此表示衷心感谢。另外，本书的准备过程中，“日中战争的深层”国际讨论会（新潟大学）、中国基层社会史研究会、日中战争史研究会（名古屋）、《上海妇女》读书会、大学同期朋友研究会，为我提供了发表部分研究成果的机会，并提出有益的建议。在此一并表示感谢。

研文出版的山本实社长出面邀请该书稿付梓，大约是十年前的事情了。但是，此后各种各样的工作纠缠在身。最近，我终于接受邀约，答应了山本实社长。衷心感谢山本社长的耐心等候。

最后，感谢妻子美和子长期支持我的教学研究工作。

2014 年 4 月 7 日

石岛纪之

① 古厩忠夫「書評　石島紀之著『中国抗日戰争史』」,『歷史評論』第 428 号，1985 年 12 月，第125—126頁。

译后记

中国的抗日战争，是一部民族苦难史，也是一部民族解放史、奋进史。

为纪念抗战胜利70周年、促进中外学术交流，我们翻译了石岛纪之教授的著作《抗日战争时期的中国民众：饥饿、社会改革和民族主义》（中国民衆にとっての日中戦争：飢え、社会改革、ナショナリズム）。

一

本书作者，石岛纪之（いしじま　のりゆき　Ishijima Noriyuki）先生，曾任茨城大学人文学部教授、フェリス（菲莉斯）女学院大学国际交流学部教授。

1982年，日本发生所谓“历史教科书问题”。为正视听，石岛教授出版了专著《中国抗日战争史》。该书明确指出，“日中战争是日本发动的侵略战争”，“对中国人来说，抗日战争是一场关系到民族的存亡与再生的战争”①。作为一名日本学者，能正视日军侵华战争的非正义性和中国人民抗日战争的正义性。无论是在中国、还是在日本，都应值得尊敬和佩服。大致而言，石岛纪之教授的研究主要可以分为以下三个领域。

其一，中国抗日战争史研究。前述《中国抗日战争史》，即为代表作之一。此外，研究成果还涉及抗战时期的知识分子与社会问题、华北沦陷

① 石岛纪之：《中国抗日战争史》，郑玉纯、纪宏译，吉林教育出版社1990年版，“前言”，第1页。

区等。其二，国民政府的研究。石岛教授此方面的研究，主要包括国民政府的经济建设及国家资本主义等。其中，《国民党政权的对日抗战力——以重工业建设为中心》①，得到经济史权威丁日初先生的好评。2001 年，日本学者组织成立“重庆国民政府史研究会”，石岛教授任该组织的负责人。其三，关于日本战争犯罪的研究。1984 年，日本的历史学家、新闻工作者和律师组成“南京事件调查研究会”。石岛教授在参加该组织的调查研究后，不仅批判了否定南京大屠杀事件及将其规模估计过低的观点，并对其中牺牲者的界定、受难范围、牺牲人数等提出独到的看法。② 2006 年，重庆等地受到日军轰炸的受害者，在东京地方法院提起诉讼。日本的学者、律师为向中国的诉讼者提供帮助，组成“战争与轰炸问题研究会”。石岛教授参与其中，并撰写《从中国方面来观察重庆的大轰炸》(『中国側からみた重慶爆撃』)。③

二

2014 年 7 月 7 日，值日军发动全面侵华战争 78 周年之际，石岛教授在日本出版《抗日战争时期的中国民众》一书。该书主要是从中国民众的角度来观察抗日战争的。关注的重点是，一般民众在战争的异常环境中，是如何生活、如何感受、如何思想的。以前虽有学者涉足本书的三个主题(即粮食问题、社会改革和民族主义)，但是，完全从民众视角深入讨论这些问题的研究还不多见。因此，该书从一问世，便引起日本学者的关注。日本的“民国史论之会”（东京）和“日中战争研究会”（名古屋)，为此召开了书评会。并且，2014 年 9 月 7 日的《赤旗》（日本共产党机关报）、《史学杂志》（东京大学文学部、史学会主办）第 124 编第 3 号等，刊登了安井三吉、矢久保典良等撰写的书评。

本书的第一部分，重点考察的是抗战前线、日汪统治区、国统区和抗

① 「国民党政権の対日抗戦力——重工業建設を中心に」，載『講座 中国近現代史』第 6 卷，東京大学出版会，1978 年。中译本《国民党政权的抗日力量——以重工业建设为中心》，载《中国近代经济史研究资料》第 2 辑，上海社会科学出版社 1984 年版。

② 『南京事件資料集』第 2 巻（共編著）、青木書店，1992 年；「南京事件をめぐる新たな論争点」，載『日本史研究』第 281 号、1986 年 1 月号。

③ 『重慶国民政府史の研究』，東京大学出版会，2004 年。

日根据地的粮食问题。虽然只是从粮食问题入手，但却涉及抗战时期中国颇具代表性的几个地区，即抗战前线的浙江省和河南省、日汪统治下的上海市、国民党统治下的重庆和成都、共产党领导下的晋察冀和晋冀鲁豫。作者以独到的视角、开阔的视野，为读者充分展示抗战时期中国民众经受的深重苦难，同时将日汪统治区、国统区、抗日根据地关于粮食问题的不同应对进行对比。可以看出来，一方面，民众中间蕴藏着对日伪政权、国民党政权的不满与反抗。另一方面，也蕴藏着对抗日根据地的拥护和期望。

第二部分讨论的是，在日军侵略、国共纠葛、自然灾害等历史条件下，太行根据地实施的民众动员和社会改革。作者采用“深描”手法，着重分析的是，太行抗日根据地为什么能够克服诸多困难并最终在敌后农村扎下根来。关于太行根据地的研究虽然已有不少成果，但仍有不少的研究空间。已经出版的资料汇编、当时的报纸、档案馆里未公开的文献，这些定然为学者提供源源不断的研究动力。

本书附录的三篇论文，从宏观与微观相结合的角度，讨论的是日军的侵略及战时的中国社会。或许能为相关领域的研究者提供更多的思考角度，丰富人们对抗战史及民国史的再认识。

“事因经过始知难”。研究抗战时期民众的实际生活及心态，存在着诸多困难和挑战。一般来说，记载此方面内容的资料多是零碎的、间接的，并且往往难以在同一区域内找到长时段的丰富史料。另外，坐在书斋中的学者，以几十年后的和平时期去揣测几十年前的战争时期，或许难免存有隔阂。但是，历史研究的意义，自然与其中存在的困难和挑战分不开。

几年前，从一位前辈那里听到，中国著名数学家苏步青曾提到，他看重的研究，不仅看重它的结论，更看重它是如何提出问题及如何解决问题的。同样的道理，我觉得某类历史著作值得一读，不能仅盯着它是否使用了第一次面世的原始资料，也不能仅盯着它是否揭示了鲜为人知的事实。同样还应该关注，它是如何提出问题、回答问题的，并且能否使人们意识到过去历史解读中存在的死角。简而言之，抗日战争史研究的“再出发”，不仅需要史料的大量扩充，同样还需要提出新的问题意识。只有如此，才能盘活公开及未公开的史料，为抗战史的研究开辟出一条新路。

三

2014年9月，笔者收到石岛教授从日本镰仓寄来的这部著作的日文版。镰仓，距离东京并不很远。此前，我虽在东京访学一年，却与石岛教授素未谋面，更无书信往来。石岛教授年岁已高，他在信中提出希望同笔者进行学术交流的诚恳，给人留下深刻的印象。

经中国社会科学出版社同意，我们决定将这部著作翻译成中文出版。

本书的翻译分工如下：

1. 日文版序言、中文版序言、第一部分、第二部分、结束语、参考文献、日文版后记等，由李秉奎翻译，石岛纪之教授审校。姬田光义教授的序言、安井三吉教授的序言，由李秉奎翻译，并分别经二位教授审校。全书中的“译者注”，主要由李秉奎添加。

2. 附录论文的翻译初稿，有两篇是由易丙兰提供的，有一篇是由李兰芳提供的。三篇论文，由李秉奎译校和修改，石岛纪之教授审校。易丙兰博士在翻译过程中，添加了部分译者注。

3. 上海外国语大学的日语专家徐志强先生，多次提供语言方面的帮助。日本庆应义塾大学的郑浩澜副教授，也在语言方面提供过帮助。

本书的翻译和出版，得到笔者诸多师友和同事的帮助。中国社会科学出版社，尤其是历史与考古出版中心副主任宋燕鹏博士，曾为本书的出版多方相助。另外，本书的翻译和出版，得到研文出版的授权。附录论文，得到东京大学出版会、岩波书店的授权。在此，谨致谢忱。

根据作者的建议，我们在翻译过程中删节了少许文字。其中，主要是作者为便于日本读者阅读而添加的。全书翻译时，我们核对了部分引用资料的原文。全书审校过程，石岛纪之教授核对了全部引文。另外，原著中的部分用语，在翻译时按中国学界的习惯表达进行了部分调整。

由于学力有限、语言不精，真诚希望读者能对本书的翻译提供批评和建议。

李秉奎

2015年5月26日